Endstation Eifel

Edgar Noske, Jahrgang 1957, lebt als freier Autor im Rheinland und in der Eifel. Im Emons Verlag erschienen von ihm bisher folgende Kriminalromane: »Nacht über Nippes«, »Über die Wupper«, »Bitte ein Mord«, »Tote Rosen«, »Rittermord«, »Mitten ins Herz«, »Kölsches Roulette« sowie die Mittelalter-Trilogie »Der Bastard von Berg«, »Der Fall Hildegard von Bingen« und »Lohengrins Grabgesang«.
In der Reihe mit KHK Roger Lemberg ist bisher erschienen: »Die Eifel ist kälter als der Tod« (Band 1)

Dieses Buch ist ein Roman. Handlungen und Personen sind frei erfunden. Ähnlichkeiten mit lebenden oder toten Personen sind rein zufällig.

Edgar Noske

Endstation Eifel

Emons Verlag

© Hermann-Josef Emons Verlag
Alle Rechte vorbehalten
Umschlagzeichnung: Heribert Stragholz
Druck und Bindung: Clausen & Bosse GmbH, Leck
Printed in Germany 2004
ISBN 3-89705-356-X

www.emons-verlag.de

Für Brunhild

*

In Erinnerung an den »Corner's Inn«, Ecke Kantstraße/
Savignyplatz, den es nicht mehr gibt, und an
»Loretta am Wannsee«, wo ich die lauschigsten meiner Berliner
Sommerabende verbracht habe

*»Es war zwei Uhr morgens. Es gibt kein Loch,
das tiefer ist als zwei Uhr morgens –
die Stunde, in der Furcht die Welt beherrscht.«*

Martin Cruz Smith, »Das Labyrinth«

Berlin, November 1958

Ein eisiger Wind fegte über die Bahnsteige des S-Bahnhofs Prenzlauer Allee und veranlasste die Wartenden, sich in Gruppen zu drängen. Einzig eine junge Frau mit einem Kinderwagen hielt sich ein Stück abseits. Bekleidet war sie mit einem wadenlangen Wintermantel, dazu trug sie knöchelhohe Schnürschuhe, ein wollenes Kopftuch und Strickhandschuhe.

Die Frau hatte ein hübsches ovales Gesicht mit spitzer Nase und spitzem Kinn, das sie selbstbewusst reckte. Mit einem wachen, beinahe schon herausfordernden Blick musterte sie ihre Umgebung, während sie den Kinderwagen mit leichter Hand schaukelte.

Völlig anders sah es in ihrem Inneren aus. Ihre Gedanken rasten, und das Herz schlug ihr bis zum Hals. Sie war froh, sich am Kinderwagen festhalten zu können, denn immer wieder drohten ihre Beine nachzugeben. Ohne Handschuhe hätte man gesehen, dass ihre Knöchel weiß waren, so fest umklammerte sie den Griff. Noch drei Minuten musste sie überstehen, dann würde der Zug einlaufen. Drei Minuten, die ihr wie eine Ewigkeit vorkamen.

Am anderen Ende des Bahnsteigs schoben sich zwei Volkspolizisten in ihr Blickfeld. Instinktiv trat sie einen Schritt zurück und machte die beiden genau damit auf sich aufmerksam. Sie sah, wie die Uniformierten die Köpfe zusammensteckten. Schließlich setzte der Jüngere der beiden sich in Bewegung und kam zu ihr herüber. Ihr Puls raste, dass sie fürchtete, es nicht zu überleben.

»Volkspolizei, junge Frau«, sagte der Polizist, der keinen Tag älter war als sie, und legte die Hand an seine Mütze. »Ihre Papiere bitte.«

Mit steifen Fingern zog sie ihren Ausweis aus der Manteltasche und zeigte ihn vor. Er blätterte das Dokument durch.

»Frau Marga Engelbrecht«, las er laut. »Wo soll die Fahrt denn hingehen?«

»Nach Moabit«, sagte sie. »Zu meiner Tante. Die Schwester meiner Mutter. Sie hat den Kleinen noch nicht gesehen.«

»Wie alt ist er denn?«

»Sechs Monate.«

»Da haben Sie sich aber einen üblen Tag ausgesucht. Wegen dem Wetter.«

»Er ist gut eingepackt.«

Der Vopo reichte ihr den Ausweis zurück. »Würden Sie mal kurz das Plumeau lüften, damit ich einen Blick in den Wagen werfen kann?«

»Er schläft. Ich bin froh, dass er endlich schläft.«

Verlegenheit machte sich auf seinem jugendlichen Gesicht breit. Er ruckte mit dem Kopf. »Mein Kollege da hinten, der hat mich auf dem Kieker. Wenn ich jetzt nicht in den Wagen gucke, dann macht er erst Ihnen und dann mir Scherereien. Verstehen Sie?«

Sie nickte. Vorsichtig schlug sie das kleine Oberbett zur Seite. Friedlich schlafend mit einem Nuckel im Mund lag der Junge da.

»Wie heißt er denn?«, fragte der Vopo.

»Wir nennen ihn Tom-Tom«, sagte sie. »Den Kosenamen hatte schon mein Mann.«

»Ich muss mal an den Seiten reingreifen, ja?«

»Sicher.«

Er langte zu beiden Seiten an dem Kind vorbei in die Tiefen des Wagens. »Was haben Sie da drunter?«

»Zeitungen. Damit es von unten nicht zieht.«

»Vernünftig«, sagte er und legte die Hand erneut an die Mütze. »Das war es schon. Gute Fahrt.«

»Danke«, sagte sie und packte den Kleinen wieder warm ein. Eine Minute später war die S-Bahn da.

*

»Marga, endlich!«, rief die Frau, die die Wohnungstür im Hochparterre des Mietshauses an der Charlottenburger Eichenallee geöffnet hatte. Sie war etwa in Margas Alter und hatte ihre Größe, war aber etwas fülliger. »Komm rein. Ich nehm dir den Kleinen ab, dann kannst du ablegen.«

Marga überließ ihr das Kind, das mit großen Augen um sich blickte. »Ich hab den Kinderwagen unter die Treppe gestellt. Ist das in Ordnung?«

»Natürlich.«

Nachdem der Mantel an Bügel und Haken hing, gingen die Frauen in die gute Stube. Marga, die das Kind wieder an sich genommen hatte, legte den Kleinen auf dem Sofa ab.

»War es schwierig?«, fragte Ingrid.

»Ich bin vor Angst beinahe gestorben.« Marga erzählte, wie der Vopo sie kontrolliert hatte. »Aber alles ist gut gegangen.«

»Wo hast du die Sachen?«

Marga zeigte auf ihr Kleid. »Hier drunter.«

Ingrid lachte. »Ich wollte schon sagen, du hast aber zugelegt.«

Marga zog Kleid und Unterrock aus. Zum Vorschein kamen Strampler, Hemdchen und Jäckchen und weitere Stücke Kinderwäsche, die sie sich mit Kordel um den Leib gebunden hatte.

Nachdem alles auf dem Tisch lag, zog Marga noch einen zusammengefalteten Zettel aus dem Ausschnitt ihres Büstenhalters. »Hier hab ich alles aufgeschrieben. Wie viel Milchpulver du pro Fläschchen nimmst und die Uhrzeiten, wann du Tom-Tom füttern musst. Auf der Rückseite stehen zwei Rezepte. Eins für Gemüse- und eins für Obstbrei. Den Obstbrei ist er besonders gerne.« Tränen schossen ihr in die Augen. »Äpfel verträgt er nicht. Davon wird er wund.«

Ingrid fasste sie an den Schultern. »Nun setz dich erst einmal. Ich mach uns einen guten Kaffee.«

»Nein«, sagte Marga und wischte die Tränen mit dem Finger weg. »Ich geh sofort zurück. Ich würde das nicht aushalten, die ganze Zeit hier zu sitzen und …«

Die hinter ihr liegende Anspannung und der bevorstehende Trennungsschmerz brachen aus ihr heraus. Ingrid nahm Marga in die Arme, wo sie sich ausweinte. Prompt fing auch der Kleine an zu greinen. Marga riss sich von Ingrid los.

»Nimm du ihn«, sagte sie und begann sich eilig anzukleiden. »Er muss sich ja an dich gewöhnen.«

Ingrid nahm Tom-Tom auf und küsste ihn auf die Wange. Dann wiegte sie ihn im Arm. Auf der Stelle beruhigte sich das Kind.

»Es ist ja nur für sechs Wochen«, sagte sie. »Nicht einmal. Weihnachten seid ihr hier.«

»Ja«, sagte Marga. »Wenn alles gut geht.«

»Natürlich geht alles gut.« Ingrid wurde ernst und senkte die Stimme. »Horst sagt, dein Thomas würde für die Amerikaner …« Ihre Lippen formten das Wort, aber sie sprach es nicht aus. »Stimmt das?«

»Je weniger davon wissen, desto besser«, sagte Marga atemlos und schlüpfte in ihren Mantel. »Erzähl Tom-Tom von mir, damit er mich nicht vergisst. Versprichst du mir das?«

»Natürlich, Marga. Jeden Tag. Bis dann.«

»Adieu«, rief Marga und warf die Wohnungstür hinter sich zu.

*

Es wurde bereits dunkel, als Marga den S-Bahnhof Prenzlauer Allee verließ. Sie lief mehr, als dass sie ging. An der Ecke Ahlbecker Straße stieß sie mit einem Mann zusammen. Nur seinem beherzten Griff unter ihre Arme verdankte sie es, dass sie nicht zu Fall kam.

»Ach, Sie sind es«, sagte er und zog den Hut. Der Mann war der Vopo vom Vormittag, diesmal in Zivil. »Erkennen Sie mich nicht wieder?«

»Doch«, sagte sie hastig und eilte weiter.

»Wo haben Sie denn Ihren Kleinen gelassen?«, rief er ihr nach.

Laut aufschluchzend stürzte Marga davon.

1.

Der Mann, der an diesem sonnigen, wenn auch nur sieben Grad warmen Sonntag auf der Terrasse seines Hauses in der Mainzer Pfarrer-Stockheimer-Straße saß, war sechsundvierzig Jahre alt, maß einen Meter fünfundachtzig und wog laut Digitalwaage 89,1 Kilo. Seine eisengrauen Haare waren nicht länger als Zahnbürstenborsten, die dunklen Ringe um die Augen die Folge einer nächtlichen Suchaktion.

Bekleidet war er mit einer hellgrauen Jogginghose, einem nachtblauen Troyer sowie dicken grauen Socken und Birkenstocklatschen. Der Name des Mannes war Roger Lemberg, wobei der Vorname wegen der wallonischen Abstammung seiner Mutter französisch ausgesprochen wurde. Es war kurz nach dreizehn Uhr, und Lemberg genoss seine Verdauungszigarre. Den dazugehörigen Espresso hatte er bereits getrunken. Morgen würde er in aller Frühe zurück nach Dorsel im oberen Ahrtal fahren, wo er als Erster Kriminalhauptkommissar die SOKO-Eifel leitete.

Das Haus war ein fantasieloser Bungalow, errichtet Anfang der sechziger Jahre in jenem Stil, wie man sich damals die Zukunft vorgestellt hatte. Aber es war geräumig und lichtdurchflutet, und vor allem hatte es keinen Pfennig gekostet. Nach Sebastians Geburt 1990 war die Dreizimmerwohnung in der Innenstadt, die Lemberg mit Frau Maggie und Tochter Katharina bewohnt hatte, endgültig zu klein geworden. Die Suche nach einem größeren Objekt hatte sich ausgesprochen schwierig gestaltet, da zwischen dem, was auf dem Markt gewesen war, und dem, was die Lembergs sich hatten leisten können, eine erhebliche Lücke geklafft hatte. In dieser Situation hatte Lembergs Schwiegervater, der mit einer Kette von Lampengeschäften im Rhein-Main-Gebiet zu Reichtum und Hochmut gekommen war, kurzerhand außerhalb von Mainz neu gebaut und ihnen sein altes Haus überlassen. Dabei hatte er Lemberg die Schlüssel mit den Worten überreicht: »Meine Tochter und meine Enkel sollen nicht darunter leiden, dass du als Ernährer ein Versager bist.« Lemberg hatte sich um des lieben Friedens willen trotzdem bedankt.

Aber wie die meisten Reiche-Leute-Geschenke hatte auch dieses einen Haken: Das Haus durfte weder verkauft noch vermietet werden. Neben Maggies Berufstätigkeit im Unternehmen ihres Bruders und der Unlust der Kinder, die Schule zu wechseln, ein weiterer Grund, warum Lemberg und seine Frau seit beinahe einem Dreivierteljahr eine Wochenendehe führten. Aber selbst die beiden Tage blieben ihnen oft nicht, da die Personaldecke der SOKO-Eifel, das Pilotprojekt einer länderübergreifenden Kriminaldirektion und damit ein Lieblingskind des Bundesinnenministers, so dünn war, dass Lemberg durcharbeiten musste.

An diesem Wochenende hatte er sich jedoch freimachen können. Kollege Schupp, der sich vor knapp einem Jahr bei einem Autounfall komplizierte Trümmerbrüche beider Unterschenkel zugezogen hatte, war überraschend aus der Reha-Klinik entlassen worden. Er ging noch an Krücken, fühlte sich aber fit genug für den Innendienst. Zumal er zu Hause ohnehin keine Ruhe fand bei drei Kindern, vier Hunden und fünf Katzen, wie er sagte.

So hatte Lemberg am Samstag spontan seine Tasche gepackt und war nach Mainz gefahren. Niemand hatte mit seinem Kommen gerechnet, und niemand hatte Zeit für ihn. Katharina war bei einer Freundin, mit der sie in die Disco gehen und bei der sie auch übernachten wollte. Sebastian hatte sich bei seinen Großeltern einquartiert, da die ihn am nächsten Tag zu einem seiner C-Jugend-Handballspiele begleiten wollten. Und Maggie hatte zwei Karten für ein Mitch-Ryder-Konzert in Frankfurt, wobei das zweite Ticket nicht für ihn, sondern ihre beste Freundin bestimmt war. Also war Lemberg zur Gesellschaft nur Baro, der Hund, geblieben.

Der war ihm beim letzten Spaziergang des Tages in der Nähe des Botanischen Gartens ausgebüxt. Zwei Stunden lang war Lemberg durch das nächtliche Mainz gelaufen und hatte das Tier vergeblich gesucht. Schließlich hatte er aufgegeben und war nach Hause gegangen. Baro hatte vor der Haustür gesessen und ihn schwanzwedelnd begrüßt. Zur Strafe hatte Lemberg den Hund in den Keller gesperrt und sich mit einer Flasche südafrikanischem Shiraz die nötige Bettschwere verschafft.

Dafür versprach der Sonntag ungetrübte Harmonie. Im Laufe des Nachmittags würden die Kinder eintrudeln, und Maggie hatte verkündet, abends gebe es selbst gemachte Pizza. Natürlich eine vegetarische, aber das war Lemberg egal. Maggies fleischfreie Küche schmeckte noch immer besser als alles, was er sich unter der Woche zusammenbrutzelte.

Die Terrassentür wurde aufgeschoben, und Maggie trat heraus. Sie trug einen hellblauen Jogginganzug und hatte ihre tizianroten Locken zu einem Pferdeschwanz zusammengebunden.

»Mach die Stinkwurzel aus, Roger«, sagte sie. »Es ist etwas passiert.«

»Was ist los?«

»Evelyn hat gerade angerufen. Frank ist verschwunden.«

»Was heißt verschwunden? Hat er sie verlassen?«

»Keine Ahnung. Sie hat zuerst gefragt, ob er bei uns sei. Ich hab natürlich nein gesagt. Daraufhin fing sie an zu weinen und hat erzählt, dass Frank letzte Nacht weggefahren ist, ohne eine Nachricht zu hinterlassen. Sie hat schon überall nach ihm gesucht, kann ihn aber nirgendwo finden. Dann hatte sie einen fürchterlichen Weinkrampf und konnte nicht mehr sprechen.«

Lemberg verzog den Mund. Evelyn Molitor-Nevenstein hatte einen Hang zur Hysterie. Außerdem war sie im fünften Monat einer problematischen Schwangerschaft, die nur durch eine aufwendige Hormonbehandlung zustande gekommen war. Sicherlich gab es für Franks angebliches Verschwinden eine harmlose Erklärung.

»Bestimmt macht er nur einen Zug durch die Kneipen«, sagte Lemberg lahm. »Sie soll noch einen Tag warten. Wenn er morgen nicht zurück ist, kann sie ja die Polizei einschalten.«

In Maggies Gesicht spiegelte sich eine Mischung aus Zweifel und Unmut. »Frank ist nicht der Typ, der so mir nichts dir nichts einen draufmacht, das weißt du doch genau. Ich hab ihr jedenfalls versprochen, dass wir sofort kommen.«

Lemberg verdrehte die Augen. »Kannst du nicht allein zu ihr fahren? An der Geschichte ist mit Sicherheit nichts dran.«

Maggie stemmte die Hände in die Hüften und kniff die Augen zusammen. »Das kann ja wohl nicht dein Ernst sein. Ich denke, Frank ist dein bester Freund. Und Evelyn war in totaler Panik. Heb gefälligst deinen dicken Hintern aus dem Sessel und hol den Wagen. Ich schreib den Kindern einen Zettel.« Damit ging sie zurück ins Haus.

Lemberg drückte den Zigarrenstumpen aus, zerrieb ihn zwischen den Fingern und stand auf. Wenn er sich weigerte, Maggie zu begleiten, würde das so oder so vermurkste Wochenende auch noch im Streit enden. Seufzend schloss und verriegelte er die Schiebetür und tauschte die Latschen gegen Schuhe des gleichen Herstellers. Obwohl er gerne mal Maggies neuen Pluriel gefahren wäre, schnappte er sich die Schlüssel des Dienst-Golf. Für den Fall, dass sie auf Blaulicht bestand. Zum Glück herrschte wenig Verkehr. So schafften sie es auch ohne Sirenengeheul in zwanzig Minuten bis Saulheim.

2.

Die Villa der Nevensteins war ein zweigeschossiger, würfelförmiger Kasten mit Walmdach, der sich ein reichlich bemessenes Grundstück mit zahlreichen Platanen teilte. Jetzt, wo die Bäume kahl waren, sah man einen Teil des weißen Anbaus, in dem Evelyn und Frank wohnten. Die Nevensteins hatten ihrer Tochter und ihrem Schwiegersohn den Anbau vor drei Jahren zur Hochzeit geschenkt. So konnte Mathilde Nevenstein weiterhin die Glucke spielen, und wie Lemberg Evelyn kannte, war ihr das ganz recht. Wie Frank sich dabei fühlte, fragte er sich lieber nicht.

Den Golf stellten sie auf der Straße ab, da die Zufahrt von einem silberfarbenen Volvo Kombi mit Äskulapstab-Aufkleber blockiert wurde. Bevor Maggie und Lemberg läuten konnten, wurde die Haustür geöffnet und Friedrich Nevenstein trat heraus. Er trug einen grauen Tweedanzug mit Weste, war aber auf

Strümpfen. Seine weißen Haare standen wirr vom Kopf ab, und er war erschreckend blass.

»Roger! Margarethe! Gut, dass ihr so schnell gekommen seid.« Sie gaben sich die Hände.

»Was ist passiert, Herr Nevenstein?«, fragte Lemberg. »Evelyn sagte nur, Frank sei verschwunden.«

»Viel mehr weiß ich auch nicht, wir sind eben erst nach Hause gekommen.« Nevenstein trat zur Seite und zog seinen Bauch ein. »Geht erst einmal durch. Mathilde ist im Wohnzimmer.«

Lemberg und Maggie marschierten in den hinteren Teil des Hauses, Nevenstein folgte ihnen. Im Wohnzimmer waren die Vorhänge zugezogen, nur die Stehlampe neben dem Kaminsessel spendete ein fahles Licht. Auf dem Sofa saß Mathilde Nevenstein, daneben stand eine junge Frau, die Lemberg unbekannt war. Ihrer Kleidung nach handelte es sich um das Hausmädchen. Eines dieser jungen Dinger um die zwanzig, die bei den Nevensteins kamen und gingen wie die Jahreszeiten. Mathilde Nevenstein erhob sich und kam ihnen einen Schritt entgegen. Sie trug ein dunkelblaues Samtkostüm mit passender Seidenbluse. Seit Lemberg sie kannte, fragte er sich, ob sie eine Perücke trug oder nicht. Falls ja, war das Ding gut geschnitten. Falls nein, war ihr Frisör ein Stümper. Um ihre Augen zuckte es nervös.

»Wie lieb von euch, sofort zu kommen«, sagte sie. »Wir sind in großer Verzweiflung. Dr. Hengst ist oben bei Evelyn und gibt ihr ein Beruhigungsmittel.«

Maggie musste sich von ihr küssen lassen, dann durften sie sich setzen. Das Hausmädchen wurde zum Teekochen geschickt. Nachdem sie den Raum verlassen hatte, wiederholte Lemberg seine Frage.

»Erzähl du«, sagte Nevenstein zu seiner Frau. »Du hast mit Evelyn gesprochen.« Danach sank er in seinem Sessel zusammen, als sei ihm die Zimmerdecke auf den Kopf gefallen.

Mathilde Nevenstein setzte sich zurecht und räusperte sich. »Wir sind erst vor einer halben Stunde aus Frankfurt zurückgekommen. Gestern Abend waren wir bei einer Ausstellungseröffnung. Und da Friedrich unbedingt trinken musste, haben wir in Frankfurt übernachtet.«

15

Auf den unverhohlenen Vorwurf seiner Frau ging Nevenstein überhaupt nicht ein. Stattdessen sagte er kopfschüttelnd: »Essigflaschen, nichts als Essigflaschen. Da muss man erst einmal draufkommen.«

»Friedrich hat das Projekt des Künstlers nicht verstanden. Ich habe mich mit dem Mann unterhalten. Er weiß sehr wohl, was er tut.«

»Wer war das? Der Kerl mit den Latzhosen?«

»Genau der. Joe Dollmann. Ein interessanter Mensch.«

»Könnten wir zu Franks Verschwinden zurückkommen?«, fragte Lemberg.

»Natürlich«, sagte sie und hatte auf einmal feuchte Augen. »Als wir zurückkamen, stand Dr. Hengsts Wagen vor dem Haus. Wir dachten, es sei etwas mit dem Baby.« Bei den letzten Worten versagte ihre Stimme. Tränen liefen ihr über die Wangen. Sie zerrte ein Spitzentaschentuch aus dem linken Jackenärmel und betupfte damit ihr Gesicht.

»Gott sei Dank war es nicht das Kind«, sagte Nevenstein. »Evelyn hatte lediglich einen Nervenzusammenbruch.« Das sagte er ganz ohne Ironie.

Lemberg wartete, bis Mathilde Nevenstein sich gefangen hatte. Schließlich war Evelyn ihr einziges Kind, und der erste Enkel noch nicht einmal geboren.

»Ihr Mann sagte, Sie hätten mit Evelyn gesprochen. Hat sie Ihnen etwas über die näheren Umstände erzählt, unter denen Frank das Haus verlassen hat?«

Sie nickte eifrig. »Sie sagte, Frank habe gestern Abend einen mysteriösen Anruf erhalten. Danach sei er nicht mehr er selbst gewesen. Er habe sich in seinem Arbeitszimmer eingeschlossen und auf keine Ansprache reagiert. Sie ist dann irgendwann zu Bett gegangen. Heute Morgen war Frank verschwunden. In seinem Arbeitszimmer hat sie dann diese Alben gefunden.«

Schon wieder liefen die Tränen, aber diesmal gab Lemberg ihr keine Schonfrist. »Was für Alben?«

Nevenstein kam seiner Frau zu Hilfe. »Fotoalben. Alben mit Fotos von Christa, seiner ersten Frau. Evelyn und Mathilde glauben nun, dass sie hinter dem Anruf steckt.«

Lemberg und Maggie warfen sich einen kurzen Blick zu. Sie dachten dasselbe. Das war ausgemachter Blödsinn. Christa saß seit beinahe anderthalb Jahrzehnten auf Nimmerwiedersehen in einem Kloster in Oberbayern.

»Weiß Evelyn denn, wer der Anrufer war?«, fragte Maggie. »Doch nicht etwa die Äbtissin?«

Jetzt war es an den Nevensteins, sich anzublicken.

»Davon ist mir nichts bekannt«, sagte er und zuckte die Schultern. »Dir etwa?«

Mathilde Nevenstein schüttelte den Kopf.

Maggie hakte nach. »Wenn ich bei Evelyn und Frank anrufe, ist Evelyn meist zuerst am Apparat, weil sich der Anschluss gleich neben der Tür zu ihrem Nähzimmer befindet. Daher wäre es doch denkbar, dass sie auch dieses Gespräch angenommen hat.«

»Das müsst ihr sie selbst fragen«, sagte Nevenstein. »Uns hat sie nichts davon gesagt.«

»Das wird nicht gehen«, warf seine Frau ein. »Dr. Hengst sagte, sie braucht absolute Ruhe. Ich glaube nicht, dass wir sie heute noch stören können.«

Lemberg wechselte das Thema. »Hat Frank einen Koffer gepackt und Geld und Kreditkarte mitgenommen? Was ist mit seinem Pass?«

Sie wussten es nicht. Lemberg versuchte es anders herum. »Was hat Evelyn denn sonst noch erzählt, Frau Nevenstein? Hat sie versucht, Frank auf dem Handy zu erreichen?«

»Frank hat sein Handy ausgeschaltet. Deshalb hat sie auch sämtliche Freunde und Bekannte angerufen, um zu hören, ob er eventuell bei ihnen ist. Aber niemand hat Frank gesehen oder auch nur von ihm gehört.«

»Die Polizei hat Evelyn noch nicht eingeschaltet?«

Mathilde Nevenstein blickte Lemberg an, als hätte er einen unanständigen Witz zum Besten gegeben. »Selbstverständlich nicht. Wo sie doch annehmen muss, dass diese Frau dahinter steckt.«

»Aber Frank könnte einen Unfall gehabt haben. Haben Sie mal daran gedacht?«

»Unglücke sprechen sich schnell herum«, warf Nevenstein ein. »Deshalb halte ich das für ausgeschlossen. Aber ich glaube auch nicht, dass sein Verschwinden mit seiner ehemaligen Frau zu tun hat, obwohl die Sache mit den Fotoalben zu dem Schluss verleiten könnte. Ich hab da eine andere Theorie.«

Offenbar wollte er gefragt werden, also tat Lemberg ihm den Gefallen. »Und die wäre?«

Nevenstein machte ein ernstes Gesicht und fuhr sich mit beiden Händen durch die Haare. »Ich denke, dahinter steckt eine Geschichte aus der Zeit, als er noch beim BKA war. Irgendein ehemaliger Gangster, der mit Frank noch eine Rechnung offen hat.«

Mathilde Nevenstein quiekte vor Entsetzen und schlug die Hände vors Gesicht. »Friedrich, du Scheusal! Hör sofort auf damit.«

In dem Augenblick kam das Hausmädchen mit dem Tee. Es wurde allerhand mit Teekanne, Milchkännchen und Zuckerdose hantiert, und so dauerte es eine Weile, bis Lemberg nachfragen konnte.

»Herr Nevenstein, haben Sie irgendwelche Anhaltspunkte für Ihre Vermutung? Hat Frank sich in der letzten Zeit zum Beispiel anders benommen als sonst? War er nervös? Oder hatte er Ihnen unbekannten Besuch?«

»Nicht, dass ich wüsste.«

Lemberg fiel etwas anderes ein. »Könnte es sein, dass Evelyn sich dem Hausmädchen anvertraut hat? Sie war schließlich die Einzige, die die ganze Zeit über hier war.«

Mathilde Nevenstein sah ihn verständnislos an.

»Das ist undenkbar«, sagte sie. »Wir haben stets darauf geachtet, dass es nicht zu Vertraulichkeiten zwischen der Familie und dem Personal kommt.«

So kamen sie nicht weiter. Lemberg musste mit Evelyn sprechen. »Wo liegt Evelyn? Im Anbau?«

»Nein, in ihrem Mädchenzimmer.« Mathilde Nevenstein zeigte zur Decke. »Wir haben es ihr immer frei gehalten.«

Lemberg stand auf. »Ich werde Dr. Hengst fragen, ob ich kurz mit ihr sprechen kann. Kommst du mit, Maggie?«

Maggie erhob sich. »Natürlich.«

Mathilde Nevenstein stand ebenfalls auf. »Roger, bitte gehen Sie schonend mit ihr um. Sie wissen, ihre Schwangerschaft ist problematisch.«

Maggie legte ihr die Hand auf den Unterarm. »Ich werde aufpassen, dass es nicht zu viel wird.«

Mathilde Nevenstein nickte schwach und ließ sich geräuschvoll und sehr undamenhaft auf das Sofa fallen. Ihr Mann äußerte sich überhaupt nicht. Er hatte den Kopf in die Hand gestützt und sah aus, als sei er eingenickt.

Lemberg und Maggie gingen nach oben.

3.

Die Zimmertür war offen. Evelyn lag weiß wie die Wand im Bett. Neben der Frisierkommode stand ein dünner, vogeliger Mann und kramte in einer speckigen Ledertasche. Er steckte in einem eng geschnittenen schwarzen Anzug, der schon bessere Zeiten gesehen hatte. Sein glattes schwarzes Haar hatte er nach hinten gekämmt. Der Mann sah aus wie der Bestatter aus einem billigen Western.

Lemberg klopfte an den Türrahmen. Evelyn schlug die Augen auf und lächelte schwach, als sie ihn erkannte. Sie streckte den Arm aus. Maggie trat ans Bett und nahm ihre Hand. Der Arzt ließ von seiner Tasche ab und stand mit einem Riesenschritt vor Lemberg.

»Wer sind Sie?«, fuhr er ihn an.

Er hatte ein altersloses Gesicht mit gelber Haut und einem übellaunigen Zug um den Mund. Schuppen bedeckten die Schultern seiner Jacke wie frisch gefallener Schnee eine Kohlehalde. Lemberg schätzte ihn auf Mitte fünfzig.

»Wir sind Freunde der Molitors. Mein Name ist Roger Lemberg, das ist meine Frau Margarethe. Meinen Sie, dass wir kurz mit Frau Molitor sprechen können?«

»Keinesfalls«, kläffte er. »Frau Molitor hat einen schweren Zusammenbruch erlitten. Sie bedarf absoluter Ruhe.« Er blickte argwöhnisch zum Bett. »Bitte verlassen Sie umgehend das Zimmer.«

Lemberg zog sich auf den Flur zurück. Hengst ging zum Bett und raunzte Maggie an. Die giftete kurz zurück. Was sie sagte, konnte Lemberg nicht verstehen, aber er sah, wie der Körper des Arztes sich straffte. Wortlos nahm er seine Tasche von der Kommode und kam in den Flur.

»Ich habe Ihrer Frau erlaubt, bei Frau Molitor zu bleiben, bis sie schläft«, sagte er und zog die Tür hinter sich ins Schloss. »Allerdings unter der Bedingung, dass sie sie nicht aufregt.«

»Vielleicht können Sie mir ja helfen«, sagte Lemberg. »Hat Frau Molitor mit Ihnen über das Verschwinden ihres Mannes gesprochen?«

Dr. Hengst nahm seine Brille ab und begann sie mit der Krawatte zu putzen. Ohne Brille waren seine Augen doppelt so groß wie zuvor.

»Wozu wollen Sie das wissen?«, fragte er und starrte Lemberg kurzsichtig blinzelnd an.

»Es ist nicht Herrn Molitors Art, ohne ein Wort zu verschwinden. Sowohl Frau Molitors Eltern als auch meine Frau und ich machen uns Sorgen, dass ihm etwas zugestoßen sein könnte.«

Er besah sich das Ergebnis seiner Putzarbeit gegen das Fenster. »Nein, über ihren Mann haben wir nicht gesprochen. Und jetzt entschuldigen Sie mich bitte. Ich habe Bereitschaft.«

Der Kerl log, das spürte Lemberg. Daher fragte er eine Idee schärfer: »Können Sie sich nicht vorstellen, dass Herrn Molitors baldige und unversehrte Rückkehr die beste Medizin für Frau Molitor wäre?«

»Hören Sie schlecht?« Hengst senkte den Kopf, um ihn von unten herauf anzublicken. »Ich sagte, wir haben nicht über Herrn Molitor gesprochen. Und jetzt treten Sie mir aus dem Weg, es warten noch andere Patienten.«

Lemberg schwollen die Schläfenadern. Bevor er etwas sagen konnte, kam Maggie aus Evelyns Zimmer. Hengst nutzte die Gelegenheit, um sich an ihm vorbeizudrängen.

»Sie schläft«, sagte Maggie und sah dem Arzt nach, wie er die Treppe hinunterstieg. »Hast du etwas aus ihm herausbekommen?«

»Nur dass er ein Armleuchter ist. Hast du Evelyn nach dem Anrufer gefragt?«

Ihre Mundwinkel wanderten nach unten. »Nein, das schien mir nicht ratsam. Sie war schon halb weggetreten.«

Im Wohnzimmer hantierte Nevenstein mit der Kognakflasche. Er hatte sein Sakko abgelegt und war noch immer auf Socken. Als die Lembergs eintraten, zuckte er zusammen.

»Oh, ihr seid es. Ich dachte, es wäre Mathilde.« Er schenkte sich einen Doppelten ein und stürzte ihn hinunter. »Der Arzt hat mir eigentlich das Trinken verboten, aber jetzt brauch ich einen. Wollt ihr auch?«

»Nein, danke«, sagte Lemberg. »Ich würde mir gerne Franks Arbeitszimmer ansehen. Haben Sie die Schlüssel zum Nebenhaus?«

»Natürlich.« Er kramte in allen Taschen. Schließlich fand er ein ledernes Schlüsseletui in der Innentasche seines Sakkos, das über der Stuhllehne hing. »Der mit dem gelben Ring ist für die Haustür.«

Als er Lemberg die Schlüssel reichte, schwankte er bedenklich. Maggie ging in die Küche, wo Mathilde Nevenstein lautstark auf das Hausmädchen einschimpfte. Lemberg überquerte den Hof.

Der Anbau bestand aus unverputzten, aber weiß getünchten Kalksandsteinen und war L-förmig. Der kurze Teil des L war an die Villa angebaut, der lange ragte in das parkähnliche Grundstück. Lemberg schloss die Haustür auf.

Das Haus war erheblich geräumiger, als es von außen wirkte. Das lag daran, dass die Decke nicht abgehängt worden war, sodass die Raumhöhe gute fünf Meter bis zum Giebel betrug. Die Einrichtung war nicht sein Fall. Kalt und modern, viel Marmor, viel Stahl, viel Glas. Die Collage und die Bronzeskulptur waren Originale von Hans Arp. Originale Originale, denn sie waren noch zu seinen Lebzeiten entstanden. Allein im Wohnzimmer zählte Lemberg überschlägig dreißig Halogenspots. Das Haus war peinlich sauber und roch nach nichts.

Ganz anders das Bad. Die Luft war geschwängert von einem Raumspray, das nach synthetischen Himbeeren roch. Frisch von der BASF-Plantage. Lemberg bekam schlagartig Kopfschmerzen, hielt aber durch, bis er festgestellt hatte, dass Frank seinen Rasierer mitgenommen hatte. Um eine Tagestour handelte es sich bei seinem Ausflug also nicht.

Das Arbeitszimmer lag im rückwärtigen Teil. Die Tür war unverschlossen. Das Zimmer war männlich eingerichtet, aber ohne persönliche Note. Es wirkte, als halte es sich pausenlos zur Begutachtung durch den Redakteur einer Zeitschrift für Wohnkultur bereit. Lemberg hatte das Zimmer zuvor nur einmal betreten. Überhaupt war dies erst das dritte Mal, dass er in Franks neuem Heim war.

Die einzige Unordnung im Zimmer ging von dem halben Dutzend Fotoalben aus, die auf dem Schreibtisch und auf dem Fußboden herumlagen. Lemberg hob sie auf und blätterte sie flüchtig durch. Die meisten Aufnahmen kannte er. Frank und Christa beim Picknick, Christa vor dem Brandenburger Tor, als die Mauer noch stand, Christa mit Sturmhaube in Franks altem Käfer Cabrio und so weiter.

Christa. Sie hatte den Anschlag, bei dem Frank Anfang 1989 sein linkes Bein verloren hatte, nahezu unversehrt überstanden. Aber ihr Kind, mit dem sie damals im sechsten Monat schwanger gewesen war, hatte sie verloren. Das hatte sie nicht verkraftet. Bevor Frank aus dem Krankenhaus entlassen worden war, war sie bereits in einen katholischen Orden eingetreten. Frank hatte sie nie wieder zu Gesicht bekommen. Nach seiner Entlassung aus dem Krankenhaus hatte er versucht, sie im Kloster zu besuchen, war aber lediglich bis zur Äbtissin vorgedrungen. Die Briefe, die er Christa geschrieben hatte, waren ungeöffnet zurückgekommen. Frank war darüber fast verrückt geworden. Drei Jahre später hatte er die Scheidung eingereicht. Evelyn hatte er im Jahr darauf kennen gelernt.

Lemberg legte die Alben zur Seite und sah sich um. Irgendetwas an Franks Zimmer irritierte ihn. Er grübelte. Plötzlich hatte er es.

Nirgendwo lagen Papiere, Geschäftsunterlagen, Listen oder

Ähnliches herum. Nicht einmal ein Computer oder ein Telefon stand auf Franks Schreibtisch. Dabei arbeitete er als Controller in Friedrich Nevensteins Wein- und Sektgroßhandlung. Und das von zu Hause aus, denn Nevenstein wollte ihm wegen seines künstlichen Beins nicht zumuten, täglich die Strecke bis Alzey und zurück zu fahren.

Lemberg zog die Schreibtischschubladen auf. Leere Blätter, sauber gespitzte Bleistifte, unbenutzte Radiergummis, ein Plastikdöschen voll verschiedenfarbiger Büroklammern. Auf dem Locher klebte noch das Preisschild.

Lemberg fragte sich, ob Franks Job wirklich existierte oder ob davon nur geredet wurde, um den Eindruck zu vermeiden, dass er eigentlich vom Geld seines Schwiegervaters lebte. Aber wenn er nicht arbeitete, was tat er den ganzen Tag?

Auf dem Schreibtisch lag ein Terminkalender. Lemberg blätterte ihn durch. Nur Banalitäten. Der daneben liegende Notizblock war noch jungfräulich.

Lemberg ging die Aktenordner durch, die sich in einem Edelholzregal drängten. Von den Rücken grüßte Franks Pedantenhandschrift. Versicherungsunterlagen, Rechnungen, Quittungen, Inspektionsberichte für seinen und Evelyns Wagen, Franks Hochschulreifezeugnis, seine Entlassungsurkunde aus dem BKA und Rentenbescheide. Was er an Invalidenrente bezog, war ein Witz. Links neben dem Regal stand ein Safe. Mehr zufällig als beabsichtigt drehte Lemberg am Schließrad.

Der Safe war unverschlossen.

Lemberg warf einen Blick hinein. Im obersten Fach lagen zwei braune Umschläge. Auf dem einen las er »Evelyn«. Darin steckten Evelyns Pass, Franks und Evelyns Heiratsurkunde und einige Wertpapiere. Auf dem anderen Umschlag stand Franks Name. Er enthielt lediglich die Police einer Lebensversicherung. Keinen Pass. Den hatte Frank offenbar mitgenommen.

Etwas anderes machte Lemberg stutzig. Wo war Franks Revolver?

Er wusste, dass Frank einen 38er Smith & Wesson besaß, für den er einen Waffenschein hatte. Und den bewahrte er im Safe auf, das hatte er erzählt. Langsam begann die Sache merkwürdig zu werden. Frank war alles andere als ein Waffennarr. Es war undenkbar, dass er grundlos mit seinem Schießeisen losgezogen war. Lemberg überprüfte den restlichen Inhalt des Safes.

In einer unverschlossenen Kassette lagen etwas Damenschmuck, der teuer aussah, und eine goldene Taschenuhr. Eine kleine Pappschachtel war mit Watte ausgepolstert und enthielt einen Marie-Theresia-Taler und ein Eisernes Kreuz. Beides hatte Frank von seinem Großvater geerbt. Im untersten Fach lag die dunkelblaue Aktenmappe mit der kompletten Kopie der Akte Krassow.

Krassow war ein Offizier des MfS, des Ministeriums für Staatssicherheit der ehemaligen DDR, und der mutmaßliche Mörder Lutz Eigendorfs und anderer Republikflüchtlinge gewesen. Außerdem trug er die Verantwortung für den Bombenanschlag, bei dem es Frank statt Lemberg erwischt hatte.

Krassow hatte es auf Lemberg abgesehen gehabt, weil er ihm als Zielfahnder dicht auf den Fersen gewesen war. Unglücklicherweise hatte Frank sich an jenem Tag in Wiesbaden Lembergs Wagen geliehen, und so waren er, Christa, ihr ungeborenes Kind und Guido Platzeck, ein weiterer Kollege, die Opfer geworden. Eine Tragödie, an der Lemberg sich erhebliche Mitschuld gab, denn zweimal war ihm Krassow um Haaresbreite entwischt, einmal in Frankfurt und einmal in Berlin. Beide Male, weil Lemberg entscheidende Hinweise erst auf den zweiten Blick erkannt hatte. Pannen, die er sich nie verziehen hatte. Hätte er seinen Job besser gemacht, dann hätte es nie zu dem Anschlag kommen können.

1990 war es Lemberg gelungen, Krassow in Amsterdam aufzuspüren. Bevor er und die niederländischen Kollegen ihn damals hochnehmen konnten, war das Wohnboot, auf dem er sich aufgehalten hatte, unter niemals geklärten Umständen in die Luft geflogen. Krassow war bei der Explosion umgekommen. Die später gefundenen Leichenreste waren als seine und die einer Antiquitätenhändlerin aus Leiden, mit der er ein Verhältnis hatte, identifiziert worden.

Lemberg blätterte die Mappe durch. Ein bitteres Souvenir. Selbstverständlich war es verboten, Kopien von Ermittlungsakten anzufertigen und mit nach Hause zu nehmen, aber Frank hatte so lange gequengelt, bis Lemberg ihm schließlich den Gefallen getan hatte. Lemberg schlug die Mappe wieder zu und legte sie zurück. Als er aufstand, wurde ihm schlagartig siedend heiß.

Krassows Foto war nicht in der Mappe gewesen.

Von dem einzigen Foto, das von ihm existierte, hatte Lemberg damals eigenhändig einen Abzug angefertigt. Foto wie Abzug waren von miserabler Qualität und hatten Krassow in einer NVA-Uniform gezeigt. Er nahm die Mappe wieder aus dem Safe und blätterte sie Seite für Seite durch. Das Foto war verschwunden. Ebenso der Abschnitt der Kennkarte mit den Fingerabdrücken Krassows.

Das ließ nur einen Schluss zu. Frank glaubte oder hatte Beweise, dass Krassow noch lebte, und war hinter ihm her. Dabei war es unmöglich, dass Krassow noch am Leben war.

War es das wirklich?

Lemberg stützte sich auf die Fensterbank und starrte in den Park. Wolken schoben sich vor die Sonne. Auf dem Rasen zankten ein paar schwarze Vögel um einen Wurm.

Langsam wich die Hitze aus seinem Körper, und ihm wurde eiskalt.

4.

Zurück im Haupthaus, wurde Lemberg in der Diele von Maggie abgefangen.

»Hier war inzwischen die Hölle los«, flüsterte sie. »Nevenstein liegt stinkbesoffen im Wohnzimmer, und seine Frau hat sich darüber derart aufgeregt, dass ich sie ins Bett stecken musste. Ich bleibe heute Nacht hier. Inzwischen liegen ja alle flach.«

»Was ist mit dem Hausmädchen?«

»Die Mädchen wohnen nicht mehr im Haus. Dafür hat Mathilde gesorgt.«

»Warum?«

»Dreimal darfst du raten.« Sie sah ihm an, dass etwas nicht stimmte. »Was ist los? Hast du etwas entdeckt?«

»Nichts Konkretes.«

Sie blickte Lemberg tief in die Augen. »Was verschweigst du mir? Du machst doch nicht umsonst ein derart ernstes Gesicht.«

»Maggie, wenn ich etwas Handfestes hätte, würde ich es dir sagen.«

Ihre Augen verengten sich. »Warum hat Frank sich die alten Fotos angeguckt? Dafür muss es doch einen Grund geben. – O nein! Es hat doch nicht etwa mit dem Mann zu tun, der damals in Wiesbaden deinen Wagen in die Luft gejagt hat?«

Manchmal machte ihm ihre Treffsicherheit Angst. »Das ist noch nicht raus.«

»Ich dachte, der Mann ist tot.«

»Das ist er auch noch.«

»Bitte, lass das nicht wahr sein«, flehte sie zu wem auch immer, denn an Gott glaubte sie nach eigener Aussage nicht.

Lemberg schob ihr den Zeigefinger unters Kinn. »Jetzt gerat mal nicht in Panik, Mädchen. Noch steht ja nicht fest, ob es wirklich um diesen Halunken geht.«

Sie fasste nach seiner Hand. »Ich weiß, dass du dich immer noch schuldig fühlst für das, was Frank, Christa und Platzeck damals passiert ist. Aber eins musst du mir versprechen, Roger: Du unternimmst keinen Alleingang.«

Lemberg versprach nichts. Stattdessen nahm er sie in die Arme. Sie barg ihren Kopf an seiner Brust. Es dauerte lange, bis sie sich wieder voneinander lösten. Lemberg meinte einen feuchten Schimmer in ihren Augen wahrzunehmen. Aber vermutlich lag das nur an der Beleuchtung.

»Du hast es nicht versprochen«, sagte Maggie und musterte ihn eingehend. Dann stieß sie ihn ziemlich schroff weg. »Ich muss noch einmal nach Evelyn und ihrer Mutter sehen.«

Lemberg hielt sie am Arm fest. »Kannst du Evelyn nicht wecken, damit ich ihr wenigstens eine Frage stellen kann?«

»Nein. Das wäre unverantwortlich. Es muss irgendwie anders gehen.«

Lemberg grübelte. »Und wenn das Hausmädchen doch etwas weiß?«

Maggie sah ihn zweifelnd an. »Glaubst du? Du weißt doch, wie die Nevensteins zu ihrem Personal stehen. Und Evelyn macht da keine Ausnahme.«

»Trotzdem. Wo ist sie?«

»In der Küche. Sie heißt übrigens Steffi.«

Steffi saß am Küchentisch und tat etwas für ihre Figur, indem sie auf einem üppig mit Roastbeef belegten Brot herumkaute.

Als sie ihn sah, verschluckte sie sich. »Haben Sie Hunger, Herr Lemberg? Soll ich Ihnen ein Brot machen?«

»Später, erst muss ich Sie was fragen.« Lemberg lehnte sich an den Kühlschrank und verschränkte die Arme. »Hat Frau Molitor mit Ihnen über den Anruf gesprochen, den Herr Molitor gestern Abend erhalten hat?«

Sie machte große Augen. »Nein. Kein Wort.«

»Wo waren Sie denn, als der Anruf kam?«

Sie schluckte einen Bissen hinunter. »Drüben, im Nebenhaus. Frau Molitor hatte mich gebeten, ihr beim Wolleaufwickeln zu helfen.«

»Und Sie haben nicht zufällig mitbekommen, wer der Anrufer war?«

Sie machte ein unglückliches Gesicht. »Ich weiß nicht, ob ich darüber sprechen darf, Herr Lemberg.«

»Sie dürfen. Es geht immerhin um Herrn Molitor. Also, was haben Sie gehört?«

Sie zögerte. »Wir, ich meine Frau Molitor und ich, wir saßen im Nähzimmer und haben Wolle aufgewickelt, wie ich schon gesagt habe. Da hat das Telefon geklingelt. Ich bin an den Apparat gegangen, da Frau Molitor sich zurzeit nicht viel bewegen darf. Der Anrufer war ein Mann. Er sagte, ich solle Herrn Molitor ausrichten, einer der ›Old Boys‹ wäre am Telefon, dann wisse er schon Bescheid. Das habe ich auch getan. Herr Molitor hat sich dann mit dem Telefon in sein Zimmer zurückgezogen.«

Die »Old Boys«. So hatte Albrecht Canisius seine fünfköpfige Spezialeinheit genannt, die er 1983 nach der Ermordung des ehemaligen DDR-Vorzeigefußballers Lutz Eigendorf aufgestellt hatte. 1991 war die Einheit aufgelöst worden, und das Quintett hatte sich zerstreut. Die fünf waren Guido Platzeck, Werner Bastgereit, Oskar Theroux, Frank Molitor und Lemberg selbst gewesen. Da Platzeck tot war, konnte der Anrufer nur Bastgereit oder Theroux gewesen sein.

»Klang der Mann, als ob er was getrunken hatte?«, fragte Lemberg nach.

»Sie meinen, ob er gelallt hat? – Das ist mir nicht aufgefallen. Er hat ja nur den einen Satz gesagt. Ich fand, er klang normal.«

Lemberg überlegte kurz. Welcher der beiden auch immer angerufen hatte, Frank würde danach als Erstes Kontakt mit Canisius aufgenommen haben; Albrecht Canisius, der von 1983 bis zu seinem Wechsel ins rheinland-pfälzische Innenministerium 1990 die Einheit der »Old Boys« geleitet hatte und nunmehr als Kriminaloberrat an der Spitze der SOKO-Eifel stand und somit erneut Lembergs Vorgesetzter war. Allerdings war er noch immer krankgeschrieben, seit er sich bei einem Hubschrauberabsturz vor sechs Monaten schwerste Rückenprellungen und eine Wirbelsäulenstauchung zugezogen hatte. Aber Lemberg würde nicht umhinkommen, ihn in seiner Rekonvaleszenz zu stören.

»Jetzt könnte ich ein Sandwich und einen Kaffee vertragen«, sagte er.

Steffi machte sich an die Arbeit.

Das Telefon stand in Nevensteins Arbeitszimmer. Auf dem Weg dorthin musste Lemberg durch das Wohnzimmer. Dort brannten mittlerweile außer der Stehlampe zwei Deckenfluter. Nevenstein lag auf dem Sofa und schnarchte wie ein Walross. Irgendwer hatte ihm eine karierte Decke spendiert. Sie war hochgerutscht, und unten starrten seine schmutzigen Socken hervor.

Das Arbeitszimmer wurde von einem Ebenholzschreibtisch beherrscht, der die Ausmaße einer Tischtennisplatte hatte. Darüber spannte sich wie ein Brückenbogen eine verchromte Lampe in italienischem Design, schick, aber lichtschwach. Zum Ausgleich hatte das Telefon eine illuminierte Tastatur. Lemberg kannte Canisius' Münstereifeler Privatnummer auswendig. Nach dreimaligem Läuten hob Edda, Canisius' Frau, ab.

»Bereitet ihr ein Ehemaligentreffen vor?«, fragte sie gut gelaunt. »Ich kann mich schon nicht mehr daran erinnern, wann zum letzten Mal binnen vierundzwanzig Stunden zwei von der alten Garde angerufen haben.«

»Wann hat Frank angerufen?«, fragte Lemberg.

»Gestern Abend, sehr spät. Albrecht und ich lagen schon im Bett. Aber du willst sicher Albrecht sprechen. Grüß deine Frau von mir, Roger.«

»Mach ich, danke.«

Es knackte zweimal in der Leitung, dann vernahm Lemberg Albrecht Canisius' Stimme. Außerhalb des Dienstes duzten sie sich.

»Roger, *old boy*, wie geht's? Lange nichts von dir gehört.«

Das stimmte nicht, erst vergangene Woche hatte Lemberg ihn besucht, um ihn auf dem Laufenden zu halten, was sich bei der SOKO tat. Bei der Gelegenheit hatte Canisius ihm auch seine neueste Errungenschaft gezeigt – drei Koi-Karpfen.

»Ich habe gehört, Frank hat bei dir angerufen«, sagte Lemberg.

»In der Tat«, sagte Canisius. »Ich war völlig überrascht. Fünf Jahre hatte ich mindestens nichts von ihm gehört.«

»Was wollte er?«

»Warum fragst du danach?«

»Weil er zu Hause Chaos hinterlassen hat. Außerdem hat er seinen Revolver eingesteckt.«

Das ließ Canisius für einen Moment verstummen. Dann sagte er: »Das wusste ich nicht. Ich habe ihm gesagt, er soll nichts auf eigene Faust unternehmen.«

»Glaubt er, dass Krassow am Leben ist?«

»Du hast ja ganze Arbeit geleistet, Roger. In der Tat, das scheint Frank zu glauben.«

»Hat er gesagt, wie er zu der Annahme gekommen ist? Oder hat er womöglich Beweise?«

»Er wollte sich dazu nicht äußern.«

»Er hat dich also nicht um deinen Rat gebeten?«

»Nein, er hat mir lediglich eine Frage gestellt.«

Da Canisius nicht von allein damit rausrückte, fragte Lemberg nach. »Was wollte er wissen?«

Lemberg hörte, wie Canisius tief durchatmete. Als der Kriminaloberrat schließlich antwortete, tat er das betont langsam. »Er fragte mich, ob ich es für denkbar hielte, dass einer meiner ›Old Boys‹ ein Verräter gewesen sein könnte. Ein Verräter in Diensten des MfS.«

»Was hast du ihm geantwortet?«

»Dass ich das für ausgeschlossen halte. Und dass ich für jeden von euch meine Hand ins Feuer legen würde. Damals wie heute.«

»Sollte Krassow bei der Explosion des Wohnschiffs in Amsterdam nicht ums Leben gekommen sein, muss er vorher einen Tipp bekommen haben.«

»Hm«, machte Canisius. »An der Aktion waren aber auch die Niederländer beteiligt, vergiss das nicht.«

»Ich weiß«, sagte Lemberg. »Wollte Frank sonst noch etwas?«

»Nichts. Nachdem ich seine Frage beantwortet hatte, hat er aufgelegt.«

»Hat er dir nicht gesagt, wohin er wollte?«

»Nein.«

»Weißt du, wo ich Werner und Oskar finden kann?«

»Werner ist noch immer beim Amt und arbeitet inzwischen in Meckenheim. Und Oskar ist vor ein paar Jahren in die Politik gegangen.«

»Davon hab ich gehört. Was macht er genau?«

»Er ist der Bürgermeister von Wittlich.«

»Das ist nicht wahr!«

»Doch«, sagte Canisius mit einem kleinen Lacher. »Er hat sich in seiner Heimatstadt zum Bürgermeister wählen lassen. Hast du das nicht gewusst?«

»Nein, ich hab beide aus den Augen verloren.«

»Ich nehme an, du willst Frank davon abhalten, irgendwelchen Blödsinn zu machen. Dafür stelle ich dich frei, wenn du willst. Klaes und Berrenrath-Noll können dich solange vertreten.«

»Danke. Außerdem ist Schupp zurück und macht Innendienst.«

»Dann haben wir ja bald wieder Sollstärke. – Roger?«

»Ja?«

»Du bist vorsichtig, hörst du? Dieser Krassow ist einer der kaltblütigsten Killer, mit dem wir es je zu tun hatten. Ich will meinen besten Mitarbeiter nicht verlieren.«

»Also glaubst du auch, dass der Kerl noch am Leben ist?«

»Ich weiß es nicht«, sagte Canisius und klang auf einmal sehr müde. »Ich weiß es wirklich nicht.«

Lemberg legte auf, hob aber gleich wieder ab und wählte die Nummer der SOKO in Dorsel. Schupp meldete sich. Lemberg bat ihn, die Anschriften und Telefonnummern von Theroux und Bastgereit herauszusuchen. Da er sein Handy zu Hause liegen gelassen hatte, gab er Schupp die Nummer der Nevensteins durch.

Friedrich Nevenstein schnarchte inzwischen mit Schalldämpfer, weil er sich die Decke übers Gesicht gezogen hatte. Lemberg verschaffte ihm wieder Luft und löschte das Licht.

Maggie und Steffi saßen in der Küche.

»Dein Kaffee und das Sandwich stehen da drüben.« Maggie zeigte auf die Arbeitsfläche neben der Spüle. »Wer hat Frank denn nun angerufen?«

Lemberg nannte ihr die beiden in Frage Kommenden. Das Sandwich war eine Enttäuschung. Statt des erhofften Roastbeefs war es mit Käse belegt.

Maggie war neugierig. »Hast du mit ihnen telefoniert?«

Lemberg schüttelte den Kopf. »Dorsel besorgt mir gerade die Nummern. Ich warte auf den Rückruf.«

»Wollen Sie Milch und Zucker in den Kaffee?«, fragte Steffi.

Lemberg zeigte auf seinen Bauch und murmelte etwas von Diät. Maggie lachte ihn aus. Er mimte den Beleidigten und trollte sich ins Arbeitszimmer. Er saß noch nicht, als das Telefon klingelte.

»Mit wem spreche ich?«, wurde am anderen Ende gefragt.

Es dauerte eine kleine Ewigkeit, bis Lemberg kapierte. Es war Frank!

»Hier ist Roger«, rief Lemberg. »Wo steckst du?«

»Roger?« Frank war überrascht. »Was machst du bei meinen Schwiegereltern?«

»Du gottverdammter Idiot«, schnauzte Lemberg ihn an. »Deine Frau ist völlig aufgelöst, weil du einfach verschwunden bist. Wo bist du?«

»Das tut jetzt nichts zur Sache«, sagte er pampig. »Richte Evelyn bitte aus, dass alles in Ordnung ist. Sie soll sich keine Sorgen machen.«

Lemberg setzte alles auf eine Karte. »Hör zu, Frank, ich weiß, dass du hinter Krassow her bist. Was ist passiert? Hast du einen Hinweis erhalten, dass er noch am Leben ist?«

Lemberg hörte Franks Atem, erhielt aber keine Antwort.

»Verdammt, Frank. Rede!«

»Das ist meine Sache«, sagte Frank schneidend. »Halt dich da raus. Ich regle das schon.«

»Wenn es sich um Krassow handelt, betrifft mich das genauso!«, brüllte Lemberg. Dann senkte er die Stimme, als hätte er es mit einem bockigen Kleinkind zu tun. »Frank, sag mir bitte, wo du steckst.«

»Halt dich da raus, Roger«, wiederholte Frank mit Nachdruck. »Und vergiss nicht, Evelyn zu sagen, dass es mir gut geht.«

»Frank, ich will –«

Weiter kam Lemberg nicht. Frank hatte aufgelegt.

Fluchend knallte Lemberg den Hörer auf die Gabel. Er hatte es vermasselt. Immerhin wusste er jetzt, dass es wirklich um Krassow ging.

Das Telefon klingelte erneut. Diesmal war es Schupp.

»Bastgereit hat kein Telefon oder ist zumindest nirgendwo eingetragen. Aber ich hab seine Adresse.«

Lemberg notierte. Das Gleiche galt für Theroux, seinen ehemaligen Kollegen und Konkurrenten um die Nachfolge von Canisius. Telefonisch war er nur über das Rathaus in Wittlich zu erreichen. Da würde am Sonntag niemand sein. Auch um seine Privatanschrift wurde ein Getue gemacht. Schupp hatte eigens die Kollegen der Polizeidirektion Wittlich kontaktieren müssen.

Lemberg beförderte seinen Kaffeebecher zurück in die Küche und erzählte Maggie von Franks Anruf und dass er nach Wittlich und eventuell auch nach Meckenheim müsse, um mit den ehemaligen Kollegen zu reden. Dann würde man weitersehen.

Maggie reagierte gelassen. Das Hausmädchen saß mit aufgerissenem Mund und bierdeckelgroßen Augen danebn. Nach kurzer Beratung war alles klar. Steffi versprach, das Lazarett bis zu Maggies Rückkehr zu hüten.

Fünf Minuten später verließen die Lembergs Saulheim. Wolken bedeckten den Himmel, und die ersten Autos fuhren bereits mit Licht. Lemberg gab dem Golf die Sporen.

Zu Hause wartete einzig Sebastian, Lembergs Schwiegereltern waren netterweise nicht mit ins Haus gekommen. Katharina war noch bei ihrer Freundin. Eine halbe Stunde lang plauderte Lemberg mit seinem Sohn über Handball und die Schule, während Maggie das Abendessen für die Kinder vorbereitete, dann packte er seine Reisetasche. An der Haustür versprach er Maggie, sich so bald wie möglich zu melden. Baro rannte ihm noch kläffend bis zur Straßenecke nach.

Als Lemberg bei Bernkastel-Kues die Mosel überquerte, begann es zu regnen.

5.

Die Adresse lag im Wittlicher Stadtteil Wengerohr, dem Teil, der auch den Bahnhof beherbergte. Wie Lemberg den Sicherheitsfanatiker Oskar Theroux kannte, der nach Canisius' Wechsel nach Mainz bis zur Auflösung der »Old Boys« Lembergs Vorgesetzter gewesen war, wohnte er bestimmt am Ende einer Sackgasse in einem nachgebauten Westwallbunker. Das war jedoch nicht der Fall. Bei Therouxs Privathaus handelte es sich um einen Allerweltsbungalow mit Fertiggarage und Carport in einer Durchgangsstraße. Nicht einmal eingezäunt war das Grundstück.

Kaum hatte Lemberg einen Fuß in den Zugang gesetzt,

flammte die Außenbeleuchtung auf. Jetzt waren einige Vorsorgemaßnahmen zu erkennen. Die Fenster des Souterrains waren vergittert, ebenso die des Gästeklos, und die Haustür war von der Art, der man nur mit hydraulischem Werkzeug beikam. Außerdem war die Fassade des Hauses von der abwaschbaren Sorte. Wenn Theroux ein ebenso lausiger Bürgermeister wie Kriminalbeamter war, machte das sicher Sinn. Dann flogen hier bestimmt häufig matschige Tomaten.

Auf sein Läuten wurde Lemberg aus einem kleinen Lautsprecher angesprochen, der neben der Tür ins Mauerwerk eingelassen war. Therouxs Frau war er nur einmal begegnet und konnte sich partout nicht an ihre Stimme erinnern, aber er nahm einmal an, dass sie es war.

»Roger Lemberg, Frau Theroux«, sagte er. »Ich habe früher mit Ihrem Mann beim BKA gearbeitet. Ich müsste Oskar kurz sprechen.«

»Treten Sie bitte einen Schritt zurück, damit ich Sie besser sehen kann«, sagte die Frau.

Lemberg war so gut. In seiner Brusthöhe hatte die Tür ein Gucki.

»Wir sind uns einmal beim Neujahrsempfang des Präsidenten begegnet«, sagte Lemberg, da längere Zeit nichts passierte, außer dass er nass wurde. »Sie müssten mich eigentlich kennen. Ich hab nur ein paar Kilo zugelegt.«

»Ich habe meine Anweisungen«, sagte die Frau. »Bitte schieben Sie Ihren Ausweis durch den Briefkastenschlitz. Sie haben doch einen Ausweis?«

Lemberg tat ihr auch den Gefallen. Es regnete nicht stark, aber der Regen fiel senkrecht und dicht. Er spürte, wie sich neben seiner Wirbelsäule ein Rinnsal bildete. Der Sekundenzeiger der Armbanduhr drehte mehrere Runden. Lemberg war kurz davor, gegen die Tür zu treten, als plötzlich sein Ausweis und ein Zettel unter der Klappe mit der Gravur POST hervorlugten. Er nahm beides an sich.

»Ich habe mit meinem Mann telefoniert«, sagte Frau Theroux. »Er erwartet Sie in unserem Wochenendhaus. Auf dem Zettel finden Sie eine Anfahrtsskizze. Guten Abend.«

»Ebenso«, sagte Lemberg und machte, dass er in seinen Wagen kam.

*

Ohne die Skizze hätte Lemberg das Wochenendhaus niemals entdeckt. Allein Bonsbeuren zu finden, war ein kleines Abenteuer. Im finsteren Kondelwald kam er sich vor wie Hänsel, nur dass er keine Gretel hatte, die seine Hand hielt. Kaum war der Wald zu Ende, hatte Lemberg die Zufahrt zu Therouxs Grundstück auch schon verpasst. Er stieß zurück und bog in den schmalen Weg ein. Hangaufwärts ging die Fahrt, durch ein offen stehendes doppelflügeliges Tor. Nach einer Rechtskurve verbreiterte sich der Weg zu einer Abstellfläche, die mit einem dunkel lackierten VW Passat mit Kennzeichen WIL-OT besetzt war. Lemberg rangierte den Golf daneben. Als er ausstieg, merkte er, dass es auf dieser Seite des Waldes nicht geregnet hatte.

Oskar Theroux erwartete ihn vor der Haustür eines Blockhauses, das in seinen Ausmaßen dem Bungalow kaum nachstand. Theroux hatte in etwa Lembergs Größe und wohl auch sein Gewicht. Früher hatte er Haftschalen getragen, jetzt trug er eine schwarze Hornbrille. Gekleidet war er wie ein Förster.

»Zieh bitte die Schuhe aus, Roger«, sagte er zur Begrüßung. »Du versaust mir sonst den Teppich.«

»Deine Gattin hat mich im Regen stehen lassen.«

»Es gibt Schirme.«

»Für Schuhe?«

Auf Socken folgte Lemberg Theroux in einen großzügig geschnittenen Raum. Die Einrichtung bestand aus einer ledernen Sitzgruppe und einem Esstisch mit vier Stühlen im Jagdhausstil. Der Teppich war von der Sorte Auf-Wolken-Wandeln. Im Kamin knisterten einige Scheite. An den Raum schloss sich ein Wintergarten aus Aluprofilen an. Ein grober Stilbruch. Wie ein Heckflossen-Benz mit Leichtmetallfelgen.

Theroux wies auf einen der Stühle. »Nimm Platz. Lange nicht gesehen, Roger. Du leitest die SOKO-Eifel in Dorsel, hab ich gelesen.«

»So ist es«, sagte Lemberg.

»Wie geht es unserem ehemaligen Boss? Auf dem Wege der Besserung?«

»Noch ist er auf den Rollstuhl oder seine Gehhilfe angewiesen, aber er klagt nicht.« Lemberg blickte auf die auf dem Tisch liegenden Papiere. »Ich hoffe, ich hab dich nicht aus tiefschürfenden Überlegungen gerissen.«

Theroux schob die Unterlagen zur Seite. »Die üblichen Amtsgeschäfte. Als Bürgermeister hat man eine Siebentagewoche. Außerdem arbeite ich am Entwurf einer Rede, die ich auf dem nächsten Parteitag halten werde. Na ja, und an einigen Visionen.«

»Du hast Visionen, Oskar?«

»Ohne Visionen keine Zukunft.« Theroux lachte und zeigte zwei Reihen makelloser Zähne. »Zum Beispiel plane ich, die Wittlicher Fußgängerzone überdachen zu lassen. Ein Jahrhundertprojekt.«

»Für welches Jahrhundert?«

Bevor Theroux darauf eingehen konnte, gab es im vorderen Teil des Hauses ein Geräusch, als sei eine Münze zu Boden gefallen.

»Bist du nicht allein?«, fragte Lemberg.

»Das wird die Katze gewesen sein.«

Eine zweite Münze fiel oder dieselbe noch einmal. Theroux stand auf und verließ den Raum. Kurz darauf kam er mit einer jungen, schwarz-weiß gefleckten Katze auf dem Arm zurück.

»Michou«, sagte er. »Sie ist erst seit zwei Wochen bei uns.«

Lemberg widerstand dem Impuls, das Tier zu streicheln. Theroux setzte die Katze auf den Boden, dann nahm er wieder Platz und verschränkte die Hände auf der Tischplatte.

»Was führt dich zu mir, Roger? Kann ich irgendetwas für dich tun?«

»Ich hoffe«, sagte Lemberg. »Hast du noch Kontakt zum Amt?«

»Wenn ich ehrlich sein soll – nein«, sagte Theroux, wobei seine Hände politikertypisch mitredeten. »Ich verfolge natürlich interessiert, was vor sich geht – und das ist ja einiges –, aber ich spiel jetzt in einer anderen Liga, weißt du. Zwar noch nicht in der Champions League, aber was nicht ist, kann ja noch werden. Hahaha.«

»Tja, man muss mit allem rechnen. Dann hältst du auch keine Verbindung zu ehemaligen Kollegen?«

»Den einen oder anderen würde ich vielleicht gerne mal wieder sehen, aber mir fehlt einfach die Zeit.«

»Vermutlich letzte Frage: Hast du gestern Abend mit Frank Molitor telefoniert?«

Theroux schien ehrlich überrascht. »Frank? Nein. Wie kommst du darauf? An Molitor hab ich seit Jahren nicht einmal mehr gedacht. Warst du es nicht, der nach seinem Ausscheiden Kontakt zu ihm gehalten hatte?«

»Ja. Die Sache, die in Wiesbaden passiert ist, hat uns damals ziemlich zusammengeschweißt. Das war es schon. Danke dir.«

Lemberg machte Anstalten sich zu erheben, aber Therouxs Hand schnellte vor und legte sich auf seinen Unterarm.

»Moment, Moment, Roger, so einfach kommst du mir nicht davon. Ich hab dir meine Zeit gewidmet und deine Fragen beantwortet. Jetzt will ich auch wissen, warum.«

Lemberg stand trotzdem auf. »Oskar, ich will dich nicht mit Problemen aus der Kreisklasse belästigen. Da du Molitor nicht angerufen hast, darf ich mit dir streng genommen nicht über die Sache reden. Du kennst doch die Regeln.«

»Als ob du es mit den Regeln je genau genommen hättest.« Theroux brachte ihn zur Tür. »Ich glaube, du bist beleidigt wegen der flapsigen Formulierung mit der anderen Liga.«

»Vielleicht auch das.« Lemberg schlüpfte in seine Schuhe, die auf der Heizung gestanden hatten. Trockener als zuvor waren sie nicht. »Ich war schon immer sehr empfindlich.«

»Dann will ich nicht weiter insistieren«, sagte Theroux und überreichte Lemberg seine Visitenkarte. »Tut mir Leid, dass ich dir keine große Hilfe war. Aber falls du mich brauchst, auf der Karte steht sogar meine Handynummer. Die gebe ich nicht jedem.«

»Danke«, sagte Lemberg.

Eine doppelte Reifenspur führte von der Haustür zu einem abseits stehenden kleineren Blockhaus, in dem Gartenmöbel untergebracht sein mochten. Bei der Ankunft war sie Lemberg nicht aufgefallen. Theroux bemerkte seinen Blick.

»Die Sackkarre«, sagte er. »Ganz praktisch, wenn man schwere Sachen zu transportieren hat.«

»Und ich dachte, ihr hättet euch auf die alten Tage noch ein Kind zugelegt«, sagte Lemberg.

»Sehr witzig«, sagte Theroux. »Du weißt doch, dass Cordula fünf Jahre älter ist als ich.«

Als Lemberg die Serpentinen nach Bad Bertrich hinunterfuhr, fragte er sich, warum Theroux gelogen hatte. Die angebliche Sackkarrenspur war die Spur eines Rollstuhls. Das wusste Lemberg so genau, weil er vor einer Woche die gleiche produziert hatte, als er Canisius über die Boulebahn zu seinem Karpfenteich geschoben hatte.

6.

Werner Bastgereit bewohnte ein heruntergekommenes Einfamilienhaus in der Wacholderstraße in Meckenheim. Genau die richtige Anschrift für den alten Gin-Liebhaber. Außerdem war es von dort bis zum Amt nur ein Steinwurf. Ideal, wenn man nach dreimaligem Führerscheinentzug auf seine Füße angewiesen war.

Der durch die Regenschleier milchige Schein einer Straßenlaterne beleuchtete einen von Unkraut überwucherten Vorgarten. An den Büschen hing Zellophan von Zigarettenpackungen; der Boden war übersät mit leeren Getränkedosen. Dabei gab es für die doch Pfand. Bei seinen Nachbarn war Werner bestimmt so beliebt wie eine Zecke. Ein Namensschild gab es nicht, und ein eiserner Türklopfer mit Löwenkopf ersetzte die Klingel.

Nach dem zweiten Klopfen wurde im ersten Stock ein Fenster geöffnet. Lemberg trat einen Schritt zurück und sah nach oben. Fette Regentropfen klatschten ihm ins Gesicht.

Der kahle Kopf eines Mannes lugte aus dem Fenster. »Was wollen Sie?«

»Ich bin's, Werner. Roger Lemberg.«

»Lemberg?«

»Genau. Mach auf, ich muss mit dir reden.«

»Weißt du, wie spät es ist?«

»Ungefähr Mitternacht. Mach hin, es regnet.«

Die gemurmelte Antwort konnte Lemberg nicht verstehen, aber der Kopf verschwand, und das Fenster wurde krachend zugeschlagen.

Lemberg drängte sich dicht an die Tür, um nicht noch nasser zu werden. Als sie geöffnet wurde, fiel er beinahe in den Flur.

Bastgereit war einen Kopf kleiner als er und noch dicker als früher. Da standen mindestens hundert Kilo vor ihm. Werner trug einen verschlissenen Hausmantel, der über seinem umfangreichen Bauch von einem Strick zusammengehalten wurde. Seine rechte Hand steckte in der Manteltasche.

»Komm rein. Geh durch.«

Durch einen mit Gerümpel voll gestellten Flur dirigierte er Lemberg in ein herzhaft unordentliches Zimmer, in dem es stank, als sei seit Wochen nicht gelüftet worden. In einer Ecke befand sich eine Schlafcouch mit unglaublich verdreckter Bettwäsche. Auf dem Kühlschrank thronte eine Kochplatte. Dampf stieg aus dem Topf, der auf der Platte stand. Einen Meter daneben lief ein Fernseher ohne Ton. An der gegenüberliegenden Wand war die Sitzecke. Ein Küchentisch und drei Stühle.

Werner räumte einen Stapel Zeitschriften von einem der Stühle und hieß Lemberg Platz zu nehmen. Auf dem Tisch standen eine dreiviertelvolle Flasche Gordon's und eine Teetasse.

Lemberg setzte sich. Werner nahm sich den Stuhl gegenüber.

»Willst du auch einen?«

Lemberg konnte einen gebrauchen und nickte.

Aus der windschiefen Kommode hinter sich holte Werner eine weitere Teetasse und schob sie über den Tisch. »Tut mir Leid, aber ich hab momentan keine Gläser. Meine Frau hat mich verlassen. Bedien dich.«

»Seit wann ist sie weg?«, fragte Lemberg und kippte abgeschätzte vier Zentiliter in seine Tasse.

»Seit vier Jahren. Können auch fünf sein. Ich leb nur noch im Wohnzimmer. Ich hab ja keine Möbel mehr. Sogar die Einbauküche hat sie mitgenommen. Spart auch Heizkosten.«

»Wie hieß sie noch? Erika?«

»Renate. Erika war die, die mich vor zehn Jahren verlassen hat.«

Sich selbst goss Werner so reichlich ein, dass die Tasse überlief. Nachdem er abgetrunken hatte, wischte er die Pfütze mit der Handkante in die Tasse. Sie prosteten sich zu. Als die Tassen wieder standen, musterte Werner Lemberg eingehend. Seine Augen verrieten den chronischen Säufer. Die Nase hätte auch die von W.C. Fields sein können.

»Du hast dich nur wenig verändert«, sagte er. »Ein bisschen grauer vielleicht. Noch immer in Wiesbaden?«

»Als ob du das nicht wüsstest.«

»Stimmt. SOKO-Eifel. Hab's irgendwo gelesen. Was führt dich in unser Obstplantagenkaff?«

»Ich bin auf der Suche nach Frank.«

Als der Name des ehemaligen gemeinsamen Kollegen fiel, blitzte es für Sekundenbruchteile in Werners Augen. Er sagte aber nichts.

»War er hier?«, schob Lemberg nach.

»Wer?«

»Der Osterhase.«

Werner nickte. »Ja. Und du kannst mir glauben, ich hab schon den ganzen Tag ein schlechtes Gewissen wegen der Geschichte.« Dabei legte sich seine Kopfhaut in Falten.

»Wieso?«

Argwohn verdunkelte Werners Miene. »Frank hat also nicht mit dir gesprochen?«

»Nein, ich suche ihn. Ich weiß bis jetzt nur von deinem Anruf.«

»Woher weißt du, dass ich das war?«

»Weil Oskar es nicht war. Also bleibst nur du.« Da er nichts sagte, fuhr Lemberg fort. »Kann ich davon ausgehen, dass du ein Indiz dafür hast, dass Krassow noch lebt?«

Werner war verblüfft. »Das weißt du also doch. Frank muss ja eine Spur wie eine Elefantenherde hinterlassen haben.«

»Halb so wild. Wann war er hier?«

»Vergangene Nacht. Und wegen Krassow hast du Recht. Aber es ist mehr als nur ein Indiz.«

»Seltsam«, sagte Lemberg. »Ich kann mir einfach nicht vorstellen, wie er damals von dem Boot runtergekommen sein soll. Es sei denn, er ist getaucht.«

»Keine Ahnung. Ich weiß nur, dass Frank von Anfang an Zweifel an der Identität der Leiche hatte.«

»Die kann man immer haben. Aber es gab keine eindeutigen Beweise, dass es nicht Krassow war. Also wurde der Fall zu den Akten gelegt, und ich hatte die Hoffnung, dass Frank dadurch endlich zur Ruhe kommt.«

»Kurz nach der Amsterdamer Geschichte hat Frank mich besucht. Er war damals ziemlich enttäuscht von dir. Hat mir gesagt, du würdest ihn nicht ernst nehmen. Jedenfalls hat er mich gebeten, die Augen offen zu halten. Und das hab ich getan.«

»Und nun, nach vierzehn Jahren, bist du über einen Hinweis gestolpert.«

»So ist es.« Werner trank einen Schluck. »Das ist aber eine verdammt lange Geschichte. Willst du sie wirklich hören?«

»Du machst mir Spaß«, sagte Lemberg scharf. »Was glaubst du, warum ich hier bin? Um mich mit dir zu besaufen?«

Werner zuckte zusammen, als hätte Lemberg ihn geschlagen. »Schon gut, Roger, beruhige dich.« Er stülpte die Lippen vor. »Mich hat vor allem der Zustand beunruhigt, in dem Frank hier aufgekreuzt ist. Ich hab ihn früher oft unter Druck und in schwierigen Situationen erlebt, stressfest war er noch nie, aber letzte Nacht kam er mir wie ein Gespenst vor.«

Er trank aus und füllte seine Tasse wieder auf. Lemberg hatte noch. »Das war kein Jagdfieber, was ihn trieb. Das war blanker Hass. Und gleichzeitig sah er aus wie jemand, der ein achtundvierzigstündiges Nonstop-Verhör hinter sich hat. Verstehst du, was ich meine?«

Der so beschriebene Frank tauchte vor Lembergs geistigem Auge auf. »Und warum hast du es ihm trotzdem erzählt?«

41

Werner schnaufte heftig. »Wenn ich es nicht getan hätte, hätte er mich wahrscheinlich umgebracht. Als ich ihn angerufen habe, konnte ich ja nicht wissen, dass es ihn so mitnehmen würde. Nach all den Jahren.« Seine Aussprache wurde zunehmend undeutlicher.

»Wo ist er jetzt?«, fragte Lemberg.

»Ich weiß es nicht. Ich habe ihm gesagt, er soll die Sache nicht allein angehen. Er soll sich Verstärkung holen. Zur Not private. Wen auch immer. Das ist nichts für einen einzelnen Mann. Aber wenn er sich dir nicht anvertraut hat, wem dann? Er wird wohl nach Berlin gefahren sein. Von dort kommen nämlich die Hinweise.«

Lemberg setzte sich bequem. Zumindest soweit es der ungepolsterte Stuhl zuließ. »Am besten erzählst du mir die Geschichte genau so, wie du sie Frank erzählt hast.«

Werner kippte den Inhalt seiner Tasse in einem Zug herunter und wollte sich nachschenken. Lemberg nahm ihm die Flasche weg.

»Was soll das?« In Werners Augen funkelte der pure Zorn.

»Ich will kein Risiko eingehen. Das ist alles.«

»Risiko«, bellte Werner. »Ich brauche einen Schluck. Ich kann sonst nicht denken. Außerdem hat meine Frau mich verlassen, das hab ich dir doch schon gesagt. Gib mir die Flasche, verdammt.«

»Einen Dreck kriegst du.« Lemberg beugte sich über den Tisch und packte Werner am Kragen. »Du wirst mir jetzt die komplette Geschichte erzählen. Danach kannst du die Flasche von mir aus leer saufen.« Er ließ ihn los. »Ich höre.«

Werner schniefte und zog den Kragen wieder glatt. »Bist du neuerdings immer so aggressiv?«

»Früher konnte ich das nur besser verbergen.«

Beleidigt starrte Werner in seine leere Tasse. Dann seufzte er und fragte: »Was sagt dir der Name Professor Alexander Borowski?«

»Nichts. Wer soll das sein?«

»Also gut, fangen wir bei Adam und Eva an.« Werner kratzte sich am Nasenrücken, hob das Gesicht zur Zimmerdecke, schloss die Augen bis auf einen Schlitz und konsultierte sein Gedächtnis. »Alexander Borowski, Jahrgang 1930, geboren in Königsberg/Ostpreußen, war in den sechziger und siebziger Jahren in der DDR ein bekannter Historiker. Er hatte eine Professur an der Humboldt-Universität in Ostberlin, hielt Vorlesungen in Leipzig und sonst wo, war SED-Mitglied, linientreu und privilegiert – unter anderem bewohnte er eine Villa in Potsdam. Ein Karrieresozialist und allem Anschein nach ein überzeugter Kommunist, der allerdings davon profitierte, dass sein Vater 1943 als prominentes Mitglied der KPD von den Nazis umgebracht worden war. Seine Leistungen als Historiker waren fragwürdig – im Ausland unterstellte man ihm teilweise Geschichtsfälschung im Sinne der SED –, aber in der DDR sammelte er Punkte und gehörte Ende der Sechziger zu den oberen Zehntausend.«

Werners Gedächtnis schien zu funktionieren. Trotzdem schüttelte Lemberg den Kopf, als er einen sehnsüchtigen Blick auf die Ginflasche warf.

»Nach der Ausweisung Biermanns 1977 fiel Borowski plötzlich durch regimekritische Äußerungen auf«, fuhr Bastgereit fort. »Daraufhin wurden ihm erst einmal seine Auslandsreisen gestrichen. Dies schien ihn jedoch nur in seiner Haltung zu bestärken. Er wurde immer aufmüpfiger und verlor seine Professur, durfte nicht mehr publizieren, büßte Ämter und Vergünstigungen ein und musste sogar sein Haus in Babelsberg räumen. Zuletzt warfen sie ihn auch noch aus der Partei.«

Werner sah Lembergs fragendes Gesicht, winkte aber ab. »Auf das Warum komme ich gleich noch. Also, bei anderen Dissidenten fand er wenig Anklang. Offenbar nahmen sie ihm seine Wandlung vom Saulus zum Paulus nicht ab. Er lebte mehr oder weniger isoliert und unbeachtet in einer so genannten Dreiraumwohnung in Schöneiche, etwas außerhalb von Berlin. 1981 gelang es ihm, einem westdeutschen Journalisten ein Interview zu geben. Das Interview bestand hauptsächlich aus pseudopolitischem Geschwafel. Die DDR sei ein faschistisches Regime. Er, Borowski, sei der einzig wahre Dissident und so weiter. Das Interview wurde in der BRD veröffentlicht, woraufhin Borowski verhaftet wurde. Bei einem der Verhöre durch die Staatssicherheit wurde ihm das linke Auge ausgeschlagen. Als seine Frau ihn kurz darauf in der Haft besuchte und ihren zugerichteten Mann sah, erlitt sie einen Herzanfall und starb nur zwei Tage später an den Folgen. Inzwischen waren nationale und konservative Kreise in der Bundesrepublik auf Borowski aufmerksam geworden. Damals passte sein Fall prima in ihr Konzept, und so hängten sie ihn an die große Glocke und traten der Regierung auf die Füße. Im Herbst 1985 wurde der Professor schließlich zusammen mit seinen beiden Kindern freigekauft. Nach seiner Übersiedlung nach Westberlin haben die Dienste sich routinemäßig mit ihm unterhalten. Beim zweiten Mal war ich dabei. Das war im Februar 1986. Zu der Zeit hatte Canisius mich als Verbindungsmann zum Verfassungsschutz abgestellt. Borowski war ein kompletter Idiot.«

Werner musste husten. Als der Anfall vorbei war, hatte er seinen Text vergessen.

»Das Gespräch mit Borowski, bei dem du dabei warst«, half Lemberg ihm. »Und du hast gesagt, der Mann sei ein Idiot gewesen.«

»Allerdings. Seinen Hass auf die DDR konnte man nur als krankhaft bezeichnen. Stellvertretend für das Regime richtete er sich vor allem gegen eine Person, einen gewissen Roland Streibel, seinen Vernehmungsoffizier bei der Staatssicherheit. Durch ihn hatte er sein Auge verloren, ihm gab er auch die Schuld am Tod seiner Frau, die übrigens seine zweite war. Seine erste Frau war 1965 bei einem Unfall ums Leben gekommen. Warum er sich seit 1977 gegen seinen Staat gewandt hatte, blieb zunächst im Dunkeln. Er machte dazu nur diffuse Angaben. Ein wirklicher Bewusstseinswandel oder eine politische Überzeugung steckten meiner Meinung nach nicht dahinter. Dann haben wir herausgefunden, dass es schlicht und ergreifend um Geld ging. Anfang '77 war er von der Kommunistischen Partei Italiens für seine wissenschaftliche Arbeit mit einem mit umgerechnet fünftausend Dollar dotierten Preis ausgezeichnet worden. Die Urkunde hatte er behalten dürfen, das Geld hingegen hatte sein Staat kassiert. Eitel, selbstgerecht und dickköpfig wie er war, hatte er sich damit nicht abfinden wollen. So war es zu dem Zerwürfnis gekommen. Ansonsten hatte er nicht viel Brauchbares zu erzählen. Im Westen fasste er dann mit Hilfe seiner neuen Freunde aus dem rechten Spektrum schnell Fuß. Er gründete 1986 in Westberlin das ›Institut für osteuropäische Studien‹ – mehr oder weniger ein Debattierclub für Kommunistenhasser – und wetterte bei jeder sich bietenden Gelegenheit gegen den Sozialismus. Zwei Jahre später residierte das Institut an einer der ersten Adressen in Dahlem. Neben seiner Forschungsarbeit muss er auch noch Material über Vergehen des MfS gesammelt haben. Dem BfV und später auch uns hat er nach der Wende sein Archiv zwecks Entlarvung und Überführung ehemaliger Stasi-Angehöriger angeboten. Es kann aber nicht viel Verwertbares darin gewesen sein, denn das BfV selbst machte meines Wissens keinen Gebrauch davon, und wir hatten damals andere Sorgen.«

Zum Schluss war ihm das Sprechen zunehmend schwerer gefallen.

»Hast du nichts anderes im Haus als Gin?«, fragte Lemberg.

»Im Kühlschrank müsste noch Bier sein.«

Zwei Dosen Küppers Kölsch lagen im Gemüsefach neben einer Packung verschimmeltem Käse. Die Suppe im Topf war inzwischen zu Bitumen verkocht. Lemberg schaltete die Kochplatte aus. Sie tranken aus den Dosen.

»Erzähl weiter«, sagte Lemberg.

Das Bier schien Werner zu beleben. »Von dem Professor hatte ich bis auf sein Angebot an das BfV seit meiner damaligen Unterredung nichts mehr gehört. Im Prinzip war er mir auch nur im Gedächtnis geblieben, weil er solch ein selbstgerechter Pfau war und zudem eine ausnehmend hübsche Tochter hatte. Sie hieß Jana. Als die Borowskis '85 ausgebürgert wurden, war sie neunzehn oder zwanzig. Sie hatte dunkle Haare, dunkle Augen und eine phantastische Figur.« Er malte mit den Händen in der Luft herum. »Sie sah ihrer verstorbenen Mutter sehr ähnlich, von der mir irgendwer ein Foto gezeigt hatte. Der Sohn war einige Jahre älter und sah weder seiner Schwester noch seinem Vater ähnlich. Wie dem auch sei, der Professor rief vor ungefähr vier Wochen im Berliner Büro an und sagte, er habe eine eminent wichtige Information. Daraufhin wurde er mit Detlev Brandauer verbunden. Den müsstest du auch noch kennen, so ein langer Schlacks, vielleicht zehn Jahre jünger als wir. – Nein? – Ist ja auch egal. Detlev kannte den Professor nicht und hielt ihn für einen dieser Spinner, die sich wichtig machen wollen. Er wollte ihn abwimmeln, aber der Professor machte einen derartigen Aufstand, dass Detlev sich genötigt sah, sich doch mit ihm zu unterhalten. Sie trafen sich spätnachmittags im Zoo. In seinem Bericht schrieb Detlev später, der Professor sei völlig konfus gewesen. Er trompetete ohne Rücksicht auf Umstehende, er hätte eine heiße Spur von Streibel, seinem ehemaligen Vernehmungsoffizier bei der Staatssicherheit. Der Mann sei nach der Wende untergetaucht und lebe jetzt unter falschem Namen in Westberlin. Er habe zwar sein Äußeres stark verändert, aber ein Informant habe ihn trotzdem wiedererkannt.«

Werner unterdrückte einen Rülpser. »Dazu musst du wissen, dass wir mit schöner Regelmäßigkeit derartige Informationen erhalten, von denen sich letztendlich neunundneunzig Prozent als Flops erweisen. Detlev fragte den Professor, wo genau denn dieser Streibel lebe, ob er vielleicht die Anschrift oder seinen aktuellen Namen habe. Borowski konnte mit nichts von alldem dienen. Detlev fragte ihn daraufhin, ob er denn Anzeige erstatten wollte. Das war offenbar genau das, was der Professor nicht hören wollte. Er nannte Detlev einen Kretin, schimpfte lauthals auf das BKA, das BfV und was weiß ich auf wen noch alles. Detlev ermahnte ihn mehrmals, leise zu sprechen, aber das brachte den Professor nur noch mehr in Rage. Detlev ließ ihn daraufhin einfach stehen und ging.«

Er zerdrückte seine Bierdose und fuchtelte Lemberg damit vor der Nase herum.

»Nur weil ich mich an die hübsche Jana erinnerte, hab ich mir den Bericht überhaupt durchgelesen. Ich hab die alten Akten aus dem Archiv geholt und mir den Fall noch mal ins Gedächtnis gerufen. Dabei fiel mir auf, dass uns Streibel, dieser Verhöroffizier, unbekannt war. Sein Name taucht in keiner Liste von Verhörspezialisten oder sonstigen MfS-Offizieren auf. Seltsam, dass das damals niemandem aufgefallen ist. Außer dem Namen hatte uns Borowski aber eine ziemlich detaillierte Beschreibung von Streibel gegeben. Die habe ich dann mit Beschreibungen uns bekannter Leute verglichen. Mit dem Ergebnis, dass sie gut auf Andrej Müller passte. Ehemaliger Volksarmist, gelernter Funker und vor allem einer der Decknamen Krassows, unseres Todesengels.«

Er streckte seine Hand nach der Ginflasche aus. Lemberg ließ ihn gewähren.

»Ist das nicht ein bisschen vage, der Vergleich von zwei Personenbeschreibungen und die Aussage eines überdrehten Professors, der einen Informanten zitiert?«, hakte Lemberg nach.

Werner machte ein schlaues Gesicht. »Nein, nein, Roger. Abwarten. Die Geschichte hat noch einen zweiten Teil. Am letzten Donnerstag hat die Berliner Filiale in Tegel Hunderte von Fotos gemacht. Dabei ging es um eine Bande bulgarischer Geldfälscher. Am Tag darauf hatte ich den ganzen Vorgang auf dem Tisch. Berge von Fotos. Die Berliner haben wahllos alles geknipst, was ihnen vor die Linse gekommen ist. Darunter auch Schwarze, jede Menge Asiaten und sogar den Diepgen, den ehemaligen Bürgermeister. Hier.«

Werner machte die Scheibenwischergeste.

»Die haben sie nicht alle, die Berliner. Egal, ich hab mir den ganzen Kram angesehen. Wenn da ein einziger Bulgare bei war, will ich Fritzchen heißen. Dafür hab ich was anderes gefunden. Eine Aufnahme, bei der ich sofort gestutzt habe. Dabei sah der Mann auf den ersten Blick keineswegs wie Krassow aus. Er hatte dunkle Haare, einen Vollbart und gebräunte Haut. Aber ich habe sein Gesicht gerastert, vermessen und das Ergebnis mit dem einzigen Foto, das wir von Krassow haben, verglichen. Das Ergebnis lautet: hundertprozentige Übereinstimmung.«

Das war ein Wort.

»Wieso hat man dir den Vorgang gegeben?«, fragte Lemberg. »Hast du neuerdings mit Falschgeld zu tun?«

»Natürlich nicht«, polterte er. »Ich bin nur der, der die ganze Scheiße auf den Tisch bekommt, für die die anderen sich zu fein sind. Dabei war ich früher mal eine Kanone, das weißt du genau.

Mein Gott, wenn ich daran denke, was für ein klasse Team wir waren, wir fünf ›Old Boys‹. Bis Oskar den Laden übernommen hat. Der konnte mich nie leiden und hat mich Zug um Zug kaltgestellt.«

Das war ein Teil der Wahrheit. Der andere war flüssig und wohnte in der Flasche, die auf dem Tisch stand. Aber Lemberg wollte den ehemaligen Kollegen nicht aus dem Rhythmus bringen, also hielt er den Mund. Falls Werner zwischendurch mal nüchtern war, wusste er das wahrscheinlich selbst am besten.

»Hier hab ich schon wieder so einen Schleimer als Vorgesetzten. Bei dem steh ich ganz oben auf der Abschussliste. Ich soll als einer der Ersten nach Berlin, obwohl ich die Stadt nicht ausstehen kann. Die spekulieren darauf, dass ich von mir aus kündige, damit das Amt meine Pension sparen kann. Aber den Gefallen werde ich der Saubande nicht tun.«

Gegen Ende seiner Tirade hatte er die freie Hand zur Faust geballt und heftig in Richtung Zimmerdecke geschüttelt, als ob alle, die ihn jemals fertig machen wollten, sich zu einer Party auf dem Dachboden seines Hauses versammelt hätten.

»Ich dachte, die Sache mit dem Umzug der Behörde sei erst einmal vom Tisch«, sagte Lemberg.

»Quatsch! Im Augenblick hat der Schily Kreide gefressen. Aber das Thema kommt wieder hoch, verlass dich drauf. Berlin ist ein riesiger Magnet, der alles an sich zieht. Nein, schlimmer – es ist wie diese schwarzen Löcher im Weltall.«

»Kommen wir mal zum Thema zurück«, sagte Lemberg, der von Astrophysik so viel verstand wie vom Kuchenbacken. »Wo genau in Tegel wurden die Fotos gemacht?«

Werner hatte sich dermaßen in seine Wut hineingesteigert, dass es eine Zeit dauerte, bis ihm die Antwort einfiel. »Am Gate 12, wo man unter anderem für die Lufthansa-Flüge nach Stuttgart oder Köln eincheckt. Von der Uhrzeit her muss er nach Köln gebucht gewesen sein.«

»Hast du dir die Passagierliste des Flugs besorgt?«

»Dazu war es am Freitag zu spät.«

»Ist es denn sicher, dass Krassow eingecheckt hat?«

Werner wurde zusehends betrunkener. »Nein. Das heißt, ja.

Er hatte ein Ticket in der Hand. Das war in der Vergrößerung deutlich zu erkennen.«

»Und wo ist das Foto jetzt?«

»Frank hat es mitgenommen.«

»Hast du noch mehr Abzüge?«

»Nein.«

Lemberg hatte noch eine Frage. »Wieso hast du die Informationen über Krassow nicht an deinen Vorgesetzten weitergeleitet? Das hätte dir vielleicht ein paar Punkte gebracht.«

»Darauf scheiß ich. Ich hatte es Frank versprochen, und damit basta.«

»Folgerichtig können wir aber auch nicht mit der Unterstützung des Amtes rechnen.«

»Stimmt, nicht mal mit meiner.« Der Gedanke schien ihn zu betrüben. »Ich hab sowieso schon zu viel riskiert. Wenn das rauskäme, hätten sie einen prima Vorwand, mich zu feuern.«

»Ich brauch die Telefonnummer und Privatanschrift von diesem Brandauer in Berlin.«

Aus der Küchentischschublade zog er ein zerfleddertes Ringbuch mit karierten Blättern, das ihm als Adressbuch diente. »Sieh selber nach.«

»Weißt du, wann er Dienst hat?«

»Haben wir eine gerade oder ungerade Woche?«

»Ungerade.«

»Dann schiebt er Nachtdienst.«

Lemberg notierte, was er brauchte. »Eins kannst du aber noch für mich tun, Werner. Besorg mir die Passagierliste. Wenn du sie hast, schick sie ins Hotel ›Vagabund‹ nach Berlin.«

»Zur Gräfin?«

»Zur Gräfin.«

»Lebt die denn überhaupt noch?«

»Wenn nicht, wüsste ich es.«

Werner machte ein ungläubiges Gesicht. Dann legte er die Hände auf den Tisch, bettete seinen Kopf darauf und murmelte: »Scheißleben.«

7.

Die Fahrt nach Berlin verlief weitgehend ereignislos, sah man einmal davon ab, dass Lemberg am Rasthof Garbsen einen Kaffee bestellte, der derart mies schmeckte, dass er sich beinahe übergeben hätte. Um halb sechs morgens, die Stadt schlief noch, rollte sein Golf über die Potsdamer Chaussee. Er war übermüdet, aber auch gespannt darauf, ob Berlin sich seit seinem letzten Besuch vor fünf Jahren verändert hatte. Aber zunächst einmal sah alles aus wie immer.

Früher, zu Westberliner Zeiten, hatte Lemberg die Betulichkeit und die charmante Rückständigkeit der Stadt geschätzt. Westberlin, die stillste der großen Städte, verschont vom Durchgangsverkehr. In dem Berlin seiner Erinnerung hatte man teilweise ruhiger gewohnt als anderswo auf dem Land.

Das »Vagabund« lag in der Knesebeckstraße, einer Seitenstraße des Kudamms. Es wurde seit ewigen Zeiten von Elisabeth Gräfin von Seydlitz geführt, einer mittlerweile steinalten Dame, deren Vorfahren aus Pommern stammten. Bereits in den achtziger Jahren hatte sie regelmäßig ihren siebzigsten Geburtstag gefeiert. Wie Canisius einst ihre Bekanntschaft gemacht hatte, wusste Lemberg nicht, aber während der Teilung der Stadt, als die Abteilung offiziell nicht in Berlin aktiv sein durfte, hatte ihr Hotel dem Dienst als Quartier, Depot und Nachrichtenbörse gedient.

An Frank und Lemberg hatte sie damals einen besonderen Narren gefressen, warum auch immer. Auch heute noch schrieb Lemberg ihr regelmäßig zum Geburtstag und zu den Festtagen, und Frank tat das seines Wissens nach ebenso. Und wenn Lemberg in Berlin war, übernachtete er im »Vagabund«.

Die Zeit hatte dem Hotel nichts anhaben können, im Gegenteil. Die Fassade war nach wie vor makellos; die Eingangstür und die Markisen strahlten in leuchtendem Rot. Kein Fingerabdruck oder auch nur eine Putzschliere waren auf der Scheibe gegen das Licht, das von der Rezeption auf die Straße fiel, auszumachen. Eines hatte sich dann doch geändert. Neuerdings musste man läuten, wenn man hineinwollte.

Im Hintergrund tauchte Adam, das Faktotum der Gräfin,

auf. Schleppend kam er heran, schaltete die Außenbeleuchtung an und musterte Lemberg. Es dauerte einen Augenblick, bis er ihn erkannte. Dann strahlte er und sperrte auf.

»Der Herr Lemberg, welch schöne Überraschung«, sagte er mit brüchiger Stimme.

Sie schüttelten sich die Hände.

»Schön, Sie zu sehen, Adam. Wie geht es Ihnen?«

Er verzog das Gesicht. »Die Gicht, wissen Sie. Aber Sie sehen aus wie eh und je. Das wird eine Freude für die Gräfin sein.«

Er bat Lemberg herein. Ein Dachzimmer sei noch frei, sagte er mit verschmitztem Gesicht.

»Haben Sie gestern zufällig einen anderen Gast aufgenommen, den Sie seit langem nicht gesehen haben?«, fragte Lemberg, während Adam den Schlüssel über die Theke reichte.

»Nein. Gestern hat überhaupt niemand eingecheckt.«

»Ich dachte an jemand Bestimmten. An Frank Molitor.«

»Herr Molitor? Der war schon ewig nicht mehr hier, noch länger als Sie.« Adam beugte sich über die Theke und senkte die Stimme. »Am besten erwähnen Sie seinen Namen der Gräfin gegenüber nicht. Sie ist beleidigt, weil er ihr zu ihrem letzten Geburtstag nicht geschrieben hat.«

Das sah Frank nun wieder gar nicht ähnlich. Vielleicht war der Alltag mit Evelyn aber auch so zermürbend, dass er darüber alles andere vergaß. Lemberg merkte, wie wenig er eigentlich von Franks Leben in den letzten Jahren mitbekommen hatte außer der Fassade, die er aufrechterhielt.

»Wie geht es ihr denn?«, fragte Lemberg.

Adam schüttelte den Kopf. »Sie lässt nach. Sie vergisst neuerdings vieles. Gut, dass ihre Nichte inzwischen die Bücher führt.« Dann fiel ihm etwas ein, und er strahlte wieder. »Sie nimmt ihr Frühstück nach wie vor um neun. Überraschen Sie sie. Ich werde vorher nichts sagen. Sie wird sich freuen.«

Lemberg versprach es. So würden ihm noch zweieinhalb Stunden Schlaf bleiben. Adam verschwand in seinem Kabuff, und Lemberg nahm den Lift bis in den vierten Stock.

Das Zimmer kannte er von früher. Es war ein wenig geschrumpft, verfügte dafür aber jetzt über ein eigenes Bad. Lemberg probierte die Dusche sofort aus. Da er die Tür offen gelassen hatte, dampfte das ganze Zimmer, als er sich schließlich auf das Bett setzte und nach dem Telefon griff. Maggie meldete sich nach dem zweiten Klingeln. Er sagte ihr, wo er war und dass er Frank noch nicht gefunden hätte. Sie war vor einer halben Stunde nach Hause gekommen. Die Lage bei den Nevensteins war stabil. Sie küssten sich fernmündlich, so gut das ging, und Lemberg versprach, sich am nächsten Tag wieder zu melden. Dann stellte er den Wecker auf zehn vor neun, knipste das Licht aus und kroch unter die Decke.

Sekunden später war er eingeschlafen.

*

Bad Godesberg, Mai 1968

Es war ein sonniger Nachmittag mit einer leichten Brise als i-Tüpfelchen, wie geschaffen, um sich im Freien aufzuhalten. Genau das taten die acht Jungen und vier Mädchen, die sich im Garten einer Villa an der Uhlandstraße versammelt hatten, um Tom-Toms zehnten Geburtstag zu feiern.

Nachdem es zunächst im Schatten der großen Ulme, die den Garten beherrschte, Kakao, Limonade, Kuchen und Plätzchen gegeben hatte, war man nunmehr zum aktiven Teil des Festes übergegangen. Nach Eierlaufen und Sackhüpfen stand Dreibein auf dem Programm. Dazu mussten die Kinder Pärchen bilden und sich nebeneinander stellen. Dann wurde das rechte Bein des einen Kindes mit dem linken des anderen zusammengebunden. Aufgabe war nun, derart gehandikapt so schnell wie möglich einmal durch den Garten zu rennen. Ziel war die mit bunten Luftballons geschmückte Teppichklopfstange, wo Tom-Toms Mutter Ingrid mit einer Stoppuhr wartete.

Die Auslosung hatte Tom-Tom Rüdiger als Partner beschert, die Sportskanone der Klasse. Drei Pärchen waren bereits gelaufen, als Nächstes waren sie an der Reihe.

»Ich mach ein bisschen langsamer, du kommst ja sonst nicht mit«, sagte Rüdiger.

»Brauchst du nicht«, sagte Tom-Tom. »Dreibein ist meine Spezialität.«

»Wie du meinst.«

Ingrid hob den Arm, ließ ihn fallen, und die beiden Jungen stürmten los. Nach nicht einmal zehn Metern knickte Tom-Tom ein und riss Rüdiger mit zu Boden.

»Verdammt!«, schrie Rüdiger. »Wusste ich es doch! Elender Bastard!«

»Das sagst du nicht noch mal!«

»Wenn's doch stimmt. Mein Vater sagt das auch.«

»Was?«

»Dass du ein Bastard bist. Guck dich doch an. Du hast blonde Haare und bist ein Hänfling. Deine Eltern sind schwarzhaarig und solche Brocken. Da stimmt was nicht. Deine Mutter muss mal über den Zaun gestiegen sein, sagt mein Vater.«

»Du dreckiges Lügenmaul!«

Noch immer aneinander gefesselt fielen die beiden übereinander her. Ringend und raufend rollten sie durch den Garten bis ins Frühlingsblumenbeet. Ingrid und die Mutter eines der Mädchen, die ihr beim Ausrichten des Festes behilflich war, eilten herbei und trennten die Streithähne.

»Was soll das?«, schrie Ingrid. »Könnt ihr euch nicht benehmen?«

»Er hat dich beleidigt«, keuchte Tom-Tom und wollte erneut auf Rüdiger los. Nur mit Mühe konnte Ingrid ihn zurückhalten.

»Was hat Rüdiger denn gesagt?«

Tränenblind riss Tom-Tom sich los und lief ins Haus.

*

Ingrid und Horst aßen schweigend zu Abend. Tom-Tom hatte sich in seinem Zimmer eingeschlossen und war nicht zum Essen erschienen.

»Was ist hier eigentlich los?«, fragte Horst, nachdem er sich mit der Serviette die Lippen abgetupft hatte. »Der Junge schließt sich ein, und du stocherst auch nur in deinem Essen herum.«

»Es ist etwas vorgefallen«, sagte Ingrid und machte ein Gesicht, als würde sie jeden Moment in Tränen ausbrechen. »Eines der Kinder hat Tom-Tom einen Bastard genannt, weil er uns von Statur und Haarfarbe nicht ähnelt.«

Horst blieb der Bissen im Hals stecken.

»Konntest du ihn beruhigen?«, fragte er und verschluckte sich.

»Ich habe es versucht. Ich habe ihm gesagt, dass Kinder oft nach ihren Großeltern geraten, und hab ihm von Pfarrer Mendel und seinen Erbsen erzählt. Ich weiß aber nicht, ob er mir das abgenommen hat.«

»Dann ist es wohl an der Zeit, dass wir ihm reinen Wein einschenken«, sagte Horst.

»Nein!« Ingrid legte die Hand auf seinen Unterarm. »Bitte nicht, Horst! Wir müssten ihm alles erzählen. Ich weiß nicht, ob er das verkraften würde.«

»Ich bin mir sicher, er würde. Ob du das allerdings verkraften würdest, da bin ich mir nicht so sicher.«

Ingrid zog ihre Hand zurück, als sei sein Arm plötzlich heiß geworden. Furcht und Enttäuschung lagen in ihrem Blick.

»Schon gut«, sagte Horst. »Noch nicht. Aber eines Tages werden wir nicht umhinkommen, es ihm zu sagen.«

»Ich weiß«, hauchte Ingrid so leise, dass sie kaum zu verstehen war. »Ich weiß.«

8.

Dem batteriebetriebenen Wecker war der Saft ausgegangen. Um Punkt halb neun. Tatsächlich war es bereits zwanzig nach neun, als Lemberg auf seine Armbanduhr blickte.

Er duschte erst so heiß, wie er es ertragen konnte, anschließend eiskalt. Dann frottierte er sich, bis die Haut krebsrot war.

Zuletzt zog er frische Wäsche, ein weißes Hemd, einen Pullunder und das Tweedsakko an, beließ es aber bei den Jeans und den Hush-Puppies. Allzu viel Auswahl hatte er ohnehin nicht.

Bis Donnerstag musste er Frank finden, sonst würde er sich Unterhosen kaufen müssen.

Der Frühstücksraum im ersten Stock war schwach besetzt. Ein älteres Ehepaar und zwei Tische weiter zwei korpulente Frauen waren alles, was Lemberg vorfand. Von der Gräfin, für die immer der Ecktisch frei gehalten wurde, war nichts zu sehen. Aber er war ja auch eine Dreiviertelstunde zu spät.

Das Frühstück wurde von einer Blondine mit osteuropäischem Akzent serviert, deren Haut aussah, als hätte sie zu lange in der Wanne gelegen. Die Brötchen waren spröde, aber dafür war der Kaffee erstklassig.

Nach dem Frühstück suchte Lemberg die Räume der Direktion auf. Die Gräfin saß, ihre Lesebrille auf der Nase, am Schreibtisch und studierte eine jener Postillen, die in aller Ausführlichkeit Gerüchte und Erfindungen über Europas Königshäuser breit walzen. Ihre bevorzugte Lektüre war also noch dieselbe.

Als sie ihn sah, riss sie die Augen auf und schlug die Hände vor den Mund. Sie umarmten sich, und Lemberg bekam Schelte, weil er so lange nicht mehr da gewesen war.

Sie sah elegant aus wie immer, war aber magerer geworden. Lemberg erkundigte sich pflichtschuldig nach ihrem Befinden, worauf sie jedoch nicht einging. Vielmehr ließ sie sich im großen Stil über die Veränderungen aus, die Berlin in den vergangenen Jahren hatte hinnehmen müssen.

Alle bekamen ihr Fett weg. Die Ostdeutschen, die Russen und vor allem »die Bonner«, wie sie Regierungsmitglieder, Parlamentarier und den Beamtenapparat pauschal titulierte. Denen würde allenthalben Zucker in den Arsch geblasen, dass es eine Schande sei. So sei das ehemalige Amighetto zwischen der Kolonie Schlachtensee und dem Museumsdorf Düppel eigens für die Bonner luxussaniert worden, obwohl die Bauten tipptopp in Schuss gewesen waren. Aber selbst das war den feinen Herrschaften vom Rhein nicht gut genug. Nicht nur luxuriös, nein, auch noch zentral wollen sie wohnen. Am liebsten in Berlin-Mitte mit eigener U-Bahn-Station. Lemberg glaubte ihr knapp die Hälfte. Die Gräfin war eine Aufschneiderin, aber da sie amüsant erzählen konnte, ließ er sie gewähren.

Dann musste er berichten, wie es ihm in den letzten Jahren ergangen war, und als er auf die Uhr sah, war es bereits halb elf.

Lemberg brachte das Gespräch auf Frank, und zunächst reagierte die Gräfin verstimmt. Als er ihr aber erklärte, dass Frank in Schwierigkeiten steckte, ohne sie in Einzelheiten einzuweihen, siegte ihre Mütterlichkeit. Dann erwähnte er noch, dass er Kurierpost aus Meckenheim erwartete, und bat sie außerdem, eventuell für ihn eingehende Nachrichten entgegenzunehmen.

»Wie in den alten Zeiten«, sagte sie und war voller Eifer.

Lemberg stand auf und drückte ihre Hand. »Bis später.«

»Wenn Sie etwas brauchen, Roger, sagen Sie Adam Bescheid.«

»Mach ich«, sagte Lemberg und gab ihr zum Abschied einen Kuss auf die Wange.

Draußen war es sonnig und trocken und für die Jahreszeit zu warm. Lemberg bugsierte seinen Wagen durch das Gedränge auf dem Kudamm. Dass der Senat sparen musste, war unübersehbar. Hier fuhren die uniformierten Kollegen Opel Corsa. Immerhin hatte man ihnen einen Smart erspart. Dreißig Minuten benötigte Lemberg bis zur Clayallee 295, fast schon im Herzen Zehlendorfs, wo BKA-Mann Brandauer wohnte.

Das Haus, das zu der bei Bastgereit notierten Anschrift gehörte, war Teil eines Komplexes altehrwürdiger Mietshäuser, die den letzten Krieg weitestgehend unversehrt überlebt hatten. So hatte man in den zwanziger Jahren des letzten Jahrhunderts großbürgerlich gewohnt. Heute standen Fahrräder mit Kindersitzen und ein Bobby-Car vor dem Haus. Brandauers Wohnung lag im Hochparterre.

Lemberg klingelte, bis er einen tauben Zeigefinger hatte. Als er schon gehen wollte, summte es doch noch, und die Haustür wurde entriegelt. Im Treppenhaus roch es nach Kaffee und Bohnerwachs.

Brandauer hatte die Kette vorgelegt und lugte durch den Spalt zwischen Tür und Rahmen, sodass man nur sein rechtes Auge sah.

»Ja?«, fragte er mürrisch.

Lemberg nannte seinen Namen und hielt ihm den Ausweis vor das eine Auge. »Ich muss mit Ihnen sprechen.«

»Lemberg? Von Ihnen hab ich schon gehört. Aber wieso SOKO-Eifel? Sie haben sich wohl verlaufen. Wie kommen Sie überhaupt an meine Adresse?«

»Werner Bastgereit war so nett.«

»Na, dem werde ich helfen«, raunzte er. Dann schloss er die Tür, hantierte aber lautstark mit der Kette. Als er wieder öffnete, sah Lemberg, dass Brandauer nur ein Handtuch um die Hüften geschlungen hatte.

»Um was geht's denn?«

»Ich bin auf der Suche nach Frank Molitor. War er gestern bei Ihnen?«

»Allerdings.«

»Wissen Sie, wo er jetzt ist?«

Brandauer pustete Lemberg schlechten Atem ins Gesicht. »Keine Ahnung. Vielleicht bei diesem bekloppten Professor.« Misstrauisch kniff er die Augen zusammen. »Was ziehen Sie und dieser Molitor eigentlich für eine Nummer ab? Molitor ist doch frühpensioniert. Und Sie befinden sich meilenweit außerhalb Ihres Reviers.«

»Das ist eine etwas längere Geschichte«, sagte Lemberg. »Wie wäre es, wenn ich Ihnen die drinnen erzähle?«

»Das geht nicht. Ich hab Besuch.«

»Doch nicht in allen Zimmern!«

Brandauer machte ein gequältes Gesicht. »Mensch, ich hab zurzeit Nachtdienst. Gestern konnte ich schon nicht schlafen, weil Ihr Kumpel mich aus dem Bett geholt hat.«

Er war die Wehleidigkeit in Person.

»Es wird nicht anders gehen«, sagte Lemberg. »Machen Sie keinen Ärger.«

Mit einem resignierenden Seufzer trat Brandauer zur Seite. »Nach rechts, da ist das Wohnzimmer. Ich komme gleich.«

Das Zimmer war ausgesprochen lieblos eingerichtet. Außerdem miefte es. Lemberg hebelte das Fenster auf, um Luft hereinzulassen. Dann räumte er Zeitschriften, CD-Hüllen und einen

Pullover aus einem der Sessel. Über der Lehne hing ein Büsten-halter. Die Körbchengröße war beeindruckend. Er setzte sich, schlug die Beine übereinander und wartete.

Brandauer rumorte im Bad. Als Nächstes hörte Lemberg das asthmatische Röcheln einer verkalkten Kaffeemaschine. Nach zehn Minuten kam der Wohnungsinhaber ins Zimmer und ließ sich auf das Sofa fallen. Er trug inzwischen einen gelb-orange gestreiften Bademantel. Diese Saison hatte nur Scheißfarben pa-rat.

»Wir müssen leise sein«, sagte er. »Sie schläft noch.«

Angesichts Lembergs Klingelarie und des Lärms der Kaffee-maschine konnte das nur ein Witz sein.

»Arbeitet die Dame auch nachts?«, fragte Lemberg.

»Manchmal. Wir versuchen es zu koordinieren.«

Lemberg machte einen Schwenk. »Sie sagten, Molitor war hier.«

»Zu ähnlicher Zeit wie Sie, ich war gerade im Tiefschlaf. Das ist der gesündeste Teil des Schlafs. Wenn man ihn ungestört ver-bringen kann.« Lemberg musste einen weiteren vorwurfsvollen Blick einstecken. »Sind Sie auch wegen des Professors hier?«

»Ja, und wegen Streibel, den der Professor erwähnt hat.«

»Borowski hat ihn nicht gesehen, nur ein Informant von ihm.«

»Ich weiß. Haben Sie den Namen des Informanten?«

»Woher denn?« Brandauer warf beide Arme hoch. »Borows-ki wollte den Namen des Mannes nicht nennen. Angeblich hatte er ihm Diskretion versprochen. Aber seinem Gerede habe ich entnommen, dass der Informant im Osten der Stadt lebt.«

»Was hat er sonst über ihn gesagt? Ist er ein ehemaliger Mit-arbeiter des MfS? Oder auch eines von Streibels Opfern?«

»Ich weiß es nicht.« Brandauer beugte sich erklärend vor. »Sie müssen die Situation verstehen. Ich treffe mich mit einem wildfremden Menschen im Zoo, und der plärrt vor Gott und der Welt herum, er habe den Stasibösewicht schlechthin entdeckt. Ich möchte nicht wissen, wer das alles mitgekriegt hat. Irgend-wann wird ein Kind auf mich zeigen und sagen: ›Du, Mutti, das ist der Spezialbulle aus dem Zoo.‹«

Bei der Vorstellung musste Lemberg grinsen. Auch Brandauer griente und stand auf. »Ich hol den Kaffee.«

Er kehrte mit einer Automatenglaskanne und zwei Keramikbechern zurück. Beide Becher zierten vierblättrige Kleeblätter. Lemberg überlegte, ob er in natura schon einmal eins gesehen hatte. Er glaubte nicht. Sechsundvierzig Jahre ohne vierblättriges Kleeblatt. Kein Wunder, dass so viel schief lief. Zucker lehnte er ab. Brandauer nahm vier und einen halben Löffel.

»Erzählen Sie mir von Molitors Besuch«, sagte Lemberg und verbrannte sich den Mund.

»Besuch?« Brandauer bekam einen roten Kopf. »Er ist hier hereingeplatzt wie ein Irrer. Hat mich angeschnauzt, als ich ihm nicht sagen konnte, wer der Informant von diesem Professor ist und wo er wohnt. Ich wäre komplett unfähig, wer mich eigentlich damals eingestellt hätte und so weiter.« Er untermalte seine Schilderung mit lebhaften Gesten. »Und dann ist er mit seinem künstlichen Bein an der Teppichkante hängen geblieben und der Länge nach hingeschlagen.«

Langsam fing Lemberg an, sich wegen Frank ernsthaft Sorgen zu machen. Er konnte nur hoffen, dass sich sein Freund noch nicht zu weit vorgearbeitet hatte.

»Ist er von Ihnen aus zu Borowski gefahren?«

»Das nehme ich doch stark an. Gesagt hat er nichts. Aber nur über den Professor wird er an den Informanten herankommen.«

Das bedeutete, dass Frank aller Wahrscheinlichkeit nach noch in Berlin herumtobte. Hier würde Lemberg ihn über kurz oder lang erwischen.

»Wohnt der Professor unter der gleichen Anschrift, die das Institut hat?«

»Ja. Podbielskiallee.«

Lemberg leerte seine Tasse und stellte sie ab.

»Möchten Sie noch einen?«, fragte Brandauer.

»Nein, danke. Ich muss weiter.«

»Bevor Sie gehen, will ich aber noch wissen, warum ihr hinter diesem Streibel her seid. Gibt es für den Lumpen eine Belohnung?«

»Glauben Sie, wir sind unter die Kopfgeldjäger gegangen?«

»Was weiß ich? Mysteriös genug ist das Ganze. Ein Invalide und ein abgehalfterter Ex-Starbulle gehen in meinem Revier auf die Pirsch. Ist doch verständlich, dass man da neugierig wird.«

Das »abgehalftert« schmerzte stärker, als Lemberg zugegeben hätte. Brandauer sah seiner Miene an, dass er zu weit gegangen war.

»Sorry«, sagte er. »Ich kolportiere nur, was so geredet wird.«

»Schon gut.«

»Nein, ist es nicht. Mir tut es selber Leid. Als ich damals anfing, wart ihr, die Truppe von Canisius, die Elite des BKA. Keiner von uns, der nicht so werden wollte wie ihr. Und heute? Was ist aus euch geworden? Bastgereit säuft, Theroux und Molitor sind draußen, und Sie hat man in die Provinz abgeschoben.«

»Elite ist Stress. Lassen Sie sich das eine Warnung sein.«

»Das tu ich schon lange. Ich zieh meinen Stiefel durch, alles andere interessiert mich nicht. – Stimmt es eigentlich, dass der hessische Ministerpräsident persönlich Ihre Kaltstellung betrieben hat, weil Sie nicht aufgehört haben, wegen der Spendenaffäre gegen ihn zu ermitteln?«

»Kein Kommentar.« Lemberg hatte die Geschichte schon so oft erzählt, dass er sie in Reimen aufsagen konnte. Besoffen vor dem Spiegel. Offiziell schwieg er dazu, weil er keine Beweise hatte. »Molitor glaubt, dieser Streibel könnte mit dem Bombenanschlag zu tun haben, bei dem er damals sein ungeborenes Kind und sein Bein verloren hat und bei dem Platzeck umgekommen ist.«

Brandauer guckte einen Moment blöd, dann begriff er, dass sie wieder beim eigentlichen Thema waren. »Und, hat er?«

»Das ist noch nicht raus.«

»Ich dachte, ihr hättet diesen Halunken, der dafür verantwortlich war, später erwischt.«

»Dachten wir auch. Aber inzwischen sieht das ein bisschen anders aus.«

Brandauer kniff die Augen zusammen. »Sie verarschen mich doch nicht?«

»Natürlich nicht, aber die Sache ist privat. Je weniger Leute davon wissen, desto besser. Sie werden auch ohne das genug am Hals haben.«

»Weiß Gott«, seufzte Brandauer.

»Übrigens, bei der Aktion am vergangenen Donnerstag in Tegel, bei der es um die bulgarische Blütenbande ging, waren Sie da dabei?«

»Fragen Sie lieber, wer nicht dabei war.« Brandauer schüttelte den Kopf. »So ein Chaos hab ich selten erlebt. Mittags reißt der Häuptling plötzlich die Tür auf und brüllt: ›Sondereinsatz! Griffel fallen lassen! In einer halben Stunde seid ihr in Tegel!‹ Nichts war vorbereitet. Keiner wusste Bescheid. Wir hatten nicht einmal genug Filme, die mussten wir auf dem Flughafen erst kaufen.«

»Ist das nicht ungewöhnlich, so ein Aufwand wegen einer Falschgeldbande?«

Brandauers Brauen wanderten in die Höhe. »Ich stell mir solche Fragen nicht mehr. Ich mach einfach meinen Job. Wenn du anfängst zu denken, drehst du durch.«

Lemberg stand auf, dankte ihm für den Kaffee und ließ sich noch die Hausnummer in der Podbielskiallee geben. Brandauer sagte, er stehe für Rückfragen zur Verfügung, allerdings gehe er ab Wochenmitte in Urlaub.

»Ab Donnerstag müssten Sie meinen Kollegen Nelles anrufen.« Brandauer nannte Lemberg die Nummern. »Ich werde ihn vorwarnen, damit er keinen Schreck bekommt.«

Eine letzte Frage hatte Lemberg dann doch noch. »Haben Sie gesehen, mit was für einem Fahrzeug Molitor hier war?«

»Mit einem S-Klasse Coupé. Scheint ihm nicht schlecht zu gehen.«

»Dunkelblau?«

»Könnte sein. Jedenfalls war es eine dunkle Farbe.«

Also war Frank nicht auf einen Mietwagen umgestiegen. Das würde die Suche etwas leichter machen.

Im Flur stieß Lemberg mit einer splitternackten Brünetten zusammen, die ohne Umsicht aus dem Bad gestürmt kam. Zweifelsfrei die Eigentümerin des Büstenhalters, den er im Wohnzimmer gesehen hatte. Brandauer war die Sache überaus pein-

61

lich. Ohne die beiden einander vorzustellen, schob er die Nackte ins Schlafzimmer.

Lemberg ließ sich selbst aus der Wohnung.

9.

Bis zur Podbielskiallee war es ein Katzensprung, höchstens zwei. Der Weg führte vorbei am Amerikanischen Hauptquartier, das bewacht wurde wie die Goldreserve. Auf dem Grünstreifen, der die Fahrbahnen der Allee trennte, joggte eine einsame Frau mit slawischen Gesichtszügen und einer Figur, die Bewegung bitter nötig machte. Lemberg ging nicht davon aus, Frank noch im Haus des Professors anzutreffen. Aber er hatte eine Hoffnung: Wenn der Professor Frank gesagt hatte, wer der Informant war, würde er es vielleicht auch ihm sagen.

Die Hausnummern 14–18 markierten einen mächtigen Gründerzeitkasten nebst einem Anbau, der wie ein Gewächshaus im Botanischen Garten aussah. Das Grundstück war mehr als großzügig geschnitten; in Hongkong brachte man auf so einem Areal ganze Stadtteile unter. Zwei schmiedeeiserne Tore schlossen das Gelände zum Gehweg hin ab. Ein kleines für Menschen, ein großes auf Rollen für Fahrzeuge. Neben dem Tor für Zweibeiner hing ein Messingschild mit der Aufschrift »Institut für osteuropäische Studien«. Im Sommer war von der Villa mit Sicherheit wenig zu sehen, aber jetzt, da die Bäume kahl waren, war der Blick ungehindert.

Unter dem Schild befand sich eine Klingel mit Gegensprechanlage. Lemberg läutete.

Die Stimme einer älteren Frau meldete sich. Lemberg stellte sich vor und bat, den Professor sprechen zu dürfen. Die Stimme sagte »Einen Moment, bitte!« und ließ ihn mit einem grässlichen Pfeifton aus der Anlage auf dem Bürgersteig stehen.

Es dauerte nicht lange, bis Lemberg erneut angesprochen

wurde. Diesmal war die Stimme jünger, und nachdem er sein Sprüchlein wiederholt hatte, schwang das Tor wie von Geisterhand bedient auf.

Frost hatte den Gehwegplatten stark zugesetzt; der Gang zum Haus war eine schwankende Angelegenheit. Von weitem sah es bestimmt aus, als hätte Lemberg getrunken. In der Nähe des Tores und weiter oben, kurz vor dem Haus, standen laternenpfahlhohe Masten mit Überwachungskameras. Auf dem Rasen rechts des Weges lag ein großer Hundehaufen, den Verursacher konnte Lemberg allerdings nirgendwo ausmachen. Hier wurde offenbar nichts dem Zufall überlassen.

Als er die Stufen zum Eingang emporstieg, wurde die Tür von einer Frau in einem Haushaltskittel geöffnet. Sie war klein, grauhaarig und hatte ein rundliches Gesicht mit mütterlichen Zügen. Sie führte ihn durch eine pompöse mahagonigetäfelte Eingangshalle, an deren Ende eine gewaltige Freitreppe in den ersten Stock führte. Sie blieben jedoch im Parterre und schwenkten nach rechts, wo sie durch eine Doppeltür in ein cremefarben tapeziertes Zimmer gelangten.

Am Fenster stand eine groß gewachsene, schwarzhaarige Frau, die sich bei Lembergs Eintreten umdrehte. Ihre Figur entsprach in etwa den Konturen, die Bastgereit in die Luft gemalt hatte. Das musste Jana, die Tochter des Professors, sein. Bekleidet war sie mit einem anthrazitfarbenen Kostüm und einem weißen Rolli. Selbst auf die Distanz von mehreren Metern sah die Garderobe nach Paris oder Mailand aus, und für das bisschen Schmuck, das sie angelegt hatte, hätte Lemberg vermutlich sein Haus renovieren können.

»Lemberg, Kriminalhauptkommissar«, sagte er artig.

»Angenehm, Jana Willartz. Ich bin die Tochter von Professor Borowski.« Die Stimme passte zu ihrer Haarfarbe.

Die Hand, die Lemberg zum Anfassen hingehalten wurde, war kühl und trocken. Aus der Nähe sah man ihrem Gesicht an, dass sie schon einiges hinter sich hatte. Trotzdem, für ihr Äußeres hätte man ihr einen Waffenschein zur Auflage machen müssen.

»Darf ich vorstellen«, sagte Jana Willartz. »Das ist Dr. Meyerling, der stellvertretende Leiter unseres Instituts.«

Lemberg ließ seinen Blick ihrer ausgestreckten Hand folgen und entdeckte, was er vorher übersehen hatte.

Der Mann trug einen sandfarbenen Anzug mit Weste, der nahezu das gleiche Muster hatte wie das Sofa, auf dem er saß. Sein Gesicht war kugelrund und so leer wie der Mainzer Domplatz bei Bombenalarm. Er trug eine Hornbrille, und erst als er sich erhob, kam Farbe in sein Gesicht. Er hatte circa dreißig Kilo zu viel auf den Rippen, und seine Hand fühlte sich an wie Treibsand.

»Bitte entschuldigen Sie, Kommissar Lemberg, aber mein Vater ist nicht im Haus. Laut unserer Haushälterin ist er gestern Abend in Begleitung eines Mannes weggefahren, der sich ebenfalls als Kriminalbeamter vorgestellt hat. Handelt es sich vielleicht um einen Kollegen von Ihnen?«

Lemberg tat überrascht. »Gestern ist ein Kriminalbeamter bei Ihnen gewesen? Wie sah der Mann aus?«

Da sie sich nicht gesetzt hatten, parkte Lemberg seine Hände in den Hosentaschen.

»Das weiß ich leider nicht, da ich nicht anwesend war. Mir wurde lediglich berichtet, der Mann habe gehinkt, als habe er ein steifes Bein. Sagt Ihnen das etwas?«

Lemberg spielte einen Augenblick lang den Grübelnden. »Könnte sein. Wissen Sie zufällig, wie er sich vorgestellt hat?«

»Nein. Wie ich schon sagte, ich war gestern nicht im Haus. Ich habe erst heute Vormittag von dem Besuch dieses Mannes und der Abreise meines Vaters erfahren. Vielleicht können Sie mir die Zusammenhänge darlegen.« Der letzte Satz war ziemlich spitz gekommen.

Lemberg blieb verbindlich. »Falls er derjenige war, an den ich denke, ist er nur indirekt ein Kollege. Er arbeitet für das Bundeskriminalamt, ich leite derzeit eine Sonderkommission.« Zur Bestätigung zeigte Lemberg seinen Ausweis vor, wobei er das Wort »Eifel« mit dem Zeigefinger abdeckte, aber der Ausweis interessierte sie nicht. »Die einzige Erklärung, die mir zu seinem gestrigen Besuch einfällt, ist, dass es sich um einen Fall von Kompetenzüberschneidung handeln könnte. Wir – das heißt die SOKO – erhielten den Auftrag, mit Ihrem Vater in

Verbindung zu treten. Vielleicht hat man es sich im BKA jedoch anders überlegt und uns nicht rechtzeitig informiert. Ich bedaure.« Seinem Geschwafel ließ er eine entsprechende Geste folgen.

»Vielleicht sollten wir uns setzen«, schlug sie vor.

Lemberg bekam einen Sessel, sie setzte sich neben Dr. Meyerling auf das Sofa. Die Beine, die sie übereinander schlug, waren eine Sensation.

»Dürfte ich erfahren, in welcher Angelegenheit Sie meinen Vater sprechen wollen?«, fragte sie. »Sie müssen wissen, dass ich die persönliche Sekretärin meines Vaters bin und mir nichts von einer Kontaktaufnahme meines Vaters mit dem BKA oder Ihrer Kommission bekannt ist.«

Lemberg versuchte so dicht wie möglich an der Wahrheit zu bleiben. »Professor Borowski nahm vor einiger Zeit persönlich mit einem unserer Berliner Mitarbeiter Kontakt auf, wobei er um äußerste Diskretion bat. Somit wäre es verständlich, wenn dies nicht allgemein bekannt wäre.«

Das stellte sie nun gar nicht zufrieden. »Und Sie können mir nicht sagen, worum es dabei ging?« Ihre Stimme kam direkt aus der Kühltheke.

»Es tut mir Leid, aber dazu bin ich nicht autorisiert. Ich habe Anweisung, mich ausschließlich mit Ihrem Vater in Verbindung zu setzen.«

Sie kristallisierte, und Lemberg hatte Angst, das Gespräch könnte zu Ende sein, bevor er seine Fragen losgeworden war. Also legte er etwas nach.

»Ich kann Ihnen nur so viel verraten, dass Ihr Vater uns gewisse Informationen angeboten hat, die unter Umständen für uns von Wert sein könnten. Mich hat man geschickt, um die Qualität des Angebotes zu überprüfen.«

»Erstaunlich, dass mein Vater mir davon nichts gesagt hat. Normalerweise bin ich über alles auf dem Laufenden, was seine Arbeit betrifft.« Sie wandte sich an Dr. Meyerling. »Ihnen hat er doch auch nichts gesagt, oder?«

Dr. Meyerling hatte nicht zugehört und machte daher ein dummes Gesicht.

Da er sich nicht äußerte, fragte Lemberg: »Hat Ihr Vater Ihnen eine Nachricht hinterlassen, wohin er gefahren ist?«

»Nein. Das ist ja, was uns Sorge bereitet. Er ist nicht mehr der Jüngste, und sein Herz …« Sie machte ein verzweifeltes Gesicht. »Im Gegenteil, wir hatten gehofft, Sie könnten uns Auskünfte über seinen Verbleib geben.«

»Leider nein. Solange ich die Informationen nicht kenne, die Ihr Vater hat, kann ich dazu nicht einmal Vermutungen anstellen. Ist es denn sicher, dass er zusammen mit meinem Kollegen vom BKA, sofern er es denn war, weggefahren ist?«

»Laut Frau Henschel, unserer Haushälterin, ja. Über das Ziel seiner Reise hat mein Vater allerdings nichts verlauten lassen.«

»Hat er Gepäck mitgenommen?«

»Einen kleinen Reisekoffer, mehr nicht.«

Sie liefen sich tot. Lemberg musste einen Schritt weitergehen.

»Ich darf eigentlich nicht darüber sprechen«, sagte er und druckste ein bisschen herum, »aber hat Ihr Vater in der letzten Zeit einmal den Namen Roland Streibel erwähnt?«

Entsetzen machte sich auf Jana Willartz' Gesicht breit. »Sie wollen doch nicht sagen, dass dieser Satan etwas mit dem Verschwinden meines Vaters zu tun hat?«

Als Lemberg antwortete, schlug er einen sehr ernsten Tonfall an. »Ich fürchte ja. Diesen Namen nannte Ihr Vater unserem Berliner Mitarbeiter. Haben Sie unter diesem Aspekt vielleicht eine Idee, wohin Ihr Vater gefahren sein könnte?«

Sie schüttelte ihren Kopf. »Nein. Dieser Name wird in unserem Haus nicht erwähnt. Ich weiß nicht, ob Sie wissen, was dieser Mensch meiner Familie angetan hat.«

Lemberg nickte verständnisvoll. »Doch, ich bin im Bilde. Daher auch meine Offenheit, die mir eigentlich untersagt ist. Ihr Vater erwähnte in dem Zusammenhang außerdem einen Informanten aus dem Ostteil der Stadt, ohne allerdings seinen Namen zu nennen. Ich könnte mir vorstellen, dass die beiden diesen Mann aufgesucht haben. Wissen Sie, um wen es sich handeln könnte?«

»Nein, über eine derartige Person ist mir nichts bekannt«, entgegnete sie.

»Wäre es aus Ihrer Sicht denkbar, dass uns das Archiv Ihres Vaters Antworten auf diese offenen Fragen geben könnte?«

Dr. Meyerling steckte den kleinen Finger seiner linken Hand in sein linkes Ohr und begann die dazugehörige Hand heftig zu schütteln. Offenbar plagten ihn Reste von Badewasser.

»Leider nein«, sagte Jana Willartz. »Alles, was mit diesem Streibel in Zusammenhang steht, bewahrt mein Vater in einem Bankschließfach auf, zu dem ausschließlich er Zugang hat. Diese Unterlagen sind ihm so wichtig, dass er sie nicht im Institut lassen wollte.«

»Und Kopien existieren nicht?«

»Nein.«

Lemberg hätte sich zu gern das Arbeitszimmer des Professors angesehen, um das zu überprüfen. Aber mit dem Ansinnen würde er auf Granit beißen.

Also beließ er es dabei, stand auf und bedankte sich. Etwas wie Erleichterung blitzte in Jana Willartz' Augen. Lemberg war irritiert, war sich aber auch nicht sicher, ob er das richtig gedeutet hatte. Diese Frau hatte viele Gesichter.

Dann fiel ihm doch noch etwas ein. »Könnten Sie mir vielleicht ein Foto Ihres Vaters zur Verfügung stellen?«

»Dr. Meyerling, seien Sie so gut«, bat sie.

Dr. Meyerling machte ein Gesicht wie ein Hund, der einen Knochen verbuddelt und anschließend die Stelle vergessen hat. Dann schien er sich jedoch zu erinnern und watschelte davon.

Kaum war er in einem Nebenzimmer verschwunden, trat Jana Willartz dicht an Lemberg heran. Ihre Augen waren schwarz wie Kohle.

»Ich wäre Ihnen sehr verbunden, wenn Sie uns auf dem Laufenden halten würden«, sagte sie und berührte mit ihren Fingerkuppen leicht seinen Oberarm. »Ihre Dienststelle wird doch sicher in der Lage sein, kurzfristig den Aufenthaltsort meines Vaters zu ermitteln, nicht wahr?«

Die Frau war das blanke Unheil für jeden Mann, und sie wusste das. Aber Lemberg widerstand allen denkbaren Versuchungen.

»Sobald ich etwas in Erfahrung gebracht habe, melde ich

mich«, sagte er. »Wenn Sie mir vielleicht Ihre Telefonnummer aufschreiben würden?«

Aus dem Schubfach des kleinen Tisches neben dem Sofa nahm sie zwei Visitenkarten. »Auf dieser finden Sie die Telefonnummer des Instituts. Die andere ist meine Privatkarte. Falls ich nicht erreichbar sein sollte, hinterlassen Sie bitte eine Nachricht.«

Im Gegenzug riss Lemberg ein Blatt von seinem Notizblock ab und schrieb ihr die Telefonnummer vom Hotel »Vagabund« auf. Sie sagte zu, sich zu melden, sofern ihr noch etwas einfiele.

Dr. Meyerling kam zurück. Das Foto war seltsamerweise postkartengroß und erinnerte so an eine Autogrammkarte. Es zeigte einen hageren Mann mit dauergewelltem schlohweißem Haar. Das linke Auge war das künstliche. Eingebildet und hochmütig, war Lembergs erster Eindruck.

Auf Meyerlings Händedruck verzichtete er und erklärte, er fände allein zur Tür. Man ließ ihn gewähren.

Unterwegs zum Auto wurde ihm klar, dass er nichts in der Hand hatte. Nicht den geringsten Anhaltspunkt, wo er nach Frank und dem Professor suchen sollte.

Als Lemberg die Wagentür aufschloss, machte es hinter ihm »Psst!«. Er fuhr herum.

Zunächst erkannte er die Frau nicht. Sie trug einen dicken Wollmantel undefinierbarer Farbe mit hochgeschlagenem Kragen und eine braune Häkelmütze, die sie tief ins Gesicht gezogen hatte.

»Kann ich Sie kurz sprechen?«, flüsterte sie.

Es war Frau Henschel, die Haushälterin der Borowskis.

»Aber ja doch«, sagte Lemberg.

»Können wir uns vielleicht in Ihren Wagen setzen? Ich will nämlich nicht, dass man mich sieht.«

Er hatte nichts dagegen.

»Was kann ich für Sie tun?«, fragte Lemberg, nachdem sie auf dem Beifahrersitz Platz genommen hatte.

»Ich habe Ihre Unterhaltung mit Jana und dem Doktor belauscht«, sagte sie, ohne rot zu werden.

»Das gehört sich aber nicht, das wissen Sie doch sicher.«

Sie machte eine verächtliche Handbewegung. »In dem Haus ist Lauschen Pflicht.«

»Und was haben Sie erfahren? Dass Frau Willartz mich belogen hat? Weiß sie doch, wo ihr Vater ist?«

»Nein, das weiß sie nicht, weil ich es ihr nicht gesagt habe. Ich habe nämlich mit angehört, wie der Professor Mischke angerufen hat. Er hat ihm gesagt, er solle sich bereithalten, sie würden ihn in zwei Stunden abholen.«

»Wer ist Mischke?«

»Mischke hat früher für den Professor gearbeitet, als der noch eine große Nummer im Osten war. Er stammt aus dem gleichen Dorf in Ostpreußen wie die Borowskis.«

»Wann fand das Telefonat statt?«

»Unmittelbar bevor der Professor mit Ihrem Kollegen weggefahren ist.«

»Wie spät war es da? Ungefähr.«

»Gestern, am frühen Nachmittag. So gegen vierzehn Uhr dreißig.«

»Wieso haben Sie das Frau Willartz nicht erzählt?«

Sie verzog den Mund. »Sie kann Mischke nicht leiden, dabei ist er so eine treue Seele. In all den schweren Jahren, die der Professor im Osten durchmachen musste, war er der Einzige, der zu ihm gehalten hat. Er hat für den Professor sogar vier Jahre im Knast gesessen, weil er zwei Stasispitzel zusammengeschlagen hat.«

»Wissen Sie, wo Mischke wohnt?«

»In Lindenberg, in der Nähe vom Scharmützelsee. Er arbeitet dort als Hausmeister in einer Irrenanstalt.« Das letzte Wort unterstrich sie mit einer entsprechenden Geste.

Brandauer hatte zwar gesagt, der Informant des Professors stammte aus Ostberlin, aber vielleicht hatte er das falsch verstanden.

»Haben Sie die genaue Anschrift der Anstalt?«

»Nein, aber in Lindenberg gibt es nur die eine. Jeder kann Ihnen dort sagen, wie Sie hinkommen.«

»Wohnt Mischke auch in der Anstalt?«

»Wie meinen Sie das?«, fragte sie entrüstet.

»Ich meine, ob er dort eine Hausmeisterwohnung hat oder ob er woanders wohnt.«

»Ach so.« Sie war erleichtert, dass sie ihn missverstanden hatte. »Nein, er wohnt zwar auch in Lindenberg, aber in einem Haus außerhalb des Anstaltsgeländes.«

»Wieso erzählen Sie mir eigentlich davon?«

Sie machte ein bedrücktes Gesicht. »Ich habe gehört, wie Sie diesen Streibel erwähnten, der den Professor damals misshandelt hat. Und da habe ich mir Sorgen gemacht. Ich will nicht, dass dem Professor etwas passiert. Und Heinrich natürlich auch nicht.«

»Wer ist Heinrich?«

»Heinrich Mischke.« Sie sagte das in einem Ton, als gehöre das zur Allgemeinbildung.

»Haben Sie schon im Osten für den Professor gearbeitet?«

»Nein, damals bin ich nur mit Mischke gegangen. Wir wollten sogar heiraten, aber dann kam das mit der Verhaftung des Professors dazwischen. Als dann meine Schwester gestorben ist, durfte ich zu ihrer Beerdigung in den Westen, und da bin ich dann geblieben.«

»Und als später der Professor in den Westen kam, hat er Sie eingestellt?«

»Ja, gegen den Willen seiner Tochter. Die kann Mischke nicht leiden und mich auch nicht. Ich habe es nicht leicht, das können Sie mir glauben. Wenn dem Professor etwas passieren sollte …« Ihre Stimme brach weg. »Ich darf gar nicht daran denken.«

Lemberg ließ ihr einen Moment Zeit, um sich zu beruhigen. »Gibt es denn einen Grund, warum Frau Willartz Mischke nicht leiden kann?«

»Jana kann niemanden leiden, der ihrem Vater nahe steht. Sie ist sehr ichbezogen und lässt nicht zu, dass sich jemand zwischen sie und ihren Vater drängt. Daher war sie immer eifersüchtig auf das Vertrauensverhältnis ihres Vaters zu Mischke.«

Auch Frau Henschel erhielt die Nummer vom »Vagabund« mit der Bitte um Nachricht, falls sich der Professor oder Mischke bei ihr melden sollten. Sie versprach es und stieg aus, beugte sich aber noch einmal herab.

»Bitte erwähnen Sie Frau Willartz gegenüber nichts von unserem Gespräch. Sie würde mich sonst sofort rauswerfen. Und sagen Sie auch Dr. Meyerling nichts, der plaudert alles aus.«

»Keine Sorge, das bleibt unter uns«, sagte Lemberg. »Sie haben mir sehr geholfen.«

Er startete den Motor und verließ die Stadt in östlicher Richtung.

10.

Zwar fuhr Lemberg einen der Golf mit Navigationssystem – insgesamt sechs baugleiche Fahrzeuge standen der SOKO zur Verfügung, je zur Hälfte mit und ohne Navi –, aber da er sich mit der Bedienung nicht auskannte, kaufte er an der erstbesten Tankstelle eine Straßenkarte Berlin/Brandenburg.

Obwohl die Sonne immer wieder hinter Wolkenpaketen verschwand, war die Fahrt ein Genuss. Die Lieblichkeit der Landschaft verführte ihn dazu, im Touristentempo zu bummeln, bis ihm wieder einfiel, weswegen er eigentlich unterwegs war. Kurz vor dem Ziel konnte er nicht mehr. Es war vierzehn Uhr, und ihm hing der Magen auf den Füßen. Gegenüber vom Bahnhof Lindenberg kehrte er in eine Gaststätte ein und bestellte ein Schweinesteak mit Bratkartoffeln und ein Bier. Das Bier war kühl und die Essensportion so groß, dass er sie nicht schaffte. Das kam selten vor.

Den Wirt fragte er auch gleich nach dem Weg zur Lindenberger Nervenheilanstalt. Der gab ihm die gewünschte Auskunft, hielt dabei aber Abstand und musterte ihn schräg. Ausgerechnet in dem Moment begann Lembergs linkes Augenlid zu zucken, ein Tic, der ihn gelegentlich heimsuchte. Der Wirt ging hinter seinen Zapfhähnen in Deckung.

Lindenberg machte nicht den Eindruck, als hätte der Ort seit der Wende größere Umwälzungen erfahren, sah man mal von einigen frisch gestrichenen Fassaden, nachträglich eingebauten Isolierfenstern und den allgegenwärtigen Satellitenschüsseln ab. Dem ehemaligen Schloss hingegen, in dem die Anstalt untergebracht war, war nichts von alledem vergönnt worden.

Das herrschaftliche Gebäude – eine Nummer kleiner als die Villa Borowski – lag hinter dem Friedhof des Ortes und hatte einen morbiden Charme. Die senffarben getünchte Fassade war narbig, die Fensterrahmen wahrscheinlich auch durch einen neuen Anstrich nicht mehr zu retten. Einige der Fensterlöcher waren mit Spanplatten vernagelt. Das Terrain war nicht eingezäunt. Besonders schwere Fälle konnten hier nicht untergebracht sein. Hohe Laubbäume, ein Teich und ein Bachlauf, den eine kleine Brücke überspannte, machten das Gelände zu einem Park. Kein Schild wies auf den Zweck der Einrichtung hin, auch gab es keine Klingel. Dafür aber eine Glocke. Lemberg zog an der Kette. Die Glocke schwang, schwieg aber. Jemand hatte den Klöppel entfernt. Im selben Moment sah er, dass die Eingangstür nur angelehnt war.

In einer Nische gegenüber einer improvisierten und unbesetzten Pförtnerloge kauerten mehrere Plastikstühle und ein Tisch. Auf einem der Stühle saß ein alter Mann. Er trug einen geblümten Schlafanzug, hatte Pantoffeln an den Füßen und eine Kapitänsmütze auf dem Kopf. Lemberg wünschte ihm einen guten Tag. Der Alte antwortete mit einem breiten Lächeln. Ihm fehlten einige Zähne, und rasiert war er auch nicht. Da sonst niemand zu sehen war und Lemberg nicht ohne weiteres hinter alle Türen gucken wollte, beschloss er, sein Glück mit ihm zu versuchen.

»Entschuldigen Sie, aber ich suche den Hausmeister. Wissen Sie, wo er steckt?«

Der alte Mann lächelte weiter freundlich, sagte aber nichts.

Lemberg gab ihm Hilfestellung. »Heinrich Mischke. Der Hausmeister. Wo kann ich ihn finden?«

Der Mann blieb freundlich, aber stumm wie ein Fisch.

Offenbar hatte das keinen Zweck, also beschloss Lemberg, einen Augenblick zu warten. Er setzte sich, streckte die Beine aus und verschränkte die Hände vor dem Bauch. Die Stühle waren bequemer, als er erwartet hatte. Schläfrigkeit überkam ihn. Das Schweinesteak und die Bratkartoffeln forderten ihren Tribut.

Plötzlich fuhr der Alte hoch, formte seine Hände vor dem Mund zu einem Trichter und brüllte »Alle Mann an Deck!« in einer Lautstärke, dass Lembergs Herz für einige Takte aussetzte und er beinahe vom Stuhl gerutscht wäre.

Genauso abrupt, wie er aufgesprungen war, setzte der Alte sich wieder und gönnte Lemberg erneut den Blick auf seine Zahnlücken.

Lemberg hatte sich noch nicht wieder beruhigt, als eine der Türen in der gegenüberliegenden Wand aufgerissen wurde und sich eine weiß gekleidete Frau von imponierendem Format hereinschob.

»Da stecken Sie also, Kapitän Buschmann«, sagte sie.

Sie packte den Alten am Oberarm und hievte ihn hoch. Lemberg übersah sie.

»Entschuldigen Sie«, sagte er. »Ich –«

»Was ist?«, fuhr sie ihn an.

»Ich suche den Hausmeister.«

»Er ist nicht da. Was wollen Sie von ihm?« Sie war frech, aber neugierig war sie auch.

»Er hat geerbt«, war das Erstbeste, was Lemberg einfiel. »Und nicht zu knapp. Ich will ihm die frohe Botschaft überbringen.«

Damit hatte er sie. Sie schob den Kapitän in den Nebenraum und schloss die Tür. Als sie sich vor ihm aufbaute, sah Lemberg, dass sie eine gewaltige Warze am Kinn hatte. Aus der Mitte sprossen zwei lange schwarze Haare.

»Ist das wahr? Mischke hat geerbt?«

»Wäre ich sonst hier?«

Sie strahlte, schlug die Hände zusammen und trat noch näher. Lemberg starrte auf die Warze.

»Ist das eine Freude. Hat ihm dieser Professor aus Berlin etwas hinterlassen? Wie hieß er doch gleich?«

»Sie werden verstehen, dass ich darüber nicht sprechen darf. Aber vielleicht können Sie mir sagen, wo ich Herrn Mischke finden kann?«

»Montags hat er frei. Da sitzt er gerne am Großen Kossen-blatter See und angelt. Oder er ist zu Hause. Am Haus und im Garten ist ja immer was zu tun.«

»Leider habe ich seine Privatanschrift nicht«, sagte Lemberg in der Hoffnung, dass ihr die Ungereimtheiten nicht auffielen, die er von sich gab.

Aber seine Sorgen waren unbegründet. Anstatt ihm zu miss-trauen, nannte sie ihm die Adresse und beschrieb ihm ausgiebig und umständlich den Weg. Er dankte ihr und machte sich davon, bevor sie doch Verdacht schöpfte oder der Alte noch einmal sein Gebrüll losließ.

Mischkes Haus lag in der Poststraße, gleich das erste rechts. Ein altes Gebäude, gewiss Anfang des vergangenen Jahrhun-derts errichtet, das aber durch Anbauten und Renovierung in Schuss gehalten worden war. Im Vorgarten und seitlich des Hauses waren Beete angelegt. Hinter dem Haus war ein Neben-gebäude zu erkennen. Lemberg läutete.

Als auch nach dem vierten Versuch niemand öffnete, drückte er die Klinke des Gartentors. Das Tor war nicht abgeschlossen. Ein Plattenweg führte ihn zur Haustür. Lemberg warf einen Blick hinter das Haus. Dort standen zwei Gartenbänke und ein Tisch. An der Hauswand lehnte eine schlammbespritzte Schwal-be. Einen weiteren Eingang gab es nicht. Er fluchte lauthals und ging zurück zum Wagen.

»Wollen Sie zu Mischke?«

Die Frage kam vom gegenüberliegenden Grundstück und wurde von einer seltsam anmutenden Gestalt gestellt. Ihr Kör-per war fassförmig, steckte in einem blauen Arbeitskittel, hatte Gummistiefel an den Füßen, und über der gedrungenen Stirn kringelten sich kurze, dunkle Haare. Die Nase war platt und der Mund so breit, dass Mundwinkel und Ohrläppchen nur ein Fin-gerbreit trennte. Die Person konnte sowohl ein Mann als auch eine Frau sein. Auch die Stimme gab keinen Aufschluss über das Geschlecht.

Lemberg blieb bei seiner bewährten Lügengeschichte. »Ich bin Anwalt und möchte Herrn Mischke in einer Erbschaftsan-gelegenheit sprechen. Wissen Sie, wo ich ihn finden kann?«

Das Wesen trat an den Maschendrahtzaun. »Hat er geerbt?«
Hier war man ungeniert neugierig.

»Das darf ich Ihnen leider nicht sagen«, antwortete Lemberg.
»Aber was ich ihm mitzuteilen habe, ist nichts Unerfreuliches.«

Dazu machte er ein Verschwörergesicht und ging ebenfalls an
den Zaun. Aus der Nähe entschied er sich, dass es sich bei der
Person um eine Frau handelte.

»So ein Pech«, sagte sie. »Er ist nämlich nach Bad Neuenahr
gefahren.«

Lemberg war platt. »Nach Bad Neuenahr? Woher wissen Sie
das?«

»Das hat er mir gesagt, als er mich gebeten hat, seinen Hund
für ein paar Tage zu versorgen.« Sie wies auf den Schäferhund,
der an ihrer Seite stand. »Kurz darauf ist er dann abgeholt worden. Mit einem Mercedes.«

»Das ist wirklich Pech. Hat er Ihnen vielleicht gesagt, wo in
Bad Neuenahr er zu erreichen ist?«

Die Person verzog ihren Mund. »Nein, aber er hat etwas von
einer Familienangelegenheit gemurmelt. Ich wusste gar nicht,
dass er Verwandte hat. Noch dazu im Westen.«

»Haben Sie zufällig gesehen, wer ihn abgeholt hat?«

»Nein. Der Wagen hat bloß gehupt, und Mischke ist dann direkt aus dem Haus gekommen und eingestiegen.«

»Aber den Wagen haben Sie genauer gesehen?«

Sie spitzte ihren Mund, so weit das bei einem Mund dieser
Breite ging. »Ein dunkler Zweitürer mit Kennzeichen AZ für
Alzey-Worms.«

»Alle Achtung. Sie kennen sich ja aus.«

»Ich weniger. Mehr mein Sohn. Autokennzeichen sind sein
Hobby. Damit will er mal zu ›Wetten Dass?‹. Vater geht lieber
angeln.«

Also doch ein Mann. Lemberg dankte ihm und sagte, er käme
in den nächsten Tagen erneut vorbei. Falls Mischke inzwischen
zurückkäme, sollte er ihm aber nichts verraten. Der Mann nickte, und Lemberg kletterte in seinen Golf.

Bei der nächstbesten Gelegenheit hielt er am Straßenrand und
schnallte sich ab. Ein Zigarillo half ihm beim Denken. Was er er-

fahren hatte, warf mehrere Fragen auf. Zum Beispiel, ob Mischke der Informant war, von dem Brandauer erzählt hatte. Eher nicht. Mischke lebte und arbeitete in Lindenberg und hatte allem Anschein nach nur ein Moped, da würde er nicht oft nach Berlin kommen. Wer war es dann? Und hatte Frank mit demjenigen gesprochen? Und falls ja, was hatte er in Erfahrung gebracht?

Offenbar nichts, was darauf schließen ließ, dass Krassow in Berlin war. Auf dem Foto, das in Tegel gemacht worden war, hatte er nach Köln eingecheckt. Jetzt war Frank auf dem Weg ins Ahrtal. Lag der Schlüssel zu dem Fall etwa in der Eifel?

Aber wieso zigeunerte Frank mit dem Professor und dessen ehemaligem Gärtner durch die Lande? Zu dritt waren sie auffällig wie eine Horde Eisbären im Sommer, und eine Hilfe waren die beiden alten Knaben mit Sicherheit auch nicht.

Lemberg versuchte sich vorzustellen, wie Frank vorgehen würde. Bei Bad Neuenahr fiel ihm als Erstes der elegante Pierce ein. Pierce Enderlein war ein freier Journalist und Nachrichtenhändler, der für fast alle Zeitungen, Sender und Agenturen gearbeitet und nebenbei über ausgezeichnete Kontakte zu diversen Geheimdiensten verfügt hatte. Bei ihm hatte Lemberg noch etwas gut. Vor Jahren hatte er ihm mal aus der Klemme geholfen, als ihn ein ehemaliger Freier mit intimen Fotos erpressen wollte. Journalistisch war Pierce nicht mehr tätig, aber soweit Lemberg wusste, war er in Bad Neuenahr geblieben. Die Anschrift musste ihm Schupp oder wer immer derzeit Dienst hatte besorgen.

Dann gab es da noch einen gewissen Seebaldt oder so ähnlich, einen Abteilungsleiter des Bundesamtes für Verfassungsschutz in Köln. Frank und dieser Seebaldt hatten früher häufig miteinander zu tun gehabt und waren gut miteinander ausgekommen. Lemberg hatte ihn nur einmal getroffen, er war ihm in angenehmer Erinnerung geblieben. Aber Seebaldt war nicht mehr der Jüngste. Nicht unwahrscheinlich, dass er inzwischen pensioniert war.

Lemberg drückte das Zigarillo aus.

Es war inzwischen kurz vor sechzehn Uhr. Franks Vorsprung betrug glatte vierundzwanzig Stunden. Das war viel, aber mit den beiden alten Semestern am Bein würde er ihn nicht ausbauen können. Lemberg rechnete kurz hoch. Bis Berlin würde er anderthalb Stunden brauchen, und dann wären es noch mal runde sechs Stunden bis Bad Neuenahr. Gegen Mitternacht könnte er dort sein.

Er schnallte sich wieder an und gab Gas.

11.

Helena Wagner hatte Bereitschaftsdienst in Dorsel und übermittelte Lemberg die aktuelle Anschrift von Pierce Enderlein. Der Journalist im Ruhestand bewohnte ein unterhalb des Fritschkopfes in den Weinberg gebautes Haus, das aussah wie das Haus von Knox, dem Erfinder aus den Fix-und-Foxi-Heftchen.

Die Lage war ideal. Zum einen konnte Pierce seine Königspudel auf dem Rotweinwanderweg ausführen, zum anderen war es bis zur Trinkhalle im Kurgarten kein Kilometer zu Fuß, wo er etwas für seinen übersäuerten Magen tun konnte. Aber vielleicht lebten die Hunde ja auch nicht mehr und Pierce' Magen war kuriert. Es war einige Zeit ins Land gegangen, seit sie sich zuletzt begegnet waren.

Die Zufahrt war so steil, dass das Automatikgetriebe gleich zwei Gänge zurückschaltete. Als Lemberg die Klingel betätigte, war es fast halb zwei. Ein Unfall in der Nähe von Hagen, in den mehrere Lkw verwickelt gewesen waren, hatte seinen Zeitplan zunichte gemacht. Er war sich der unmöglichen Zeit bewusst, aber jetzt wollte er am Ball bleiben.

Nach ausgiebigem Läuten wurde er über die Sprechanlage angekläfft. Das war unverkennbar Gorans Stimme, die des serbischen Dieners von Pierce. Er stand also noch immer in Pierce' Diensten. Sie warfen sich ein paar Unfreundlichkeiten an den Kopf, aber letztendlich ließ Goran sich breitschlagen, fernentriegelte das Gartentor und öffnete die Haustür.

Der ehemalige jugoslawische Boxmeister im Schwergewicht

musste inzwischen Ende fünfzig sein. Er war annähernd zwei Meter lang, breit wie ein Kleiderschrank und genauso schwul wie sein Arbeitgeber. Zusätzlich hatte er einen Hang zur Gewalttätigkeit, den er zuletzt während der kriegerischen Auseinandersetzungen in seiner Heimat ausgelebt hatte. Goran und Lemberg mochten sich nicht. Vielleicht konnten sie sich im wörtlichen Sinn einfach nicht riechen.

Lemberg durfte in einem kleinen Salon warten, dessen Einrichtung klassisch und kostspielig war. Hier ein Louis XIV, dort ein Louis XVI oder umgekehrt; Lemberg fühlte sich vom Atem der Geschichte umweht. Sogar die Tapete war historisch, wenn auch quälend geschmacklos. Goldene Bourbonenlilien auf royalblauem Grund. Kelchförmige Wandleuchten sorgten für eine indirekte und dezente Beleuchtung. Krasser hätte der Kontrast zu den klaren Linien des Gebäudes nicht ausfallen können. Auf dem Buffet stand ein Foto der beiden weißen Königspudel. Über eine Ecke des Rahmens spannte sich ein Trauerflor. Jenseits des Fensters, in dessen Scheibe Lemberg sich spiegelte, schlief die Kur- und Kasinostadt.

Es dauerte eine knappe Viertelstunde, bis Pierce persönlich in einem blassblauen seidenen Hausmantel erschien. Ein dazu passendes marineblaues Tuch mit weißen Tupfen verdeckte seinen faltigen Hals. Er war alt geworden. Seine einstmals grauen Schläfen waren inzwischen weiß, aber das Haupthaar war noch immer pechschwarz. Zweifellos ließ er es färben. Sein Gesichtsausdruck war arrogant wie eh und je, und er musterte Lemberg wie einen Haufen Kehricht.

»Hallo, Lemberg«, sagte er und setzte sich in einen der geschichtsträchtigen Sessel, ohne Lemberg die Hand zu reichen. Seine Bewegungen waren noch immer geschmeidig und erinnerten an Cary Grant, obwohl er ihm überhaupt nicht ähnlich sah. »Ich hoffe, Sie haben einen verdammt guten Grund, mich um diese unchristliche Zeit aus dem Bett zu holen.«

»In Ihrem Alter kommt man doch mit vier Stunden Schlaf aus«, sagte Lemberg und ließ sich, ohne eine Aufforderung abzuwarten, auf dem freien Zweisitzer nieder. Er war einfach groggy. »Ich suche Frank Molitor.«

Amüsiert zog Pierce die Brauen hoch. »Denken Sie, ich habe ihn in meinem Schlafzimmer versteckt?«

Lemberg gähnte haltlos. »Werden Sie nicht geschmacklos, Pierce. Ich wette hundert zu eins, dass er bei Ihnen war. Und ich möchte wissen, wo er jetzt ist.«

»Interessant.« Pierce bemühte sich um ein gelangweiltes Gesicht. »Vielleicht erzählen Sie mir ein bisschen mehr.«

»Könnte ich vielleicht erst mal einen Kaffee haben? Löskaffee reicht.«

Pierce musterte ihn von oben bis unten ob dieser Unverschämtheit. Dann schnippste er aber doch mit den Fingern, und der hinter einem Vorhang auftauchende Goran wurde in die Küche geschickt.

»Danke«, sagte Lemberg. »Tut mir Leid, Pierce, aber ich bin seit heute Morgen auf den Beinen, und die letzte Nacht hatte auch nur drei Stunden. Wenn es nicht wirklich wichtig wäre, wäre ich nicht um diese Zeit aufgetaucht.«

»Schon gut, sparen Sie sich Ihre Entschuldigungen. Wie kommen Sie zu der Annahme, dass Molitor bei mir gewesen ist?«

»Er braucht Informationen. In der Eifel kennt er außer Ihnen so gut wie niemanden. Und da er systematisch vorzugehen pflegt, war er bestimmt zuerst hier.«

»Hinter was ist er denn her? Und hinter was sind Sie her, Lemberg? Oder hat man Sie geschickt, um sein Kindermädchen zu spielen?«

Lemberg hatte keine Lust, ihm Einzelheiten mitzuteilen, aber ganz ohne Erklärung würde er nicht auskommen. »Molitor ist einem ehemaligen DDR-Agenten auf der Spur, und ich will verhindern, dass er dabei zu Schaden kommt. Insofern liegen Sie mit Ihrem Kindermädchen gar nicht falsch.«

»Jemand Prominentes?«

»Hat er Ihnen nichts gesagt?«

Pierce gab auf. »In Ordnung. Um die Sache abzukürzen – Molitor war hier. Allerdings hat er sich einen Auftritt erlaubt, der ganz und gar nicht dem entsprach, was man von einem Mann seiner Herkunft und Bildung erwarten darf. Zudem kreuzte er mit zwei Handlangern auf, wenn ich sie einmal so bezeichnen darf. Kurzum, ich musste Goran bitten, die Troika hinauszuwerfen.« Er hob entschuldigend die Hände. »Verstehen Sie mich nicht falsch, Lemberg, ich habe nichts gegen Molitor. Nur, gewisse Konventionen sind in meinem Geschäft einfach unerlässlich. Dazu gehört unter anderem, dass ich keine Geschäfte in Gegenwart mir unbekannter Menschen bespreche geschweige denn abschließe. Das verstehen Sie doch, nicht wahr?«

»Aber ja doch, Pierce. Wann war Molitor hier?«

»Heute Mittag.«

»Und wo ist er jetzt?«

»Langsam, langsam«, sagte er. »Ihr jungen Leute seid zu ungeduldig. Erzählen Sie mir erst einmal Genaueres.«

Es musste wohl sein. »Der Mann, den Molitor sucht, heißt Krassow. Er ist derjenige, der vor fünfzehn Jahren in Wiesbaden meinen Wagen in die Luft gejagt hat. Wir dachten, er sei tot, aber es gibt neue Erkenntnisse, die vermuten lassen, dass er doch noch lebt.«

»Und diese beiden Hampelmänner? Was haben die damit zu tun?«

»Das sind ostdeutsche Informanten. Warum Molitor sie mitgenommen hat, weiß ich nicht.«

»Hm.« Er dachte nach. »Eventuell hätte ich etwas für Sie, Lemberg. Aber das wird nicht ganz billig. Sind Sie solvent?«

Es war Lemberg nicht recht, aber da Pierce es vergessen zu haben schien, musste er ihn daran erinnern. »Sie schulden mir noch etwas, Pierce.«

»Ich weiß«, sagte der leichthin. »Aber das, was ich Ihnen zu bieten habe, ist mehr wert als das, was ich Ihnen schulde. Sehr viel mehr. Selbstverständlich werde ich meine Schuld bei der Preisgestaltung berücksichtigen.«

Pierce war teuer, aber er hatte andererseits auch immer über erstklassiges Material verfügt, das sein Geld wert gewesen war. Lemberg setzte darauf, dass sich das auf seine alten Tage nicht geändert hatte.

Goran kam mit dem Kaffee. Pierce lehnte ab und ließ sich einen Sherry kredenzen. Lembergs Porzellantasse war so dünn, dass man beinahe hindurchsehen konnte. Er nahm ausnahmsweise reichlich Milch und Zucker und wartete, bis Goran außer Hörweite war.

»Wie viel und wofür?«, fragte er.

»Zehntausend«, antwortete Pierce spontan.

Ein stolzer Betrag. »Was bieten Sie dafür?«

»Wenn Sie gehört haben, was Sie dafür bekommen, wird Ihnen der Betrag lächerlich erscheinen.« Er setzte sich bequemer und machte einen spitzen Mund. Für einen Moment sah er aus wie eine Loriot-Figur, die Küsschen geben will. »Es gibt eine Art Untergrundorganisation ehemaliger MfS-Angehöriger, deren Struktur mir zwar nicht bekannt ist, deren Zielsetzung aber die gleiche sein dürfte wie die ähnlicher Organisationen: Fluchthilfe, Kapitaltransfer, Unterwanderung aller möglichen Einrichtungen, Beseitigung von Belastungsmaterial und so weiter. Ich kann Ihnen den Kontakt zu dem Mann vermitteln, der eine Zeit lang als Dokumentenfälscher für diese Organisation gearbeitet hat.«

Lemberg staunte nicht schlecht. »Wie sind Sie an diesen Mann herangekommen?«

»Anders herum. Er hat mich vor einiger Zeit kontaktiert und wollte mir Informationen verkaufen. Er misstraut seinen Spießgesellen und fühlt sich außerdem von ihnen übervorteilt.«

»Und was hat er Ihnen angeboten?«

»Kopien von Pässen und Dokumenten, die er angefertigt hat. Außerdem eine Liste mit der Gegenüberstellung der richtigen und der neuen Identitäten. Interessiert?«

Das hörte sich unglaublich an. »Wieso haben Sie nicht gekauft?«

Pierce machte ein erstauntes Gesicht. »Was soll ich damit? Soll ich hingehen und die Leute erpressen?«

Er sagte das in einem Tonfall, als sei ihm Erpressung völlig fremd. Lemberg wusste es besser, hielt sich aber zurück.

»Wo hält sich dieser Fälscher auf?«, fragte er.

»Keine einhundert Kilometer von hier.«

»Denken Sie, er könnte auch Papiere für den Mann angefertigt haben, den wir suchen?«

»Ich weiß es nicht. Aber sehen Sie es einmal so, Lemberg. Sie haben momentan rein gar nichts in der Hand. Der Mann wäre immerhin ein Anfang.«

Lemberg nickte. »Okay, Pierce. Das Problem ist nur, dass ich keine zehntausend Euro habe. Ich muss zunächst mit Molitor sprechen.«

Enderlein schaute verständnisvoll. »Tun Sie das, Lemberg. Sprechen Sie mit Molitor und sagen Sie mir in den nächsten zwölf Stunden Bescheid. Einverstanden?«

»Einverstanden.« Damit waren sie wieder am Anfang. »Und wo kann ich Molitor finden?«

»Er wohnt im Steigenberger Hotel, gleich am Kurgarten. Sagte ich das nicht?«

Goran geleitete Lemberg zur Tür. Wie schon Pierce wünschte ihm auch der Diener keine gute Nacht.

12.

Das Stück bis zum Hotel fuhr Lemberg mit geöffnetem Fenster. Die kalte Nachtluft tat gut.

Der Portier des Steigenberger sah so müde aus, dass Lemberg Zweifel hatte, ob der Mann die Nachtschicht überstehen würde. Zusätzlich zum Schlüssel ließ Lemberg sich die Telefonnummer von Franks Junior Suite geben.

Auf seinem Zimmer angekommen, stellte er die Tasche ab und wählte Franks Nummer. Es dauerte lange, bis der Freund abhob.

»Ja, wer ist da?«, fragte er verschlafen.

»Frank, hier ist Roger. Mach schon mal eine Flasche Bier auf. Ich bin in zehn Minuten bei dir.«

»Wie bitte? Wo bist du?«

»Momentan in Zimmer 209. Tu, was ich gesagt habe. Wir haben zu reden.«

Lemberg legte auf. Mit einer Flasche eiskalter Cola aus der Minibar stieg er unter die Dusche. Rundum erfrischt stand er keine Viertelstunde später vor Franks Tür und klopfte. Frank sperrte auf, sah ihn kurz an, sagte aber nichts und hüpfte zurück ins Schlafzimmer, wo er sich auf das Bett fallen ließ. Sein künstliches Bein lehnte an der Nachtkommode. Auf dem Schreibtisch lagen Laptop und WAP-Handy. Daneben standen eine Flasche Bitburger und ein Glas.

Lemberg nahm sich den Stuhl und schenkte sich ein. Frank hatte sich verändert. Früher war er manchmal für Eric Clapton gehalten worden. Aber das war vorbei. Er hatte seinen Bart abgenommen, weswegen Evelyn ihm schon lange in den Ohren gelegen hatte. Sein Blick war beinahe feindselig.

»Nun fang schon an« knurrte er.

»Womit?«

»Mir eine Strafpredigt zu halten. Deswegen bist du doch gekommen.«

Lemberg trank einen Schluck, ließ ihn aber nicht aus den Augen. »Glaubst du das wirklich?«

Frank zupfte an seiner Bettdecke. »Nein. Wahrscheinlich nicht.«

Lemberg stellte das Glas ab. »Trotzdem kann ich nicht umhin, dir zu sagen, dass du ein Arschloch bist. Evelyn hockt schwanger zu Hause, erleidet einen Nervenzusammenbruch, und du hast es nicht einmal nötig zu sagen, wo du bist.«

»Ist etwas mit dem Baby?«

»Nein. Evelyn ist nur zusammengeklappt. Dem Baby ist nichts passiert. Soweit man das von außen beurteilen kann. Du kannst dein Kind ja mal in zwanzig Jahren fragen, an welches Ereignis vor seiner Geburt es sich erinnern kann. Bestimmt nennt es dir das gestrige Datum.«

»Gott sei Dank«, stammelte Frank. Dann fing er an zu weinen. Erst leise, dann schluchzte er hemmungslos und verbarg sein Gesicht in den Händen. Lemberg trank sein Bier aus und ließ ihm Zeit.

»Scheiße«, schniefte Frank schließlich. »Tut mir Leid.«

Aus dem Nachttisch kramte er ein Papiertaschentuch und

schnäuzte sich ausgiebig. »Eigentlich bin ich froh, dass du mich gefunden hast. Ich bin ziemlich mit den Nerven runter.«

»Kann ich mir denken.«

»Du kannst dir nicht vorstellen, wie das war, als der Anruf von Bastgereit kam. Die Bilder und die Geräusche von Wiesbaden waren auf einmal wieder da. Der brennende Wagen, Christas Schreie, die dicke Frau, die am Straßenrand stand und aus dem Hals blutete, der sterbende Platzeck auf der Rückbank, mein zerfetztes Bein. Und überall diese Glaskrümel. Wo ich auch hinfasste, nichts als Glaskrümel. Ich habe das alles noch einmal durchlebt.«

Er musste husten.

»Ich hatte einen völlig leeren Kopf, als ob man mir das Gehirn abgepumpt hätte. Wie in Trance habe ich dann nach den Alben mit den Aufnahmen von Christa gegriffen. Mir fiel wieder ein, wie glücklich wir damals gewesen waren, wie sie sich auf unser Kind gefreut hatte. Bis dieses gottverdammte Schwein alles kaputt gemacht hat.«

Lemberg schwieg. Frank knüllte das Taschentuch zusammen und warf es in Richtung Papierkorb. Es landete einen halben Meter davor.

»Erst auf der Fahrt nach Berlin bin ich einigermaßen zu Sinnen gekommen«, setzte er nach einer Weile wieder an. »Da habe ich dann zum ersten Mal an Evelyn gedacht und an unser Kind, das sie erwartet. Ich war hin und her gerissen und wusste nicht, was ich tun sollte. Ich hatte zwei Herzen in der Brust. Das eine sagte, kehr um, da wartet deine Frau, sie braucht dich, das andere sagte, räche Christa und das tote, nie geborene Kind. So als ob ich beide Frauen lieben würde. Kannst du das verstehen?«

Bei den letzten Worten schlug er sich mit der Faust vor die Stirn.

»Ich glaube, ja«, sagte Lemberg.

Sie schwiegen eine Zeit. Auf einmal atmete Frank sehr laut durch.

»Wie viel weißt du eigentlich?«, fragte er mit noch immer belegter Stimme. »Am Telefon hast du gesagt, du weißt, dass ich hinter Krassow her bin.«

Lemberg gab ihm eine Zusammenfassung seiner letzten sechsunddreißig Stunden, ließ allerdings das Angebot von Pierce außen vor. Es war kaum zu glauben, aber länger war er tatsächlich noch nicht unterwegs.

»An die Passagierliste hab ich überhaupt nicht gedacht«, sagte Frank, nachdem Lemberg geendet hatte. »Und Werner hat versprochen, sie nach Berlin zu schicken?«

Lemberg nickte. »Sie müsste heute eintreffen.«

»Das würde uns ein gutes Stück weiterbringen. Bisher habe ich nämlich so gut wie nichts.«

»Hast du nicht mit dem Informanten gesprochen, der Krassow in Berlin gesehen haben will?«

Frank winkte ab. »Doch, aber frag nicht, was das für ein Aufstand war. Dieser Professor Borowski ist ein derartiger Umstandskrämer, das kannst du dir überhaupt nicht vorstellen. Zuerst hieß es, der Informant sei nicht zu sprechen, er habe ihm absolute Diskretion zugesagt. Dann hat er sich doch breitschlagen lassen, weil auch er gemerkt hat, dass wir so nicht weiterkamen. Vorher musste ich ihm allerdings versprechen, dass ich ihn und seinen ehemaligen Gärtner, diesen Mischke, mitnehme. Um an den Informanten heranzukommen, habe ich zugestimmt.«

»Und was hat der Informant erzählt?«

Frank seufzte. »Der Mann heißt Schulze. Er hat mir geschildert, wie er Krassow zufällig in der Charité gesehen hat und dabei fast in Ohnmacht gefallen wäre. Krassow hat ihn allerdings nicht bemerkt.«

»Ist Schulze Arzt?«

»Ach was. Der arbeitet in der Wäscherei oder so.«

»Und was wollte Krassow in der Charité?«

»Keine Ahnung.«

»War das alles?«

»Ja, mehr hatte er nicht zu bieten.«

»Und Schulze selbst, was ist das für ein Typ?«

»Ein typischer Denunziant. Feige, aber geldgierig. Er hat früher bei der HVA im Archiv gearbeitet, daher kennt er Krassow. Mittlerweile steckt er wohl in finanziellen Schwierigkeiten. Deshalb war er bereit, seine Beobachtung zu verkaufen, obwohl er vor Krassow eine heilige Angst hat. Alles in allem ein widerlicher Zeitgenosse.«

»Und woher kannte er Borowski?«

»Zum einen hat er seinerzeit dessen Akte abgelegt. Zum anderen muss es einen Artikel in irgendeiner Zeitung gegeben haben, in dem erwähnt wurde, dass Borowski Material über Stasiverbrecher und Stasiverbrechen sammelt. Er hat sich die Telefonnummer rausgesucht, und so kamen sie ins Geschäft.«

»Hast du ihm auch etwas gezahlt?«

»Zweihundert Euro.«

Lemberg nahm eine Miniflasche Wodka aus dem Kühlschrank. Der Drehverschluss wehrte sich, hatte aber keine Chance. »Zeig mir mal das Foto, das du Werner abgeschwatzt hast.«

Frank deutete auf seinen Dufflecoat, der über der Lehne des anderen Stuhls hing. »In der Brieftasche. Ich hab ein Dutzend Abzüge machen lassen. Du kannst einen behalten.«

Auf den ersten Blick sah der Mann keineswegs wie Krassow aus. Aber wenn man genauer hinsah und wusste, wen man suchte, war die Ähnlichkeit unverkennbar. Lemberg bewunderte Bastgereit für sein gutes Auge.

»Was sagst du, ist er es?«, fragte Frank.

»Wenn nicht er, dann sein Zwillingsbruder. Hat Bastgereit seine Größe vermessen?«

»So gut es ging. Er schätzt ihn auf eins siebzig, höchstens eins fünfundsiebzig.«

»Mehr, als wir bisher wussten. – Wie willst du vorgehen?«

»Ich hab mit Seebaldt telefoniert, den kennst du ja auch. Er ist inzwischen in Rente, trotzdem sollte er noch alle notwendigen Kontakte haben. Ich treffe mich morgen früh mit ihm in Altenahr.«

Es war an der Zeit, Frank zu erzählen, was er ihm bisher verschwiegen hatte.

»Pierce hat mir ein Angebot gemacht«, sagte Lemberg. »Für zehntausend Euro will er mir den Namen und die Anschrift eines Mannes geben, der für eine Untergrundorganisation ehemaliger Stasi-Angehöriger Pässe gefälscht hat.«

Frank riss Mund und Augen auf. »Eine Undercover-Organisation ehemaliger Stasis?«

»Hat er jedenfalls behauptet.«

Franks Wangenmuskulatur arbeitete. »Du hast das Angebot doch hoffentlich angenommen?«

»Ich hab keine zehntausend. Außerdem weiß ich nicht, ob das der richtige Weg ist, um an Krassow heranzukommen.«

»Das Geld ist kein Problem, das habe ich. Bis wann musst du Pierce Bescheid geben?«

Lemberg warf einen Blick auf seine Uhr. Es war kurz vor vier Uhr morgens. Vor Müdigkeit hatte er bleischwere Arme. »Bis heute vierzehn Uhr.«

Frank rollte sich vom Bett und hüpfte zum Kleiderschrank. Im obersten Fach lag eine Aktenmappe. Zurück auf dem Bett, förderte er als Erstes seinen Revolver zutage, danach ein Paket Geldscheine.

»Das sind fünfundzwanzigtausend«, sagte er. »Bei Bedarf kann ich mehr besorgen.«

»Nun mal langsam«, sagte Lemberg. »Wir werden das Geld nicht zum Fenster hinauswerfen.«

Aber es war zu spät. Das sah er in Franks Augen.

»Wir werden beides gleichzeitig machen«, sagte Frank, glühend vor Eifer. »Ich gehe zu Seebaldt, und du gehst zu Pierce. Wir haben keine Zeit zu verlieren, und das Geld ist mir wurscht. Ich will diesen Hurensohn haben.«

»Und wenn du ihn hast, was dann?«

»Dann lege ich ihn um«, zischte Frank.

»Willst du den Rest deiner Tage im Knast verbringen?«

Das bremste ihn wie eine Mauer.

»Frank, das Ganze hat nur Sinn, wenn wir vernünftig bleiben«, sagte Lemberg.

»Was schlägst du vor?«, fragte er zaghaft.

»Zunächst sprechen wir mit Seebaldt. Vielleicht kann er uns helfen. Wenn nicht, nehmen wir Pierce' Angebot an und sehen, was sich damit anfangen lässt. Aber zuallererst wirst du morgen früh deine Frau anrufen und sie beruhigen.«

Er seufzte. »Du hast ja Recht, Roger. Entschuldige.«

Lemberg wurde langsam zornig. »Du sollst dich nicht entschuldigen. Du sollst deinen Kopf benutzen, verdammt noch mal! Für wann hast du dich mit dem Professor und Mischke verabredet?«

»Wir wollen uns um acht Uhr zum Frühstück treffen. Zu Seebaldt können sie nicht mit, das habe ich ihnen schon gesagt. Hoffentlich haben sie es kapiert.«

Lemberg erhob sich. »Ich muss wenigstens ein bisschen schlafen. Wir sehen uns um acht Uhr im Frühstückssaal.«

An der Tür drehte er sich noch einmal um. »Vergiss bloß nicht, deine Frau anzurufen. Sie glaubt nämlich, dass du wegen Christa abgehauen bist.«

Frank stöhnte laut auf. »Auch das noch.« Ein verprügelter Hund hätte nicht elender aussehen können.

Zurück in seinem Zimmer ließ Lemberg sich aufs Bett fallen und schaffte es gerade noch, den im Nachttisch eingebauten Radiowecker auf halb acht zu stellen. Danach überlegte er, ob es nicht besser wäre, sich auszuziehen.

Bevor er sich entscheiden konnte, war er eingeschlafen.

13.

Trotz des wenigen Schlafs wachte Lemberg vor dem Wecker auf. Er fühlte sich zerschlagen, aber eine eiskalte Dusche brachte ihn auf Vordermann.

Frank saß in der Lobby und blätterte in der Frankfurter Allgemeinen. Von Borowski und Mischke war nichts zu sehen.

»Morgen«, sagte Lemberg. »Wo sind deine beiden Kumpels? Stehen die schon am Buffet?«

»Morgen.« Frank legte die Zeitung zur Seite und stand auf. »Borowski wollte vor dem Frühstück kneippen. Ich hab ihm gesagt, dass wir nachkommen.«

»Was wollte er?«

»Nicht, was du denkst. Pfarrer Kneipp. Wassertreten.« Frank nahm ihn beim Arm. »Komm, der Kurpark ist gleich um die Ecke.«

»Ich hab Kohldampf.«

»Es dauert doch nur fünf Minuten.«

Frühnebel hing über der Ahr und ließ die Kirche jenseits der Kurgartenbrücke wie verschleiert erscheinen. Der Eingang zum Kurpark war tatsächlich keine hundert Meter entfernt. Der Mann im Kassenhäuschen studierte derart eingehend die untere Hälfte von Seite 1 des Express, dass Lemberg gegen die Scheibe klopfen musste. Für fünf Euro durften sie das Drehkreuz passieren. Aus unsichtbaren Lautsprechern waberte »Für Elise« über das weitläufige gekieste Areal. Sauber in Reihen aufgestellt, wie zur Parade angetreten, warteten mindestens hundert weiße Plastikstühle vor der Bühne des Kurorchesters auf Gäste. Zu so früher Stunde hielten sich Parkbesucher und Grünflächenpfleger allerdings die Waage. Hinter einem Teich mit noch jungen, nur bierdeckelgroßen Seerosen wies ihnen ein Schild den Weg zum Kneippbecken.

Borowski und Mischke drehten in dem circa zehn mal drei Meter großen, in den Boden eingelassenen Becken ihre Runden, wobei sie die Knie bis vor die Brust hochrissen. Ihre Mäntel lagen auf einer der Sitzbänke, Schuhe und Strümpfe standen darunter. Borowski war schlank und sah aus wie auf dem Foto. Mischke war erheblich kräftiger gebaut und hatte ein wettergegerbtes Gesicht, als hätte er sein Leben lang im Freien gearbeitet. Beide waren größer, als Lemberg erwartet hatte, nur unwesentlich kleiner als er selbst. Borowski entdeckte sie als Erster.

»Kommen Sie herein, meine Herren«, rief er. »Eine Wohltat.«

»Sorry«, sagte Frank. »Mein Bein. Aber geh du ruhig, Roger.«

»Wie? Warum sollte ich?«

»Kommen Sie, kommen Sie.« Borowski winkte einladend. »Sie wissen gar nicht, was Sie versäumen.«

»Nun los«, sagte Frank. »Sei kein Frosch.«

Kopfschüttelnd stieg Lemberg aus seinen Schuhen und krempelte die Hosenbeine hoch. Die Steinplatten um das Becken waren eiskalt.

»Ich werde mich erkälten«, sagte er.

»Genau das Gegenteil ist der Fall«, sagte Borowski. »Wassertreten härtet ab.«

Lemberg stieg die Stufen hinab und hielt sich an dem Geländer fest, das das Becken längs in zwei Hälften teilte. Das Wasser war noch kälter als die Steine, und der Boden war seifig. Frank machte sie vom Rand aus miteinander bekannt und setzte sich dann auf eine der Bänke. Über das Geländer hinweg reichten sie sich die Hände. Mischkes Händedruck hatte Knochenbrecherqualitäten. Lustlos schlurfte Lemberg durch das Wasser.

»Wie lange soll man das machen?«, fragte er.

»So lange, bis Sie einen Kältereiz spüren«, sagte Borowski. »Aber Sie müssen die Beine hochnehmen. Storchengang. So wie wir.«

Auch das tat Lemberg und kam sich wie ein Trottel vor. Gut, dass niemand von der SOKO ihn sah. Aus dem Augenwinkel registrierte er, dass Frank sich köstlich amüsierte. Am Ende des Geländers wendete Lemberg, um auf der anderen Seite zurückzugehen, und glitt dabei aus. Im selben Augenblick spürte er einen Schlag am linken Oberarm und gleich darauf einen Schmerz, als sei ihm ein glühendes Messer ins Fleisch gefahren. Erst dann hörte er den Schuss. Ein zweiter ließ die kugelförmige Leuchte der Laterne neben Franks Bank zersplittern. Frank hechtete auf den Boden. Lemberg ging in die Hocke und zerrte seine P226 aus dem Halfter.

»Runter!«, brüllte er.

Zwei weitere Schüsse fielen. Lemberg sah, wie Mischke den Professor ins Wasser drückte und sich schützend über ihn warf.

»Da hinten!«, rief Frank und reckte die Nase über die Bank. »Bei den Bäumen an der Ahr!«

Lemberg schoss in die Luft und kletterte zwischen den Pfosten der Beckeneinfriedung aus dem Wasser. Gebückt hastete er in den Schutz des nächsten Gebüschs.

»Was ballerst du denn in die Luft?«, fragte Frank.

»Mensch, hier sind doch auch andere Leute unterwegs.«

Ein Stakkato schneller Schritte ertönte auf dem Kiesweg an der Ahr.

»Er türmt!«, rief Frank.

Lemberg verließ seine Deckung und sprintete in den Schatten einer mächtigen Kastanie. Von hier konnte er den Weg, der am Ufer entlangführte, überblicken. Flussaufwärts lief ein Mann davon. Schwarze Jacke, schwarze Hose, dunkle Haare. Sein Vorsprung betrug circa dreißig Meter.

»Stehen bleiben!«, brüllte Lemberg und schoss erneut in die Luft. »Polizei!«

Der Mann hörte so gut wie Baro, wenn er einen Hasen jagte. Lemberg nahm die Verfolgung auf. Gleich die ersten Schritte auf dem Kiesweg machten ihm schmerzhaft bewusst, dass er keine Schuhe trug. Mit brennenden Fußsohlen jagte er hinter dem Flüchtenden her. Der bog links in einen Weg ab, der von der Ahr wegführte. Als Lemberg den Abzweig erreichte, stoppte er. Vierzig Meter war ihm der Schwarzgekleidete voraus. Lemberg streckte den Arm aus und zielte auf die Beine des Mannes.

»Bleiben Sie stehen!«, rief er. »Sonst schieße ich.«

Der Flüchtende dachte nicht daran, sondern lief weiter auf das Tor am Ende des Weges zu. Lemberg kniff das rechte Auge zu und – ein rüstiger älterer Herr mit hinter dem Rücken verschränkten Armen spazierte in sein Schussfeld.

»Scheiße!«, sagte Lemberg und ließ den Arm sinken.

Neben dem Tor kletterte der Schwarzgekleidete über den Zaun und stieg in ein Auto, das mit laufendem Motor wartete. Von dem Fahrzeug konnte Lemberg lediglich das Dach erkennen. Mit durchdrehenden Reifen schoss der Wagen davon. Im gleichen Moment wurde Lemberg angerempelt, und Mischke stürmte an ihm vorbei, die Arme wie Schubstangen einer Dampflok bewegend. In jeder Hand hielt er einen Schuh.

»Wo wollen Sie hin, Mischke?«, rief Lemberg hinter ihm her. »Bleiben Sie gefälligst hier!«

Mischke rüttelte vergeblich am Tor, dann kletterte er mit einer Gewandtheit, die Lemberg einem Mann seines Alters niemals zugetraut hätte, ebenfalls über den Zaun und verschwand in der Richtung, in der der Wagen davongerast war. Lemberg machte kehrt und humpelte zurück zum Kneippbecken. Frank kniete im Wasser und hatte Borowski bei den Schultern gepackt.

»Was ist mit ihm?«, fragte Lemberg. »Ist er verletzt?«

»Er ist tot«, sagte Frank tonlos und ließ den Oberkörper des Professors sanft ins Wasser gleiten.

Lemberg spürte, wie ihm Blut aus dem linken Ärmel tropfte. Dann wurde ihm schlecht, und er musste sich setzen.

14.

»So ein Blackout kann schon mal vorkommen.« Die Ärztin sah aus, als hätte sie gerade erst Abitur gemacht. »Bei einer Schussverletzung auf nüchternen Magen.«

»Haben Sie früher im Frontlazarett gearbeitet?«, fragte Lemberg.

»Sind Sie immer so charmant?«, zickte sie.

»Beruhigen Sie sich, das ist noch gar nichts«, vernahm Lemberg eine ihm vertraute weibliche Stimme, während gleichzeitig ein Schatten auf den Tisch fiel, an dem er saß. Marie-Louise Berrenrath-Noll, Henning Klaes, Helena Wagner und Tobias Schommer von der SOKO waren eingetroffen.

Berrenrath-Noll, seine knapp vierzigjährige Stellvertreterin im Amt, die er mit ihrer Erlaubnis nur beim zweiten Teil ihres Namens nannte, war wie zumeist mit einem Hosenanzug bekleidet. Heute war es der tabakbraune, zwischen den Revers zeigte sich ein beiger Rolli. Die Perlenohrringe sah Lemberg zum ersten Mal an ihr. Henning Klaes, der in den Fünfzigern war, trug eine wattierte, rot-schwarz karierte Holzfällerjacke und eine dunkle Cordhose. Zwischen seinen Zähnen klemmte eine unangezündete Meerschaumkopfpfeife, die die junge Ärztin misstrauisch beäugte, als könnte das Ding explodieren. Die Youngster Helena Wagner und Tobias Schommer steckten beide in Jeanskluft und Rollkragenpullovern. Da beide auch noch ihre langen blonden Haare zu Pferdeschwänzen zusammengebunden hatten, sahen sie aus wie Geschwister.

Lemberg machte seine Mitarbeiter mit Frank bekannt, der kreidebleich an der anderen Seite des Tisches saß. Dann sagte er: »Ich hab unbändigen Durst.«

»Dem kann abgeholfen werden«, sagte Schommer. »Das ist doch hier die Trinkhalle, oder nicht?«

»Der Lesesaal. Aber auch hier muss irgendwo ein Kran sein.« Schommer verschwand. Die Ärztin ebenfalls, nachdem sie den Verband mit einem letzten Streifen Leukoplast fixiert hatte. Lemberg zog sein Hemd wieder an.

»Nehmen Sie doch Platz«, sagte er und rückte, damit Noll sich auf den Stuhl an seiner Seite setzen konnte. Sie wählte aber den Platz neben Frank, und Helena Wagner setzte sich zu Lemberg. Klaes holte zwei Stühle für sich und Schommer, der mit einem kleinen Plastikbecher in der Hand zurückkam, den er Lemberg reichte.

»Echtes Quellwasser«, sagte er grinsend.

Lemberg trank den Inhalt in einem Zug.

»Was ist das?«, fragte er entgeistert.

»Was sehen Sie mich so an?«, gab Schommer zurück. »Ich hab damit nichts gemacht. Das kommt so aus der Leitung.«

»Warm, extrem kohlensäurehaltig, salzig. Das schmeckt ja wie –«

»Sagen Sie es nicht«, sagte Noll. »Wie schwer sind Sie eigentlich verletzt?«

»Fragt doch noch jemand danach, wie nett«, sagte Lemberg. »Nur eine Fleischwunde, ich hab Schwein gehabt. Wenn ich nicht ausgerutscht wäre, hätte die Kugel mich voll erwischt.«

»Was ist denn genau passiert?«

Lemberg zerknüllte den Becher und gab seiner Mannschaft einen Abriss dessen, was sich vor einer knappen Stunde zugetragen hatte. Anschließend berichtete Frank über die Ereignisse am Kneippbecken, während Lemberg dem Schützen hinterhergelaufen war.

»Mischke stand auf und versuchte dem Professor aufzuhelfen, aber er musste ihn geradezu auf die Beine stellen, und Borowski ist auch gleich wieder eingeknickt. ›Bei Gott, jetzt haben die Schweine ihn erschossen!‹, rief Mischke daraufhin, sprang aus dem Wasser, schnappte sich seine Schuhe und rannte los.«

»Haben Sie den Schützen erkannt?«, fragte Klaes.

»Nein«, sagte Lemberg. »Größe circa eins siebzig, Gewicht um die siebzig Kilo, schwarz gekleidet, dunkles Haar.«

»Welches Alter?«

»Das kann ich nicht sagen, dafür war er zu weit weg. Auf jeden Fall ein guter Läufer, jemand, der regelmäßig trainiert.«

Klaes sagte nichts, hob nur fragend die Brauen.

»Sie wollen wissen, ob das der Mann war, wegen dem ich derzeit freigestellt bin«, sagte Lemberg. »Ich bin Krassow persönlich nie begegnet, aber nach Größe und Statur könnte er es gewesen sein. Wenn ich mir auch beim besten Willen nicht erklären kann, woher er weiß, dass wir hinter ihm her sind und wo wir uns aufhalten. Dem Mann steht kein Apparat mehr zur Verfügung.«

»Aber der Schütze hatte einen Komplizen.«

»Ja, den Fahrer des Fluchtwagens. Wer auch immer das gewesen sein mag.«

»Wie alt ist dieser Krassow?«

»Er dürfte in Ihrem Alter sein. Genaues wissen wir aber nicht. Schommer, Sie klappern die Häuser an der Straße ab, wo der Wagen gewartet hat. Vielleicht ist jemandem was aufgefallen.«

»Konnten Sie Fabrikat und Farbe erkennen?«, fragte Schommer.

»Nur die Farbe. Rot oder grün.«

»Was denn nun?«

»Ich konnte es nicht genau erkennen, ich hab eine leichte Rot-Grün-Schwäche.« Lemberg stand auf. »Frau Wagner, Sie kümmern sich bitte um die Herrschaften, die nebenan im Theatersaal warten. Das sind die Leute, die sich zur Tatzeit im Park oder der Trinkhalle aufgehalten haben. Einige haben eben schon gemault, machen Sie sich also auf was gefasst. Frau Noll, Herr Klaes, ich möchte, dass Sie sich mit mir den Tatort ansehen.«

»Ich bleib hier«, sagte Frank. »Mein Bein tut weh.«

An der Tür trafen sie auf einen der Kollegen von der Spurensicherung. Der Mann hielt ihnen eine durchsichtige Plastiktüte mit einer Pistole entgegen.

»Die haben wir am Ufer der Ahr gefunden«, sagte er. »Der Schütze hat sie offenbar weggeworfen.«

Klaes nahm die Waffe genauer in Augenschein. »Das ist eine Tokarev TT33, die Standardwaffe der NVA-Offiziere. Acht Schuss Halbautomatik. Die kriegen sie in den neuen Bundesländern an jeder Ecke für fünfzig Euro.«

»Haben Sie das Magazin geprüft?«, fragte Lemberg.

»Vier Patronen fehlen«, sagte der Spurensicherer. »Die fünfte hat sich verklemmt.«

»Schade, dass es nicht schon die dritte war.«

Das Areal um das Kneippbecken war weitläufig mit neongelbem Plastikband abgesperrt. Ein Uniformierter von der Inspektion Max-Planck-Straße, der sich Lemberg mit Koschmann vorgestellt hatte, lauschte gebeugt einer alten Dame, die auf dem Sitz einer vierrädrigen Gehhilfe mit Körbchen saß. Als er Lemberg entdeckte, winkte er ihm und seiner Begleitung.

»Das ist Frau Reuther«, sagte Koschmann. »Sie will den Täter gesehen haben.«

»Ich will ihn nicht gesehen haben – ich habe ihn gesehen«, sagte Frau Reuther energisch, wenn auch mit zittriger Stimme.

»Wie kommt Frau Reuther überhaupt hierhin?«, fragte Lemberg. »Sie sollten doch alle Leute in den Theatersaal bringen.«

»Ich war zur Toilette«, sagte Frau Reuther und zeigte auf den Flachbau neben dem Kurgarten-Café. »In dem Gebäude dort drüben.«

Lemberg sah Koschmann fragend an.

»Ich hab nur drei Leute«, sagte Koschmann. »Da hat wohl keiner nachgesehen.«

»Wollen Sie nun wissen, was ich beobachtet habe?«, meldete sich Frau Reuther.

»Gerne«, sagte Lemberg. »Wo haben Sie den Mann gesehen?«

»An der Ahr. Er stand hinter einem der Bäume. Zuerst dachte ich, er will sich erleichtern, dem war aber nicht so. Er hat nur in Richtung der Kneippanlage gespäht.«

»War da schon jemand im Becken?«

»Das weiß ich nicht. Ich habe nur auf den Mann geachtet. Er schien mir verdächtig.«

»Dann haben Sie sich sicher sein Gesicht eingeprägt.«

»Das brauchte ich nicht. Er sah genauso aus wie der Gehilfe dieser netten Tatort-Kommissarin.«

»Wissen Sie, wie der Schauspieler heißt?«, fragte Lemberg.

»Das leider nicht«, sagte Frau Reuther und machte mit kleiner Faust die Geste für »verflixt«. »Mir fällt im Augenblick nicht einmal der Name der Kommissarin ein.«

»So viele kann es doch da nicht geben«, sagte Lemberg. »Wer kennt sich mit Tatort-Krimis aus?«

Noll zog die Mundwinkel runter, und Klaes sagte: »Ich hab meine Märklin.«

Lemberg wandte sich an Koschmann. »Was ist mit Ihnen?«

»Bedaure«, sagte er. »Wir gucken meistens RTL und SAT1.«

»Das gibt es doch nicht! Dann besorgen Sie jemanden, der sich damit auskennt, und klären das.« Lemberg gab Frau Reuther die Hand. Die Hand der alten Dame war knochig und kalt. »Vielen Dank für Ihre Aufmerksamkeit. Der Kollege wird sich weiter um Sie kümmern.«

Nach einigen Schritten ging Lemberg noch einmal zurück und zeigte Frau Reuther Krassows Foto. »Könnte das der Mann gewesen sein?«

Sie hob den Kopf, um durch den unteren Teil ihrer Gleitsichtbrille zu blicken. »Mit Bart sieht er so ganz anders aus.«

Lemberg zeigte ihr auch die Uraltaufnahme von Krassow in Uniform.

»Soll das derselbe Mann sein?«

»Ja.«

»Tut mir Leid«, sagte Frau Reuther. »Das überfordert mich jetzt.«

»Schon gut«, sagte Lemberg und folgte Noll und Klaes zu der Stelle, von der aus die Schüsse abgefeuert worden waren.

»Das dürften vierzig Meter sein«, sagte Klaes. »Und das Schussfeld ist eng. Der Täter muss Erfahrung im Umgang mit Waffen haben.«

»So seh ich das auch«, sagte Lemberg.

»Ihr Freund sagte eben, Mischke hätte gerufen ›Jetzt haben die Schweine ihn umgebracht‹ oder so ähnlich«, sagte Noll. »Das hört sich doch so an, als hätte er einen bestimmten Verdacht.«

Lemberg informierte die Kollegen kurz über Borowskis Schicksal zu DDR-Zeiten. »Denkbar, dass sein Verdacht in dieselbe Richtung zielt wie meiner. Das kann er uns aber nur selbst sagen. Die Suche nach ihm läuft bereits.«

»Und Krassow?«, fragte Klaes. »Steht der auch auf der Liste?«

»Bisher wird nur nach einem unbekannten Täter gefahndet«, sagte Lemberg. »Warten wir ab, wie der Schauspieler aussieht, den die alte Dame gesehen hat.«

Schommer gesellte sich zu ihnen. »Ein Herr Meyer aus der Oberstraße konnte den Fahrer des Fluchtwagens gut beschreiben. Er hat ihn nämlich angesprochen, weil der den Motor im Stand laufen ließ. Der Kerl ist daraufhin frech geworden und hat ihm den Stinkefinger gezeigt. Deswegen hat Meyer sich auch das Kennzeichen notiert. Es war eine Berliner Nummer. Die Anfrage läuft.«

»Ein Berliner Kennzeichen?«, fragte Lemberg verblüfft. »Sicher?«

»Absolut.«

Auf dem Weg zurück zur Trinkhalle kam ihnen Koschmann im Laufschritt entgegen.

»Lena Odenthal heißt die Tatort-Kommissarin«, rief er schon von weitem. »Der Mann an der Kasse wusste Bescheid.«

»Und wie heißt der Assistent?«, fragte Lemberg.

»Moment, ich hab's mir aufgeschrieben.« Koschmann zog einen zerknüllten Zettel aus der Hosentasche. »Mario Kopper oder Andreas Hoppe.«

»Was heißt oder?«

»Der eine ist sein richtiger Name und der andere der des Assistenten, den er spielt.«

»Und welcher ist welcher?«

Koschmann machte ein betretenes Gesicht. »Das weiß ich nicht.«

»Das ist egal«, sagte Klaes und nahm Koschmann den Zettel ab. »Im Internet finde ich den schon.«

Der Laptop war schnell aufgebaut, und über sein Handy wählte Klaes sich ins Netz. Gleich mit der ersten Eingabe in die Suchmaschine hatte er ihn. Alle drängten sich um den Bildschirm, auch Frank. Lemberg hielt die Fotos neben das Konterfei des Schauspielers.

»Schwer zu sagen«, meinte Lemberg, und alle stimmten ihm zu. »Aber eine gewisse Ähnlichkeit ist vorhanden. Klaes, mixen Sie aus den verschiedenen Aufnahmen mal ein Phantombild. Dann soll die alte Dame sich das noch mal ansehen.«

»Sie hören sich so nach Aufbruch an«, sagte Noll.

»Ich bewundere Ihr feines Gespür.« Lemberg warf einen Blick auf seine Uhr. »In der Tat, Herr Molitor und ich haben einen Termin in Altenahr. Aber ich weiß den Fall bei Ihnen ja in den besten Händen.«

»Hat der Termin auch mit diesem Krassow zu tun?«

»Im Augenblick hat alles mit ihm zu tun«, sagte Lemberg.

15.

Seebaldt wohnte im Altenahrer Ortsteil Kreuzberg, im Schatten der gleichnamigen Burg. Das Haus trug den Namen »Atelier Alte Schule« und schien auf den ersten Blick zu groß für einen Junggesellen, der jeden Cent in seine Briefmarkensammlung investierte und sich sonst für nichts interessierte, wie Frank behauptet hatte. Eine Einschätzung, die sie gründlich revidieren mussten, nachdem Seebaldt sie hereingebeten hatte. Das Haus war voll gestopft mit großformatigen Ölgemälden, durchgängig abstrakte Motive, ausgeführt in kräftigen Farbtönen. Die Künstlerin hieß Sandra Christina Nunez dos Santos Rodriguez, war Portugiesin, bestenfalls halb so alt wie Seebaldt und seit einem halben Jahr mit ihm liiert, wie er nicht ohne Stolz verkündete.

Eine Beziehung, die Seebaldt gut zu tun schien, denn er sah jünger aus, als Lemberg ihn in Erinnerung gehabt hatte. Das mochte zum Teil auch an dem dünnen Kinnbart liegen, den er sich hatte stehen lassen und der ihm einen Hauch von Verwegenheit verlieh.

Während Seebaldts Lebensgefährtin in die Küche entschwand, um Kaffee zu kochen, führte der Hausherr sie ins Wohnzimmer. Lemberg wurde ein Sessel unter einem offenkundig erst kürzlich gemalten Bild angeboten, das intensiv nach Ölfarbe roch. Gerne hätte er sich woanders hingesetzt, aber er wollte nicht unhöflich sein. Seebaldt und Frank nahmen in den beiden anderen Sesseln Platz. Da Frank den Ex-Verfassungsschützer besser kannte, ließ Lemberg ihn erzählen. Dass die Männer sich duzten, hatte er allerdings nicht gewusst. Bereits nach wenigen Sätzen unterbrach Seebaldt Frank.

»Hättest du mir am Telefon gesagt, um was es geht, Frank, hättet ihr euch den Weg sparen können«, sagte er mit einer Geste des Bedauerns. »Ich kann nichts für euch tun.«

»Wieso?« Frank stand die Enttäuschung ins Gesicht geschrieben. Lemberg beließ es bei einem fragenden Blick.

»Das Amt hatte mich gebeten – ja geradezu angefleht –, noch ein Jährchen dranzuhängen, aber ich hab abgelehnt«, sagte Seebaldt. »Der Abschied war daher recht frostig. Mit Freundschaftsdiensten kann ich also nicht rechnen. Außerdem –«

Sandra Rodriguez brachte den Kaffee. Die Männer bedienten sich selbst. Als die Malerin den Raum wieder verlassen hatte, fuhr Seebaldt fort.

»Aber selbst wenn, sämtliche Daten über ehemalige Mitarbeiter des MfS unterliegen einer derartigen Geheimhaltungsstufe, dass ich mit meiner Zugangsberechtigung nie an sie rankommen würde.«

»Wie kommt's?«, fragte Lemberg und trank einen Schluck. Die Dame konnte besser malen.

Seebaldt seufzte, als sei ihm das Problem mit dem Kaffee bekannt. »Die Überschrift lautet: Wahrung des Betriebsfriedens.«

»Was soll das denn heißen?«, fragte Frank.

»Ihr müsst sehen, in welcher Situation das Amt sich derzeit

befindet«, sagte Seebaldt. »Da ist zum einen die Osterweiterung der EU, zum anderen aber auch die wachsende Terrorgefahr durch Islamisten. Ständig kommen neue Aufgaben dazu, dabei sind noch nicht einmal die Hinterlassenschaften des MfS aufgearbeitet. Das Amt kämpft zurzeit an allen Fronten. Die Belastung ist enorm. Mit dem normalen Personalbestand sind diese Aufgaben nicht zu bewältigen. Notgedrungen rekrutiert man daher Leute, mit denen man eigentlich nichts zu tun haben will.«

»Du willst damit doch nicht sagen ...«

»Doch. Zum Ausgleich des personellen Defizits ist man schon seit längerem gezwungen, auf die Mitarbeit ehemaliger Angehöriger des MfS zurückzugreifen.«

»Sie scherzen«, sagte Lemberg.

»Nein. Das BfV hatte nur die Wahl zwischen Teufel und Beelzebub, und da hat man sich halt für den Gehörnten entschieden.«

»Ich kann es nicht glauben«, sagte Frank.

»Das solltest du aber«, sagte Seebaldt. »Natürlich werden die Leute überprüft. Und sie werden auch nicht voll integriert. Hauptsächlich zieht man sie zur Sortierung, Sichtung und Aufbereitung der ungeheuren Menge an Informationen heran, die täglich eingeht. Ins Allerheiligste kommt keiner von denen.«

»Jetzt mal ketzerisch gefragt«, sagte Lemberg. »Würde das Amt auch auf die Dienste eines Verbrechers wie Krassow zurückgreifen?«

Seebaldt räusperte sich unverschämt laut. »Normalerweise rekrutiert das BfV nur Leute aus der Verwaltung, keine operativen Agenten, keine Verhörspezialisten, keine Schläger. Es gibt aber auch Ausnahmen, zum Beispiel wenn Spezialwissen gefragt ist. Wobei ich nicht weiß, ob euer Krassow dafür in Frage käme. Ich kenne den Mann ja nicht.«

»Und nun?« Frank hing im Sessel wie ein Patient, dem sein Arzt eröffnet hat, dass ihm noch sechs Monate bleiben.

»Ihr müsst den offiziellen Dienstweg einhalten«, sagte Seebaldt.

»Ich wollte den Fall noch in diesem Jahr abschließen«, sagte Lemberg.

»Na, na, na. Jetzt muss ich die ehemaligen Kollegen aber doch in Schutz nehmen.«

Irgendwo im Haus ertönte ein Gong.

»Sandra«, sagte Seebaldt und guckte ein wenig verlegen. »Sie hatte mich gebeten, ihr den Rücken zu waschen.«

»Kommen Sie Ihren Pflichten ruhig nach«, sagte Lemberg und erhob sich. »Wir verabschieden uns.«

Auch Frank rappelte sich hoch. »Hab trotzdem Dank, Dieter. Ist ja nicht deine Schuld.«

Auf der Straße trat Frank gegen eine leere Coladose. Laut scheppernd kullerte sie davon.

»Verdammte Geheimdienste!«, schnaubte er. »Keine Skrupel, keine Moral. Gib mir ein Zigarillo, Roger.«

Lemberg staunte. Frank rauchte seit seiner Amputation nicht mehr. Eine Weile pafften sie schweigend gegen den Wagen gelehnt. Die Verkäuferin der gegenüberliegenden Bäckerei beobachtete sie so misstrauisch, als planten sie einen Überfall.

»Wir haben vergessen, Borowskis Gepäck zu durchsuchen«, sagte Frank unvermittelt.

»Das erledigen die Kollegen«, sagte Lemberg. »Sollten Sie etwas Wichtiges finden, erfahre ich es als Erster und du als Zweiter.«

»Worauf warten wir dann noch?« Frank schnippte die kleine Zigarre weg. »Auf zu Pierce.«

»Wie du meinst«, sagte Lemberg.

Zwanzig Minuten später standen sie vor Pierce' Tür. Der Hausherr öffnete höchstpersönlich. Es dauerte keine fünf Minuten, und das Geschäft war abgewickelt. Der Fälscher hieß Boehringer und war ein ehemaliger Mitarbeiter der Abteilung E des MfS. Er wohnte auf einem Bauernhof in einem Ort namens Blasweiler, keine dreißig Kilometer entfernt.

16.

Der Höhenunterschied von Ahrweiler bis Ramersbach betrug mehr als dreihundert Meter. Dabei sank die Temperatur um drei Grad. Alles abzulesen auf dem Display des im Armaturenbrett eingebauten Computers, an dem Frank herumspielte, während Lemberg den Golf um die Kurven zirkelte.

Hinter Ramersbach konnte man sich durchaus im Allgäu wähnen. Dunkler Wald wechselte sich mit steilen Weideflächen ab, auf deren schattigen Abschnitten vereinzelt noch Schnee lag. Erst führte die Straße bergan, dann schlängelte sie sich hinab in ein enges Tal, um jenseits eines Bachlaufs wieder anzusteigen. Drei Kurven später tauchten die ersten Häuser zwischen den Bäumen auf. Dann kam der Abzweig nach Blasweiler so plötzlich, dass Lemberg ihn beinahe verpasst hätte.

Blasweiler war ein Sackdorf, das am Ortseingang mit einem modernen Fabrikgebäude protzte. Da Pierce Enderlein ihnen keine exakte Anschrift gegeben hatte, stoppte Lemberg beim ersten Menschen, den er sah. Ein alter Mann, der dick eingepackt und mit roter Nase auf einer Bank vor einem Haus saß, dessen ursprüngliche Eingangstür zugemauert worden war. Ihre Umrisse zeichneten sich deutlich aufgrund des helleren Verputzes ab. Lemberg hatte den Eindruck, als sitze der Mann schon länger dort. Vielleicht hatte ihm niemand den neuen Eingang gezeigt. Frank ließ die Seitenscheibe runter.

»Entschuldigen Sie«, sagte er. »Wir wollen zu Anton Boehringer.«

»Sie sind zu früh«, blökte der Alte. »Das Treffen ist erst im Juni. Und mit dem Wagen haben Sie da sowieso nichts zu suchen.«

»Was für ein Treffen?«

»Enten.«

»Enten?« Frank drehte den Kopf zu Lemberg und guckte verständnislos.

»Was fragst du mich«, sagte Lemberg. »Er soll uns einfach sagen, wo Boehringer wohnt.«

»Was denkst du, was ich ihn gefragt habe?«

»Ahrweiler Entenfreunde.« Der Alte gluckste. »Sommernachtsschnattern.«

»Autos«, erklärte Frank. »Enten. Er meint die Autos.«

»Anton Boehringer!«, brüllte Lemberg an Frank vorbei.

»Ich weiß«, sagte der Alte. »Dem gehört das Gelände.«

»Wo finden wir ihn?«

»An der Kirche rechts und dann wieder rechts. Aber das Treffen ist erst im Juni. Und mit dem Wagen –«

Lemberg dankte mit Handzeichen und gab Gas.

Wo der Weg zu einem Freigelände abknickte, auf dem das ominöse Ententreffen stattfinden mochte, ging es geradeaus zu Boehringers Domizil. Das Anwesen lag versteckt zwischen Bäumen und bestand aus einem kleinen, zweistöckigen Haus mit einem unverputzten Anbau und einer windschiefen Holzscheune. An der Scheune klebte noch etwas, das ein Hühnerstall sein mochte. Der Zufahrtsweg war teilweise gekiest.

Sie fuhren bis in den von den Gebäuden umrahmten Hof und stiegen aus. Die Luft war feucht und kalt. Frank hatte die Smith & Wesson aus dem Handschuhkasten in die Manteltasche überführt, blieb aber zunächst beim Wagen. Lemberg ging zur Haustür, machte ein Gesicht wie ein Tourist, der sich verfahren hat, und läutete.

Nichts rührte sich. Keine menschlichen Geräusche, kein Hundegebell, nichts war zu hören. Lemberg läutete erneut. Es blieb totenstill. Auch auf sein Klopfen erfolgte keine Reaktion. Ein eigenartiges Gefühl beschlich ihn.

Er probierte die Türklinke. Die Haustür war nicht abgeschlossen. Vorsichtig drückte er sie auf. Die Tür knarrte. Im Flur war es düster. Lemberg schob sich eng an der Wand hinein. Links führte eine Holztreppe ins Obergeschoss, rechts stand ein Schuhschrank, schlammverdreckte Gummistiefel lagen daneben. Lemberg ging in die Hocke. Der Schlamm war getrocknet und bröselte.

Hinter dem Schuhschrank stand die Tür zum Toilettenraum offen. Ein Plumpsklosett, das nach der WC-Ente schrie, und ein speckiges Waschbecken waren alles, was er sah. Vorsichtig zog er die Tür zu.

Behutsam schob er sich weiter den Flur entlang. Die Tür am Ende stand halb offen. Weiter aufschieben ließ sie sich nicht, weil sie von irgendetwas auf der anderen Seite blockiert wurde. Den Gedanken an eine urplötzlich losdonnernde Schrotflinte beiseite wischend, steckte Lemberg den Kopf hindurch.

Die Küche war menschenleer. Lemberg blickte hinter die Tür. Eingeklemmt zwischen Tür und einem antiquierten Elektroherd lag ein Schäferhund. Allem Anschein nach war das Tier tot.

Nachdem er sich in die Küche gezwängt hatte, untersuchte er flüchtig den Hund. Irgendwer hatte ihm mit einem Beil den Schädel eingeschlagen. Der Boden war voller Blut. Das Beil lag auf dem Tisch.

Daneben standen zwei Teller mit Essensresten, ein halb volles Glas Bier und ein Glas Mineralwasser. In beiden Getränken perlte keine Kohlensäure mehr. Ansonsten herrschte Unordnung, aber nicht so, als hätte ein Kampf stattgefunden.

Den Vorhang am anderen Ende des fast quadratischen Raums hatte Lemberg die ganze Zeit über nicht aus den Augen gelassen. Langsam bewegte er sich nun darauf zu und presste sich seitlich davon an die Wand. Mit einem Ruck riss er ihn zur Seite.

Durch zwei Fenster drang trübes Tageslicht in ein Wohnzimmer. Ein braunes, abgenutztes Cordsofa und zwei entsprechende Sessel nahmen den größten Teil des Zimmers ein. Zwischen den Fenstern stand eine Anrichte, an der Wand gegenüber ein altmodischer, teilweise verglaster Schrank. Zwei Minuten später hatte er den Raum, ohne etwas Verwertbares gefunden zu haben, durchsucht.

Wieso war der Hund erschlagen worden?

Ins Wohnzimmer kam man nur über die Küche, und von dort ging keine weitere Tür ab. Lemberg ging zurück in den Flur. Er hatte das gesamte Erdgeschoss gesehen. Blieb das Obergeschoss.

Als er den Fuß auf die unterste Stufe der Treppe setzte, knarrte die Haustür in seinem Rücken. Er fuhr herum. Frank stand im Rahmen und grinste.

»Ganz ruhig, Roger«, sagte er halblaut. »Ich bin's nur.«

»Ist draußen irgendwas los?«, flüsterte Lemberg.

»Nichts. Und hier?«

»In der Küche liegt ein toter Hund. Erschlagen.«

Frank zog die Brauen hoch.

»Bleib hier im Flur und behalte den Hof im Auge«, sagte Lemberg und stieg langsam die Treppe hinauf.

Oben gab es zwei Schlafzimmer. Eins mit einem Doppelbett, das benutzt aussah. Im Kleiderschrank hingen zwei Anzüge, einige Hosen und ein Regenmantel, hinter der zweiten Tür ein Dutzend Kleider und ein Persianermantel. Die Schubladen enthielten Damen- und Herrenwäsche. In den Nachttischschubladen fand er Taschentücher, eine Packung Präservative, ein Röhrchen Schlaftabletten und einige Groschenhefte.

Das andere Zimmer sah nach Gästezimmer aus. Das einzige Bett war gemacht, die Kommode und der kleine Schrank waren leer. Der Raum roch, als sei er seit längerem unbenutzt.

»Und?«, fragte Frank, als Lemberg die Treppe runterkam.

»Nichts. Lass uns im Anbau nachsehen.«

Der Anbau hatte ein abfallendes Dach und war an der niedrigsten Stelle knapp mannshoch. Das versenkte Schloss in der Stahltür bereitete Schwierigkeiten. Frank ging zum Wagen, um Lembergs Dietrichsammlung zu holen. Im Schlösserknacken war er immer der Bessere gewesen. Lemberg nahm sich derweil die Scheune vor.

Rechts stand ein Opel Astra Caravan. Der rechte Hinterreifen war platt. Das Fenster auf der Fahrerseite war heruntergelassen, und der Zündschlüssel steckte. Bis auf eine karierte Decke auf den Rücksitzen und einen Kasten mit leeren Bierflaschen auf der Ladefläche war der Wagen leer. An der Wand neben dem Wagen hingen aufgereiht eine Mistgabel, eine Sense und weitere landwirtschaftliche Utensilien. Alle Gerätschaften sahen wenig benutzt aus. An der Wand gegenüber hing Zaumzeug für ein Pferd. Davor lag eine Segeltuchplane.

Lemberg hob die eine Ecke an und ließ sie gleich wieder los. Unter der Plane lag ein zweiter Schäferhund, so tot wie der Erste. Langsam wurde die Sache bedenklich.

Nachdem Lemberg einmal durchgeatmet hatte, zog er die Plane weg. Diesen Hund hatte man erschossen. Er hatte zwei

Einschüsse in seiner linken Flanke und einen mitten in der Stirn.

In der hinteren Ecke der Scheune lag eine zerbrochene Petroleumlampe auf dem Boden, daneben ein Nylonhaushaltskittel. Bei näherem Hinsehen erkannte Lemberg, dass der Kittel einen großen Riss in der linken Seite hatte und blutverschmiert war. Das Blut war getrocknet.

Es hatte wohl nicht nur die Hunde erwischt.

Die lichte Höhe bis zum Dach betrug sechs, sieben Meter. Hier und da schimmerte Tageslicht zwischen den Schindeln hindurch. Lemberg stöberte noch ein wenig herum, aber da es weder Schränke noch Kisten noch Verschläge gab, in denen etwas versteckt sein konnte, blieb die Suche ergebnislos.

Plötzlich ertönte auf dem Hof ein kehliges Stöhnen. Mit drei Sätzen war Lemberg draußen. Kalkweiß lehnte Frank an der Wand des Anbaus und schnaufte.

»Was hast du?«, raunte Lemberg ihm zu.

Frank deutete auf die offen stehende Tür. »Sieh selbst. Aber halt dir den Magen fest.«

Der Anbau bestand aus einem einzigen fensterlosen Raum, der zweifellos als Werkstatt diente. Lemberg sah zwei Werkbänke, eine davon mit zwei unterschiedlich großen Schraubstöcken, daneben einen Stahlschrank, der offen war. Auf dem Tisch neben dem Eingang standen verschiedene Glasflaschen, die den Aufschriften nach zu urteilen Säuren, Laugen und Ähnliches enthielten. Dann sah er, dass eine Nische mit einem schwarzen Plastikvorhang abgetrennt war. Unter dem Vorhang lugte ein behostes Bein hervor. Der Fuß war nackt.

Lemberg zog den Vorhang zur Seite.

Wie aneinander gekuschelt lagen dort ein circa fünfzigjähriger Mann und eine etwa ebenso alte Frau. Es war ein groteskes Bild. Beide waren bis zum Gürtel nackt. Ihre Oberkörper und ihre Arme hatte man als Aschenbecher missbraucht. Die Haut des Mannes war zudem an mehreren Stellen aufgeplatzt, als sei er ausgepeitscht worden. Vielleicht hatte man dazu das Elektrokabel benutzt, das die Frau um den Hals trug. Ihr Gesicht war blauschwarz angelaufen, und ihre Zunge hing geschwollen aus dem Mund.

Er war erschossen worden. Über seinem rechten Ohr entdeckte Lemberg ein schwarz gerändertes Einschussloch. Er bückte sich und ergriff die rechte Hand des Mannes. Die Leichenstarre hatte bereits eingesetzt.

Frank kam heran. »Sie sind gefoltert worden. Mit Zigaretten.«

»Ja«, sagte Lemberg rau. »Der Beschreibung nach ist das Boehringer.«

Frank lehnte sich schwer gegen eine der Werkbänke. »Alles umsonst. Wir sind zu spät.«

»Das ist nicht gesagt.«

»Mach dir keine Illusionen, Roger. Weswegen sollten die beiden sonst umgebracht worden sein?

»Mag sein wegen der Kopien«, sagte Lemberg und nahm sein Handy aus der Jacke und tippte Nolls Nummer ein. »Vielleicht aber auch aus anderen Gründen.«

Nach dem zweiten Läuten war die Kollegin am Apparat.

»Sind Sie noch in Bad Neuenahr?«, fragte Lemberg.

»Wir packen gerade zusammen. Warum?«

»Es gibt zwei weitere Tote.« Lemberg nannte ihr den Ort und beschrieb den Weg. »Wir brauchen noch einmal das ganze Programm.«

»Was ist heute nur für ein Tag«, murmelte Noll. »Wir machen uns sofort auf den Weg. Ich informiere die Spurensicherung.«

»Danke.« Lemberg unterbrach die Verbindung und wandte sich an Frank. »Wir fangen schon mal an zu suchen.«

»Was willst du suchen?«

»Das, weswegen wir gekommen sind. Das Zeug, das Boehringer Pierce angeboten hatte.«

Frank lachte kurz auf. »Du glaubst doch nicht im Ernst, dass davon noch etwas hier ist, Roger. Sieh es mal realistisch. Pierce hat Boehringer die Unterlagen nicht abgekauft. Das Wahrscheinlichste ist doch, dass er sie daraufhin jemand anderem angeboten hat, und der war von der falschen Seite oder hat ihn verpfiffen.«

»Nein, an deiner Theorie stört mich die zeitliche Nähe zu unserem Eintreffen.«

»Tu doch nicht so cool!«, brauste Frank auf. »Das hab ich früher schon immer an dir gehasst. Dich kann gar nichts beeindrucken, wie? Findest du nicht, dass drei Leichen an einem Tag ein bisschen viel sind?«

»Doch«, sagte Lemberg. »Und genau deswegen werden wir uns der Sache annehmen.«

Frank starrte ihn eine Weile an, dann atmete er tief durch. »Okay. Wo fangen wir an?«

»Den Anbau nehmen wir uns als Erstes vor. Warte, ich hol uns Handschuhe.«

Nachdem sie die Latexhandschuhe übergestreift hatten, machten sie sich an die Arbeit. Im Anbau fanden sie so ziemlich alles, was für die Herstellung falscher Dokumente nötig war. Stempelmuster aus aller Herren Länder, Blankopässe, Papier in sämtlichen Qualitäten, eine Mappe mit Faksimileunterschriften, verschiedene Tuschen und so weiter. In dem Stahlschrank entdeckte Frank zudem Reinzeichnungen von Dollarnoten und eine Hand voll falscher Scheine. Ein-, Zehn- und Einhundert-Dollar-Noten. Dazu passende Druckplatten fanden sie nicht.

»Und jetzt?«, fragte Frank. »Das Haus?«

»Das lassen wir den Kollegen«, sagte Lemberg. »Die müssen jeden Augenblick eintreffen. Ich knöpf mir noch mal die Scheune und den Wagen vor.«

»Und was soll ich machen?«

»Den Hühnerstall.«

Die Scheune selbst gab nichts her. Lemberg durchsuchte gerade das Handschuhfach des abgestellten Wagens, als Frank hereinkam und eine gelbe Stahlkassette auf die Motorhaube des Opels stellte.

»Was sagst du dazu?«, fragte er.

»Wo hast du die gefunden?«

»Im Hühnerstall. Unter all dem Mist gibt es eine Luke. Darunter ist ein Loch, knapp einen halben Kubikmeter groß.«

Das Schloss zu knacken war ein Klacks. Die Kassette war voll gestopft mit Fotokopien der unterschiedlichsten Dokumente. Französische, britische, schwedische Pässe, bundesdeutsche Personalausweise, Reisepässe und Führerscheine. Fast zuunterst fanden sie die Kopie eines belgischen Passes, angeblich am 16.03.01 in Namur auf den Namen Frédéric René Martens ausgestellt.

Frank gönnte sich den Anflug eines Lächelns, als er Lemberg das Blatt unter die Nase hielt. Das Foto von Frédéric René Martens zeigte niemand anderen als Krassow in eben der Aufmachung, wie er letzte Woche in Tegel fotografiert worden war.

*

Bad Godesberg, Oktober 1974

Das Abendessen verlief schweigend, wie Horst es bevorzugte. Nach Gemüsesuppe, Braten mit Klößen und Wirsing gab es zum Nachtisch Vanillepudding mit Himbeersoße. Tom-Tom hatte seine Portion als Erster verdrückt.

»Habt ihr etwas dagegen, wenn ich schon aufstehe?«, fragte er. »Ich will mich noch auf ein Stündchen mit Ralf und den anderen treffen.«

»Bleib bitte sitzen«, sagte Horst und schob seinen halb gegessenen Pudding zur Seite. »Deine Mutter und ich ... also wir ... wir haben etwas mit dir zu besprechen.«

Tom-Tom, der sich bereits erhoben hatte, sank zurück auf seinen Stuhl und zog einen Flunsch. »Ist es wegen der vergeigten Mathearbeit?«

»Davon weiß ich gar nichts«, sagte Horst.

»Hat Mama dir nichts davon erzählt? Eine glatte Fünf.«

»Das hab ich völlig vergessen«, sagte Ingrid. »Aber nun weißt du es ja.«

»Das ist jetzt nicht so wichtig«, sagte Horst unwirsch, weil er aus dem Konzept gebracht worden war. »Das Schuljahr ist noch lang. Das kannst du wieder aufholen.« Er räusperte sich. »Tom-Tom, es fällt mir, es fällt uns nicht leicht, es dir zu sagen, aber ...«

In dem Moment brach Ingrid in Tränen aus.

»Verdammt noch mal!«, entfuhr es Horst. »Nun reiß dich doch mal zusammen. – Entschuldige, Ingrid.«

Linkisch tätschelte er ihre Hand, während Cora, die Deutsch-Drahthaar-Hündin, sich an Ingrids Seite setzte und ihren Kopf auf Frauchens Oberschenkel legte.

»Also, was ist los?«, fragte Tom-Tom. »Macht es doch nicht so spannend.«

Horst schluckte. »Mein Sohn ... mein Junge, wir müssen dir leider mitteilen, dass du nicht unser leiblicher Sohn bist.«

Tom-Tom kniff die Augen zusammen und verzog verächtlich den Mund. Dann drehte er das Gesicht zum Fenster und starrte hinaus. Nach einer geraumen Weile schüttelte er den Kopf und wandte sich wieder seiner Familie zu.

»Also doch«, sagte er. »Hab ich's doch geahnt. Warum habt ihr mir die ganze Zeit was vorgemacht? Warum habt ihr mich belogen?«

»Das wollten wir nie«, sagte Horst. »Wir wollten dich aber auch nicht damit belasten. Wir befanden uns in einem permanenten Gewissenskonflikt. Du solltest so unbeschwert wie möglich aufwachsen. Das haben wir deinen Eltern damals versprochen.«

Ingrid sprang auf, lief um den Tisch und umarmte Tom-Tom rücklings. »Trotzdem lieben wir dich, als wärst du unser eigenes Kind.«

Tom-Tom schüttelte sie ab. »Wer sind meine Eltern?«

»Unsere besten Freunde«, sagte Horst.

»Doch nicht die Westerwelles?«

»Nein, wo denkst du hin. Du kennst sie nicht, und auch wir haben sie seit beinahe sechzehn Jahren nicht mehr gesehen.«

»Marga und Thomas Engelbrecht«, sagte Ingrid und ging zurück zu ihrem Platz. »Ich bin mit Marga zur Schule gegangen. Sie war meine engste Freundin. Wir waren wie Schwestern.«

»Wieso haben sie mich weggegeben? Wo sind sie jetzt? Sind sie tot?«

»Sie leben in der so genannten DDR«, sagte Horst. »Genauer gesagt sind sie dort inhaftiert. Aus politischen Gründen.«

Tom-Tom schwirrte der Kopf. »Was haben sie verbrochen?«

»Dein Vater war Ende der fünfziger Jahre als Major der Volksarmee nachrichtendienstlich für die Amerikaner tätig. So

110

lautete zumindest die Anklage. Deine Eltern wollten damals in den Westen flüchten und haben dich vorsorglich zu uns gebracht, um für dein Leben kein Risiko einzugehen. Am Tag ihres geplanten Übertritts wurden sie verhaftet. So haben wir dich an Kindes statt angenommen.« Horst zog einen Umschlag aus der Innentasche seines Sakkos. »Ich habe ein paar Fotos rausgesucht.«

Fast lustlos fächerte Tom-Tom die Aufnahmen auf dem Tisch auf. Dann sagte er mit einem bitteren Lächeln: »Beide sind blond.«

»Wie? Ja. Marga und Thomas sind blond.«

Tom-Tom schob die Fotos wieder zusammen. »Es muss doch einen Grund geben, warum ihr mir das ausgerechnet heute erzählt.«

»In der Tat«, sagte Horst und räusperte sich erneut. »Du hast allen Grund zur Freude, mein Junge. Deine Eltern werden in Kürze freigelassen und dürfen ausreisen. Wir haben heute die Mitteilung erhalten, dass die ostzonalen Behörden einem Freikauf deiner Eltern zugestimmt haben. – Freust du dich denn gar nicht?«

»Ich weiß nicht. Bei wem soll ich denn in Zukunft wohnen? Bei ihnen?«

»Das wird sich finden. Zunächst einmal werden deine Eltern bei uns wohnen, bis sie etwas Eigenes gefunden haben. Hier im Haus ist ja Platz genug. So habt ihr auch Zeit, euch aneinander zu gewöhnen. Ich denke, ich greife niemandem vor, wenn ich sage, dass die Entscheidung, wo du leben willst, letztendlich bei dir liegen wird.«

Seinem Gesichtsausdruck nach zu urteilen, war Tom-Tom damit einverstanden. »War das alles?«

»Ja«, sagte Horst irritiert. »Oder hast du noch irgendetwas, Ingrid …«

Sie schüttelte stumm den Kopf.

»Dann bin ich mal weg«, sagte Tom-Tom. »Die anderen warten bestimmt schon.«

Als sie sein Mofa vor dem Haus hörten, fragte Ingrid: »Verstehst du das?«

»Gib ihm Zeit, Ingrid«, sagte Horst. »Er muss das erst einmal verdauen. Es wird sich schon einrenken.«

17.

Lemberg, Frank, Noll und Klaes saßen um den Tisch in der Küche, die die Spurensicherung schon freigegeben hatte. Obwohl es erst drei Uhr nachmittags war, hatten sie wegen des verhangenen Himmels und des einzelnen schmierigen Fensters die Deckenlampe eingeschaltet. Viel Licht brachte sie nicht. Die Birne war lediglich vierzig Watt stark und flackerte, als würde sie bald den Geist aufgeben.

»So etwas hab ich noch nie gesehen«, sagte Noll. »Wer tut so etwas? Ein Perverser?«

»Oder jemand, der ein klares Ziel hatte«, sagte Lemberg. »Wenn er ebenfalls wegen der Kopien hier war, hat er es nicht erreicht.«

»Und wenn es ihm um die Druckplatten ging?«, fragte Frank.

»Sorry«, sagte der Leiter der Spurensicherung von der Tür aus. »Kann mal einer von Ihnen kommen?«

Klaes saß der Tür am nächsten. Er stand auf und folgte dem Mann.

Noll sah Lemberg aus zusammengekniffenen Augen an. »Was ist Ihre Einschätzung? Geht der Doppelmord auch auf Krassows Konto? Was ist das eigentlich für ein Mensch?«

Lemberg erzählte ihr, was er über Mielkes Todesengel wusste. Dabei verschwieg er auch nicht, dass Krassow ihm zweimal knapp durch die Lappen gegangen war und er sich dabei nicht mit Ruhm bekleckert hatte. Noll unterließ jede spitze Bemerkung.

»Sie haben ihn nie gesehen?«, fragte sie bloß. »Auch nicht in Amsterdam?«

»Krassows Observierung war Sache der niederländischen Kollegen. Ich stieß erst dazu, als die Meldung kam, er befinde sich auf dem Hausboot. Irgendetwas ist dann schief gegangen. Inzwischen bin ich der Meinung, Krassow wusste genau, dass er beobachtet wurde, und hat sein angebliches Ableben inszeniert, um untertauchen zu können.«

Lemberg fasste sich an den verletzten Oberarm. Die Schmerzen waren wieder stärker geworden. »Das Zahnschema der männlichen Leiche, die später an Bord gefunden wurde, stimmte zwar mit den Aufzeichnungen in der Kartei von Krassows Amsterdamer Zahnarzt überein. Befragt werden konnte der Arzt aber nicht mehr, weil er zwei Tage vor der Explosion des Hausbootes aus dem Fenster seiner Praxis gestürzt war. Zum Zeitpunkt des Sturzes hatte er knapp drei Promille im Blut, also wurde das Ganze als Unfall zu den Akten gelegt.«

Klaes kehrte zurück. »Die Druckplatten sind gefunden. Sie steckten in einer Nische hinter dem WC.«

»Schlauer macht uns das nicht«, sagte Lemberg.

»Was ist hiermit?« Klaes zeigte auf die Kopien der gefälschten Dokumente, die auf dem Tisch lagen. »Geht das Material an den Verfassungsschutz?«

»Nachdem wir für uns Kopien gezogen haben, meinetwegen. Aber nur im Tausch gegen unverzügliche Einsicht in die Personaldatei des Amtes. Ich will wissen, ob Krassow bei denen auf der Lohnliste stand oder steht.«

»Das übernehme ich«, erbot sich Klaes. »Einer meiner Vettern arbeitet in Fromms Reich.«

Nolls Handy gab »Leise rieselt der Schnee« von sich. Sie meldete sich.

»Die Inspektion Bad Neuenahr«, sagte sie, wobei sie den unteren Teil des Telefons mit der Hand abdeckte. »Ein Taxifahrer hat sich gemeldet, der einen nassen Mann, der seine Schuhe in der Hand hatte, gefahren hat. Der Beschreibung nach könnte das Mischke gewesen sein.«

»Her mit dem Mann«, sagte Lemberg und wandte sich dann an Klaes. »Hat die Durchsuchung des Gepäcks der beiden etwas ergeben?«

»Entschuldigung«, fragte Noll dazwischen. »Der Taxifahrer will wissen, wer ihm die Fahrt nach Blasweiler bezahlt.«

»Das klären wir, wenn er hier ist.«

Klaes schüttelte bedächtig seinen massigen Kopf. »Nichts Außergewöhnliches. Sowohl Borowski als auch Mischke hatten lediglich die üblichen Reiseutensilien bei sich. Das Einzige, was für Sie von Interesse sein könnte, ist Borowskis Adressbüchlein. Wollen Sie einen Blick reinwerfen?«

»Wenn Sie es zur Hand haben.«

»Im Auto. Ich hol es Ihnen.«

Kaum hatte Klaes den Raum verlassen, sagte Noll: »Ich weiß zwar, was Sie von Boehringer wollten, aber noch immer nicht, wie Sie auf den Mann gekommen sind.«

»Der Tipp stammt von einem Informanten, einem ehemaligen Journalisten.« Lemberg nannte ihr Name und Anschrift. »Es wäre nicht schlecht, Sie würden ihm mal routinemäßig auf den Zahn fühlen. Wir kennen uns schon zu lange, mich nimmt er als Polizist nicht mehr ernst.«

Klaes brachte außer dem Adressbuch auch sein Notebook und den portablen Drucker mit, um Lemberg die Fahndungszeichnungen zu zeigen, die er angefertigt hatte. Da der Akku leer war, musste er noch mal zum Auto. Derweil blätterte Lemberg das kleine Buch durch. Ein Schulze war nicht eingetragen, und auch sonst sagten ihm die Namen nichts. Endlich war Klaes so weit.

»Das ist der Mann, der den Wagen gefahren hat«, sagte er und machte einen Ausdruck für Lemberg.

Der Kerl hatte ein Pferdegesicht, abstehende Ohren und einen einseitig hochgezogenen Mundwinkel. Das Haar war mittellang und oben bereits schütter.

»Selten, dass ein Zeuge eine derart gute Beschreibung liefert«, sagte Lemberg und reichte das Blatt an Frank weiter.

Der kleine Drucker spuckte weitere Blätter aus. »Das ist Krassow, einmal mit Bart, einmal ohne.«

»Er hat zugelegt.«

»Ich fürchte, damit hat nicht nur er zu kämpfen«, sagte Noll und warf einen schrägen Blick auf Lembergs Bauch. »Von wann datiert das ursprüngliche Foto, das ihn in Uniform zeigt?«

»Ende der Siebziger, Anfang der Achtziger«, sagte Lemberg. »Genau wissen wir das nicht.«

»Und das ist Mischke«, sagte Klaes. »Ich hab das Foto von seinem Personalausweis eingescannt, der steckte im Koffer. Der Ausweis ist erst vor einem halben Jahr ausgestellt worden.«

Erste, schwere Tropfen schlugen gegen die Scheibe. Und dann, innerhalb von Sekunden, goss es wie aus Eimern. Die Leute von der Spurensicherung huschten vor dem Fenster vorbei. Dann stürmten Wagner und Schommer in die Küche.

»Gerade noch geschafft«, sagte er.

»Wie sieht es aus?«, fragte Lemberg. »Ist irgendwem was aufgefallen?«

Schommer schüttelte den Kopf. »Absolut nichts. Auch der alte Mann, der vor dem Haus mit der zugemauerten Tür saß und den Sie mir ans Herz gelegt hatten, hat nichts beobachtet. Aufgefallen sind ihm lediglich zwei komische Vögel in einem Golf, wie er sich ausdrückte, aber damit dürfte er Sie beide gemeint haben.«

»Boehringer hat anscheinend sehr isoliert gelebt«, sagte Wagner. »Keiner der Dorfbewohner hatte mit ihm Kontakt. Auch weiß niemand, wovon er gelebt hat. Außer dass er einmal im Jahr seine Wiese an einen Autoclub vermietet hat. Aber das kann ja nicht alles gewesen sein. Hin und wieder hatte er wohl Besuch, aber wer das war, konnte niemand sagen. Ich hatte das Gefühl, dass er den meisten Leuten nicht geheuer war. Im Übrigen mussten wir mehr Fragen beantworten, als wir gestellt haben. Die Leute sind hier dermaßen neugierig, von denen könnte eine junge Katze noch was lernen.«

»Seit wann wohnte er in Blasweiler?«, fragte Lemberg.

»Vor zehn Jahren hat er den Hof hier gekauft und angeblich bar bezahlt.«

Von der Haustür rief jemand: »Hier steht ein Taxifahrer. Soll ich ihn reinlassen?«

»Nur zu«, rief Lemberg.

Der Mann war schätzungsweise Mitte vierzig, hatte ein südländisches Aussehen und stellte sich mit Stephanopoulos vor. Sein Deutsch war fehler- und akzentfrei. Lemberg zeigte ihm das Fahndungsfoto von Mischke.

»Ist das der Mann?«

Stephanopoulos nickte.

»Wo ist er zugestiegen?«

»In der Hardtstraße.« Da er Lembergs fragenden Blick bemerkte, fügte er hinzu: »Das ist die Verlängerung der Oberstraße, die am Kurpark vorbeiführt.«

»Wohin wollte er?«

Stephanopoulos zuckte die Achseln und machte eine Grimasse. »Er hat kein Fahrziel angegeben. Ich sollte ihn einfach rumfahren. Mir ist das egal, solange die Leute zahlen.«

»Sie haben ihn also kreuz und quer durch Bad Neuenahr gefahren?«

»Ja. Bis er auf der Hauptstraße in Höhe des Rathauses plötzlich gebrüllt hat: ›Wenden Sie! Folgen Sie dem Wagen da!‹ Aber ich konnte nicht wenden, da war keine Lücke. Dann hat er aber abgewunken und gesagt: ›Egal. Fahren Sie mich zum Bahnhof.‹ Da hab ich ihn nach Bonn gefahren.«

»Zum Bonner Hauptbahnhof?«

»Ja.«

»Hat er Ihnen gesagt, wohin er von dort aus wollte?«, fragte Lemberg.

»Nein. Er hat überhaupt nichts mehr gesagt.«

»Was war das für ein Wagen, dem Sie folgen sollten? Konnten Sie das Fabrikat erkennen?«

»Ein roter Nissan Almera.«

Schommer nickte beifällig. »Das ist er. Also kennt Mischke den Fahrer. Oder wenigstens den Wagen.«

»Sieht so aus«, sagte Lemberg. »Hat Ihr Fahrgast sich zu den Leuten in dem anderen Wagen geäußert?«

»Nein«, sagte Stephanopoulos. »Er hat nur aus dem Fenster gestarrt. Ein merkwürdiger Kerl war das. Nass und barfuß. Bei dem Wetter.«

»Sie haben uns sehr geholfen«, sagte Lemberg. »Vielen Dank.«

Stephanopoulos rührte sich nicht von der Stelle.

»Ist noch was?«

»Wer ersetzt mir meinen Verdienstausfall?«

»Niemand«, sagte Lemberg. »Aber Sie kriegen Kilometergeld. Die Kollegin erledigt das. Sie kennt sich mit so was aus.«

»Als hätte ich es geahnt«, sagte Noll und stand auf. »Kommen Sie mit, Sie müssen ein Formular ausfüllen.«

Die beiden hatten gerade den Raum verlassen, als Nolls Handy ertönte. Klaes nahm das Gespräch stellvertretend an. Schweigend hörte er zu, malte aber einige Hieroglyphen auf seinen Notizblock.

»Also«, sagte er, nachdem er aufgelegt hatte. »Die Nummernschilder wurden gestern in Berlin-Marzahn von einem Dacia entwendet, was auch immer für ein Auto das ist. Der rote Nissan wurde zwischen gestern zweiundzwanzig Uhr und heute sieben Uhr dreißig in Bonn gestohlen. Der Besitzer des Fahrzeugs hat das erst bemerkt, als er zur Arbeit wollte. Und gefunden worden ist der Wagen auch schon. Eine Streife hat ihn in Bad Neuenahr auf dem Parkplatz hinter McDonald's entdeckt.«

»Dann sind die Brüder aus Berlin gekommen und haben die Kennzeichen mitgebracht«, sagte Lemberg. »Und hinter dem McDonald's haben sie das Fahrzeug gewechselt.«

»Ich lass ihn gleich untersuchen«, sagte Klaes. »Vielleicht finden wir einen verwertbaren Fingerabdruck.«

»War es das?«, fragte Schommer.

»Das war's«, sagte Lemberg und nahm sein Handy aus der Jacke. »Sie können abrücken. Herr Molitor und ich fahren noch einmal nach Berlin. Wir werden uns das Material ansehen, das Borowski über Krassow alias Streibel gesammelt hat. Vielleicht finden wir dabei einen Hinweis auf seinen derzeitigen Aufenthaltsort. Außerdem will ich wissen, was er in der Charité zu suchen hatte.«

»Sobald sich hier was Neues ergibt, melden wir uns«, sagte Klaes. »Gute Reise.«

»Danke.« Lemberg suchte Brandauers Nummer im Speicher und tippte dann auf Anwählen. Es dauerte eine ganze Weile, bis der Berliner BKA-Kollege am Apparat war. »Sie packen gerade? Dann packen Sie wieder aus, Brandauer. Sie müssen Ihren Urlaub verschieben. Borowski wurde heute Morgen in Bad Neuenahr ermordet. – Ja, ermordet. Erschossen. Mutmaßlich von Krassow, denn er hat zuerst auf mich geschossen. – Nein, nur ein Streifschuss. Ich brauche Sie in Berlin. –

Tut mir Leid, aber ich muss darauf bestehen. Trösten Sie sich damit, dass Sie mit der Aufklärung dieses Falls Punkte sammeln können. – Am besten fahren Sie gleich zur Villa Borowski und überbringen die Nachricht, bevor die Tochter es aus dem Radio erfährt. – Ach so, und suchen Sie mir bitte die Anschrift eines gewissen Schulze raus. Das ist der Informant, den der Professor Ihnen nicht nennen wollte. – Nein, einen Vornamen hab ich nicht. Der Mann arbeitet in der Charité, vermutlich in der Wäscherei. – Ich weiß das zu schätzen, Brandauer. Sobald wir in Berlin sind, rufe ich Sie an.«

»Muss er seinen Urlaub verschieben?«, fragte Frank.

»Ich kann es nicht ändern. Aber wie seine Freundin gebaut ist, wird sie schnell Anschluss finden.«

»Du hast Humor. Fahren wir getrennt oder nehmen wir meinen Wagen?«

»Warum deinen?«

»Der ist schneller und bequemer. Und wenn wir mit einem Wagen fahren, kann jeder die halbe Strecke schlafen.«

»Was ist, wenn wir in Berlin zwei Autos brauchen?«

»Brandauer wird doch einen Wagen haben. Ich fahr bis Hannover, den Rest fährst du. In Garbsen gibt's einen tollen Kaffee. Einverstanden?«

Lemberg musterte den Freund fassungslos. Sie hatten tatsächlich völlig verschiedene Geschmäcker.

»Was guckst du so?«, fragte Frank.

»Nichts«, sagte Lemberg. »Nichts.«

Nachdem sie sich auch noch von Marie-Louise Noll verabschiedet hatten, fuhren sie zurück nach Bad Neuenahr und checkten im Steigenberger aus. Den Golf stellte Lemberg im Parkhaus 3 des Flughafens Köln/Bonn ab und wechselte auf den Beifahrersitz von Franks Mercedes. Bevor sie die A3 erreicht hatten, war er eingeschlafen.

18.

Am nächsten Morgen trafen sie sich um kurz nach acht an der Rezeption.

»Lass uns außerhalb frühstücken«, sagte Frank. »Ich will der Gräfin erst gegenübertreten, wenn ich einen Blumenstrauß in der Hand habe.«

»Kein Problem«, sagte Lemberg.

Direkt bei ihrer Ankunft im »Vagabund« hatte Adam ihnen die Passagierliste überreicht, die Bastgereit per Eilbote geschickt hatte. Ein Frédéric René Martens hatte tatsächlich an dem besagten Tag die Maschine nach Köln genommen. LH280 um 17 Uhr 15. Umgehend hatte Lemberg die Liste an die SOKO gefaxt. Danach waren noch sechs Stunden Schlaf drin gewesen.

Lembergs Handy piepste, als sie das Hotel verließen. Klaes war am anderen Ende.

»Die in Martens' Pass angegebene Anschrift gibt es«, sagte er. »Allerdings wurde das Haus vor drei Jahren abgerissen und der Platz nicht wieder bebaut.«

»Was ist mit Sozialversicherungen, Krankenkassen, Mobilfunk- und Festnetzbetreibern?«

»Ist alles angeleiert. Sobald ich Neuigkeiten habe, melde ich mich wieder.«

Ihr Frühstück nahmen sie in einem Stehcafé am Kudamm ein. Der Kaffee schmeckte wie Spülwasser, die Croissants tranig. Danach rief Lemberg Brandauer an. Dem Hintergrundgeräusch nach saß er in einem Auto.

»Wo sind Sie?«, fragte Lemberg.

»Ich fahre meine Lebensgefährtin zum Flughafen«, sagte Brandauer, und seine Stimme troff nur so vor Zynismus. »Sie fliegt nämlich in einer Stunde nach Teneriffa.«

»Ich hab Ihnen bereits gesagt, dass mir das Leid tut. – Waren Sie gestern in der Podbielskiallee?«

»Ja. Jana Willartz hat die Nachricht einigermaßen gefasst aufgenommen, aber die Haushälterin ist regelrecht zusammengeklappt.«

»Dann ist das Feld ja bereitet.«

»Wollen Sie der Tochter einen Kondolenzbesuch abstatten?«

»Ich will mir die Unterlagen ansehen, die ihr Vater über Streibel alias Krassow gesammelt hat. Haben Sie Schulzes Anschrift ermittelt?«

»Wie denn, ohne Vornamen? Was glauben Sie, wie viele Schulzes es in Berlin gibt? Selbst in der Charité wimmelt es nur so davon.«

»Bleiben Sie am Ball. Wenn ich Sie brauche, melde ich mich.«

*

Diesmal musste Frau Henschel nicht rückfragen, sondern ließ sie direkt ein. Sie hatte rot geränderte Augen und wirkte ausgesprochen fahrig.

»Was ist mit Mischke?«, fragte sie als Erstes. »Der Polizist, der gestern hier war, wollte mir nichts sagen.«

»Ihm ist nichts passiert«, sagte Lemberg. »Er ist dem Wagen gefolgt, mit dem die Täter geflüchtet sind.«

»Wo ist er jetzt?«

»Keine Ahnung. Aber er kannte offenbar den Fahrer des Fluchtwagens. Deshalb lassen wir nach ihm fahnden.«

Frau Henschel griff sich an den Hals. »Sie wollen doch nicht sagen, dass er ...«

»Ich will gar nichts sagen, Frau Henschel.« Lemberg nahm die Phantombilder aus der Lederjacke. »Das ist der Mann, der am Steuer des Wagens saß. Haben Sie ihn schon einmal gesehen?«

Sie schüttelte den Kopf. »Und wer ist das?«

»Der Mann, der geschossen hat. Was ist mit dem?«

»Ich weiß nicht ...«

»So sieht er mit Bart aus.«

»Nein. Tut mir Leid.«

Lemberg verstaute die Bilder wieder. »Sollte Mischke sich bei Ihnen melden, sagen Sie ihm bitte, dass er sich mit uns in Verbindung setzen soll. Meine Telefonnummer haben Sie noch?«

Sie nickte.

»Wo ist Frau Willartz?«

»Oben, in ihrem Zimmer. Ich hole sie.« Sie ging zur Tür, kam aber nach wenigen Schritten zurück. »Sagen Sie ihr um Himmels willen nicht, dass Heinrich in Bad Neuenahr dabei war. Wenn sie das erfährt, feuert sie mich auf der Stelle.«

Sie warteten in dem Salon, den Lemberg bereits kannte. Es dauerte keine fünf Minuten, bis Jana Willartz hereinkam. Diesmal trug sie ein eng geschnittenes schwarzes Kostüm mit cremefarbener Seidenbluse und hatte die Haare hochgesteckt. Sie sah mitgenommen aus. Gleichzeitig funkelte Zorn in ihren Augen. Frank, der sie zum ersten Mal sah, zog den Bauch ein.

»Dass Sie sich noch einmal hierher wagen«, fauchte sie, bevor Lemberg einen Ton sagen konnten. »Sie beide haben meinen Vater auf dem Gewissen.«

»Nein, Frau Willartz«, sagte Lemberg. »Sie wissen, dass das nicht stimmt.«

»Und ob das stimmt. Wenn Sie beide nicht gekommen wären, wäre mein Vater hier geblieben und noch am Leben.« Tränen schossen ihr in die Augen. Schluchzend ließ sie sich in einen der Sessel fallen. Ein Taschentuch hatte sie praktischerweise bereits in der Hand.

»Frau Willartz, Ihr Vater hat mit uns Kontakt aufgenommen, nicht wir mit ihm«, sagte Lemberg so sanft wie möglich. »Einiges deutet darauf hin, dass der Anschlag eigentlich mir galt und Ihr Vater versehentlich das Opfer wurde.«

Mit einem Ruck riss sie sich das Taschentuch vom Gesicht und starrte Lemberg entgeistert an. Ihre Mundwinkel zuckten. »Was soll das heißen? Der Täter hatte es gar nicht auf meinen Vater abgesehen?«

»So sieht es aus. Zuerst wurde auf mich geschossen.«

»Das ist ja noch schlimmer.« Eine Weile blickte sie Lemberg und Frank feindselig an, dann entspannten sich ihre Züge ein wenig und sie deutete auf das Sofa. Lemberg und Frank setzten sich nebeneinander.

»Entschuldigen Sie, meine Herren. Aber Vaters Tod war ein solcher Schlag für mich, dass ich mich wohl vergessen habe.«

»Das ist nur zu verständlich.« Mit dem Schmelz seiner Stimme hätte Frank Werbung für Langnese machen können. »Erlauben Sie uns, dass wir Ihnen unser Beileid aussprechen. Sie dürfen uns glauben, dass es auch für uns ein Schock war.«

»Ja, natürlich. Danke.« Sie schob eine Haarsträhne aus dem Gesicht, die sich selbständig gemacht hatte. »Haben Sie schon eine Spur?«

»Keine heiße, daher sind wir auch auf Ihre Mithilfe angewiesen.« Lemberg beugte sich vor und reichte ihr die Fahndungsbilder der beiden Attentäter. »Ist Ihnen einer dieser Männer bekannt?«

Sie nahm die Gesichter gründlich in Augenschein.

»Nie gesehen«, sagte sie und gab die Bilder zurück.

»Wirklich nicht? Sind Sie Streibel nie begegnet?«

Sie zuckte zusammen, als hätte er sie geschlagen. »Das war Streibel? War er der Täter?«

»Das vermuten wir. Leider wissen wir über den Mann nicht genug. Jede zusätzliche Information könnte für uns wichtig sein, auch wenn sie zunächst unbedeutend erscheinen mag. Deshalb ist es unumgänglich, dass wir das Archiv Ihres Vaters einsehen.«

Erstaunlich schnell gewann sie ihre Fassung wieder. »Ich habe Ihnen doch schon beim letzten Mal gesagt, dass alle Unterlagen, die Streibel betreffen, in einem Bankschließfach aufbewahrt werden. Den Schlüssel dazu hat mein Vater bei einem Notar hinterlegt.«

»Wie heißt der Notar?«

»Warum wollen Sie das wissen?«

»Frau Willartz, wir ermitteln in einem Mordfall. Wir müssen Einsicht in die Unterlagen nehmen. Verstehen Sie das nicht?«

»Dr. Albertz. Gilgestraße 9.«

Lemberg notierte.

»Außerdem würden wir uns gerne im Arbeitszimmer Ihres Vaters umsehen. Womöglich finden wir dort irgendwelche Anhaltspunkte.«

»Das ist unmöglich«, sagte sie eine Spur zu hastig. »Ich meine, es ist unmöglich, dass Sie dort etwas finden. Ich bin Vaters Privatsekretärin, auch das habe ich Ihnen schon einmal erklärt. Gäbe es dort irgendwelche Hinweise, wären sie mir mit Sicherheit aufgefallen.«

»Frau Willartz, sind Sie eigentlich an der Aufklärung des Falls interessiert?«

»Selbstverständlich. Was versuchen Sie mir zu unterstellen? Aber wo nichts ist, da können Sie auch nichts finden.«

»Das zu beurteilen, sollten Sie uns überlassen.«

Mit zusammengepressten Lippen starrte sie Lemberg an.

»Wie Sie meinen, dann muss ich mit einem Durchsuchungsbeschluss zurückkommen.«

»Bitte«, giftete sie. »Dagegen ist man ja wohl machtlos.«

»Genau so ist es«, sagte Lemberg und stand auf. »Wir wollen Sie für den Moment nicht länger belästigen, Frau Willartz.«

Sie erhob sich ebenfalls. Frank hatte Probleme mit seinem Bein. Er brauchte eine Weile, bis er sicher stand.

Als Jana Willartz Lemberg ihre Hand hinhielt, schob er noch eine Frage nach. »Wäre es denn möglich, dass wir kurz mit Dr. Meyerling sprechen? Vielleicht hat Ihr Vater ihm etwas anvertraut, was uns weiterhelfen könnte.«

Sie entzog ihm ihre Hand. »Darüber haben wir doch auch schon gesprochen. Dr. Meyerling verfügt über keine Informationen, die diesen Fall betreffen. Außerdem ist er überhaupt nicht im Haus. Ich bedaure.«

Sie klingelte nach der Haushälterin. Franks Hand wurde auch noch gedrückt, dann wurden sie von Frau Henschel zur Haustür geleitet.

»Ganz schön bockig, die Dame«, sagte Frank, als sie in den Wagen stiegen. »Aber attraktiv.«

»Findest du?«

»Du nicht?«

»Vor allem ist sie eine Lügnerin.«

»Wie meinst du das?«

»Auf dem Weg zum Haus habe ich Dr. Meyerling an einem der Fenster im ersten Stock gesehen. Klar und deutlich.«

»Vielleicht wusste sie es nicht.«

Lemberg schenkte Frank einen Blick, der – wie er hoffte – ihn wieder auf den Boden der Tatsachen zurückbringen würde.

Er begriff. »Okay, sie hat gelogen. Und was nun?«

»Nun beobachten wir das Haus.« Lemberg rangierte den Mercedes aus der Parklücke und stellte ihn keine fünfzig Meter weiter wieder ab. Dann verdrehte er den Innenspiegel so, dass er das Anwesen im Blick hatte, und telefonierte mit Brandauer. Der sagte zu, sich wegen der Durchsuchungsbeschlüsse unverzüglich mit dem Staatsanwalt in Verbindung zu setzen.

Einen Wimpernschlag später rollte das schmiedeeiserne Tor der Zufahrt zur Seite, und ein kirschrotes Alfa Romeo Cabriolet schob sich in ihr Blickfeld. Sie rutschten tiefer in ihre Sitze. Im Spiegel erkannte Lemberg Jana Willartz am Steuer und Dr. Meyerling auf dem Beifahrersitz.

Er wartete, bis der Alfa den Platz des Wilden Ebers erreicht hatte, dann ließ er den Motor an und hängte sich dran.

19.

Jana Willartz fuhr rasant und rücksichtslos. Lemberg hatte Mühe, den Alfa nicht aus den Augen zu verlieren und gleichzeitig unauffällig zu bleiben.

Auf der Potsdamer Straße drosselte sie urplötzlich das Tempo. Lemberg ließ den Mercedes weiter zurückfallen. Nach hundert Metern Schleichfahrt hielt der Alfa in der zweiten Spur, und Jana Willartz und Meyerling stiegen aus. Lemberg und Frank rollten langsam vorbei und beobachteten, wie das Gespann in einer Kneipe verschwand, deren Namensschild zu verblichen war, um entziffert werden zu können. »Hades« mochte der Schuppen heißen. Falls dem so war, passte die Fassade perfekt dazu. Unweit ergatterte Lemberg einen freien Platz, indem er eine Einfahrt blockierte.

»Die machen doch hoffentlich keinen Frühschoppen«, sagte Frank.

»Wohl kaum«, sagte Lemberg. »Sie hat den Motor laufen lassen.«

Keine zwei Minuten später kamen die beiden wieder aus der

Spelunke und stiegen in ihren Wagen. Lemberg ließ sie passieren und fädelte den Mercedes vier Fahrzeuge später in den Verkehr ein.

Nach einem knappen Kilometer legte man einen weiteren Halt ein. Es war dasselbe Spiel, nur diesmal war der Name der Kneipe zu entziffern. »Drugstore« hieß der Laden.

Da Borowskis Tochter wieder den Motor laufen ließ, machte Lemberg sich keine Gedanken, obwohl es diesmal länger als fünf Minuten dauerte, bis sie und Meyerling wieder auftauchten.

Weiter ging die Fahrt, kreuz und quer durch verschiedene Seitenstraßen, bis sie schließlich in der Yorckstraße landeten. Ziel war eine Wirtschaft namens »Enzian«. Ein Schild über der Tür verkündete, dass dort Jever ausgeschenkt wurde. Lemberg bekam anfallartig einen fürchterlichen Brand. Erneut fuhr er an dem abgestellten Alfa vorbei und stoppte unweit. Frank hatte im rechten Außenspiegel den besseren Überblick.

»Sie kommen«, sagte er plötzlich. »Moment mal, diesmal haben sie jemanden dabei. Einen abgerissenen Kerl. Sieht besoffen aus.«

Das Cabrio rauschte an ihnen vorbei. Der zugestiegene Mann saß auf dem Beifahrersitz. Meyerling hatte sich auf den Rücksitz gequetscht und füllte das Heckfenster aus.

An der nächsten Ampel wendete der Alfa. Lemberg schaffte die Kehre gerade noch bei Rot und ließ einen Chor empörter Hupen zurück. Die Fahrt ging in Richtung Südwesten, offenbar zurück in den Grunewald.

An einer roten Ampel auf der Rheinstraße passierte es dann. Der Alfa stand in der rechten Spur, der Mercedes drei Fahrzeuge dahinter. Plötzlich flog die Beifahrertür des Alfa auf, und der Abgerissene sprang heraus. Er prallte gegen den Wagen, der auf dem Seitenstreifen stand, ging zu Boden, rappelte sich hoch und stürzte davon. Auf dem Bürgersteig kam er erneut ins Straucheln und touchierte eine Litfaßsäule, fing sich aber wieder und lief weiter.

Jana Willartz stieg auf ihrer Seite aus dem Wagen und schrie dem Flüchtenden etwas hinterher, das nicht zu verstehen war. Inzwischen war die Ampel auf Grün gesprungen, und ein Hupkonzert begann. Sie musste wieder einsteigen und fuhr mit offen stehender rechter Tür an.

»Du fährst ihr nach«, rief Lemberg und stieg aus. »Ich folge dem Typen. Okay?«

»Alles klar«, sagte Frank und hievte sein künstliches Bein über die Mittelkonsole.

Lemberg legte einen Zwischenspurt ein, denn der Abgerissene hatte gute einhundert Meter Vorsprung herausgelaufen. Glücklicherweise achtete er nicht auf Verfolger, denn es waren nur wenige Passanten unterwegs, und auf dem Gehsteig bot sich nirgendwo Deckung. Schließlich erlahmte der Mann im Jeansanzug und begann zu traben, um kurz darauf in den Schritt überzugehen.

Bei der ersten Gelegenheit bog er links ab. Lemberg folgte ihm. Sie passierten die Botschaft von Jamaika. Lemberg fragte sich, ob der Botschafter wohl Rastalocken hatte und zum Frühstück einen Joint rauchte.

Am Friedrich-Wilhelm-Platz stieg der Mann hinab zur U-Bahn. Auf der Treppe blickte er sich zum ersten Mal um. Lemberg war keine fünf Meter hinter ihm. Der Kerl war bestimmt in seinem Alter, hatte aber das unreife Gesicht eines Pennälers. Außerdem war er in keiner guten Verfassung. Seine Haut war schorfig und seine Augen trübe. Zweifellos war er ein schwerer Trinker. Die Klamotten, die er trug, standen vor Dreck.

An einem Kiosk im Untergrund erstand er eine Flasche Jägermeister, die er in einem Zug leerte. Lemberg studierte derweil den Streckenplan der Berliner U-Bahn. Als er erneut zum Kiosk blickte, torkelte der Jeansanzug bereits die Stufen zu den Bahnsteigen hinunter. Der Kräuterschnaps schien ihn volltrunken gemacht zu haben.

Auf dem Bahnsteig stolperte er ziellos auf und ab, wobei er mehrmals knapp an der Bahnsteigkante vorbeischrammte. Als der Zug kam, stieg er in den vordersten Wagen ein. Lemberg ebenfalls, benutzte aber die andere Tür. Die Fahrt ging in Richtung Norden. Der Abgerissene schien einem Kollaps nahe zu sein. Er atmete laut pustend, und immer wieder gaben seine Knie

nach. Die anderen Fahrgäste hielten Abstand von ihm, besonders als er sich in die Hose machte. Der linke Oberschenkel seiner Jeans färbte sich dunkel.

Trotz seines Zustandes schien er zu wissen, wohin er wollte.
Er kniff die Augen zusammen und strich sich das schulterlange,
von grauen Strähnen durchzogene Haar aus dem Gesicht, um
die Stationsschilder auf den Bahnsteigen entziffern zu können.
Die Fahrt war am U-Bahnhof Güntzelstraße zu Ende. Beim
Aussteigen war er zu stürmisch und ging zu Boden. Auf allen
vieren kroch er bis zu einer Bank, auf der eine dicke Türkin saß,
zog sich hoch und ließ sich neben die Frau fallen. Schimpfend
suchte sie das Weite.

Nach einer Weile hatte er Kraft gesammelt und stand auf. Als
er das Straßenniveau erreichte, schien ihn die kalte Luft zu beleben. Zwar knallte er verschiedentlich gegen Hauswände und
einmal gegen eine Schaufensterscheibe, die sich bedenklich nach
innen wölbte, aber er zog seine Bahn. Lemberg steckte sich ein
Zigarillo an und trödelte hinter ihm her.

Das Ziel war ein Haus schräg gegenüber dem früheren Café
Albrecht – seit den zwanziger Jahren des letzten Jahrhunderts
eine Berliner Institution –, das nunmehr Café Steinecke hieß.
Hoffentlich hatte der neue Inhaber das Jugendstil-Interieur un-
angetastet gelassen. Die Haustür schloss sich in Zeitlupe, sodass
auch Lemberg das Haus betreten konnte. Die Treppe wollte
kein Ende nehmen. Stockwerk für Stockwerk hörte Lemberg
den Jeansanzug über sich schnaufen. In der vierten Etage hatte
er es endlich geschafft. Bevor er die Wohnungstür zuwerfen
konnte, hatte Lemberg seinen Fuß dazwischengestellt. Ein Blick
auf das Namensschild sagte ihm, dass er es mit Robert Borowski
zu tun hatte.

Lemberg drückte die Tür auf und stieß auf keinerlei Widerstand. Borowski junior verschwand im Hintergrund des Flurs.
Dass die Tür nicht ins Schloss gefallen war, hatte er nicht bemerkt.

Was Lemberg von der gut geschnittenen Wohnung sah, stand
den Klamotten ihres Bewohners in nichts nach. Es gab so gut
wie keine Möbel, dafür umso mehr leere Flaschen und anderen

Unrat. Außerdem schwebte über allem ein Gestank, der ihn an einen schwülen Sommertag auf der Mülldeponie erinnerte. Nur das Kreischen der Möwen fehlte.

Lemberg spazierte in den Raum am Ende des Flurs, in dem Borowski verschwunden war. Ein alter Buffetschrank, ein Herd und ein Kühlschrank deklarierten ihn zur Küche. Borowski hockte auf einem einsamen Stuhl und hielt sich eine Flasche Eierlikör an die Lippen. Langsam und träge rann die gelbe Flüssigkeit aus der Flasche, ein Gutteil lief ihm übers Kinn.

Lemberg lehnte sich an den Türrahmen. »Schmeckt's?«

Borowski brauchte einen Augenblick, bis er die Richtung gefunden hatte, aus der die Frage gekommen war.

Als er Lemberg entdeckte, rutschte ihm die Flasche aus der Hand. Dann versuchte er aufzustehen, was gründlich schief ging. Er verlor das Gleichgewicht, sank zurück und kippte mit dem Stuhl nach hinten. Das Geräusch, das sein aufprallender Schädel auf dem Linoleum verursachte, tat Lemberg weh.

Robert Borowski war bewusstlos. Lemberg drehte ihn zur Seite, damit er nicht erstickte, falls ihm der Eierlikör hochkommen sollte. Der Puls war flach, aber regelmäßig.

Lemberg sah sich erst einmal um. Zehn Minuten genügten, um festzustellen, dass die Wohnung nichts hergab. Jana Willartz' Halbbruder lebte wie eine Kanalratte, nur etwas unordentlicher.

Lemberg riss ein Fenster auf. Kalte Luft schlug ihm ins Gesicht. Dann schepperte die Klingel. Lemberg ging zur Wohnungstür und öffnete. Eine Leichtfertigkeit, die er im gleichen Augenblick bereute.

Auf der Fußmatte stand ein Mann seiner Größe, nur erheblich schmaler. Er trug einen goldglänzenden Jogginganzug und Nikes mit fetten Sohlen, mit denen man aus dem Stand bestimmt zwei Meter hoch springen konnte. Nie war der Begriff Ohrfeigengesicht zutreffender gewesen. Außerdem kam der Mann Lemberg bekannt vor.

Lemberg identifizierte die Pistole, mit der der Jogger auf seinen Unterleib zielte, als Beretta. Unwillkürlich spannte er die Bauchmuskeln an.

»Auf Besuch?«, fragte das Ohrfeigengesicht und grinste. Dabei zeigte er die schlechtesten Zähne der Welt.

»Gewissermaßen.«

»Hände rauf und langsam rückwärts.«

Lemberg gehorchte. Das Ohrfeigengesicht kam ihm nach, pausenlos grinsend und lässig wie Wyatt Earp. Die Tür warf er mit links zu.

»Wo ist das Söhnchen?«

»Söhnchen?«

Er wurde böse. »Spiel hier nicht den Schlaumeier, Mann, sonst geht die Wumme los. Also, wo ist er?«

Lemberg deutete es mit dem Kopf an. »In der Küche.«

»Na also, klappt doch.«

Er freute sich und stieß Lemberg die Beretta vors Brustbein. Lemberg nahm seinen Rückwärtsgang wieder auf. An der Küchentür war seine Wanderschaft zu Ende. Er stolperte über die Schwelle und ging zu Boden.

»Keine Faxen, Mann«, kreischte das Ohrfeigengesicht.

Lemberg hob im Liegen beschwichtigend die Hände. »Ich hätte mich wohl kaum hingelegt, wenn ich Faxen im Sinn hätte. Du hast doch gesehen, dass ich gestolpert bin.«

»Arschloch!«

Lemberg kassierte einen Tritt in die Rippen. Sein Aufstöhnen ließ das Ohrfeigengesicht wieder grinsen. Dann ging er zu dem noch immer bewusstlosen Robert Borowski und verpasste auch ihm einen Tritt.

»Steh auf, Bubi«, sagte er. »Du kommst mit.«

Borowski blieb stumm.

»Was ist mit dem? Hast du ihn umgehauen?«

»Kollaps«, sagte Lemberg und drehte sich auf die Seite. Links von ihm befand sich eine Ansammlung leerer Flaschen, unter anderem eine Zweiliterbombe Lambrusco mit einem runtergebrannten Kerzenstummel im Hals.

Ohne groß nachzudenken, packte Lemberg die Flasche und warf sie dem Ohrfeigengesicht an den Kopf. Die Flasche zersplitterte, und gleichzeitig krachte die Beretta los. Die Kugel klatschte in die Wand, etwas oberhalb von Lembergs Kopf.

Der Lambrusco-Treffer hatte nicht gereicht, um das Ohrfeigengesicht matt zu setzen, aber er brachte ihn immerhin aus dem Gleichgewicht. Rücklings prallte er gegen das Buffet, wobei ihm die Pistole aus der Hand rutschte. Lemberg sprang auf und knallte ihm die Faust ins Gesicht. Das Ohrfeigengesicht ging zu Boden. Lemberg hob die Beretta auf und trat zwei Schritte zurück.

Aber das Ohrfeigengesicht war zäh. Gelenkig sprang er auf und entschwand in den Flur. Lemberg lief ihm nach und sah, wie der Jogger die Wohnungstür aufriss. Sicher hätte Lemberg ihn erschießen können, aber das erschien ihm dann doch unverhältnismäßig. Die Holztreppe dröhnte unter den Sprüngen des Flüchtenden.

Lemberg sicherte die Beretta und steckte sie ein. Krampfhaft überlegte er, wo ihm das Gesicht schon mal begegnet war. Und plötzlich hatte er es. Er zog die Fahndungsfotos aus der Lederjacke. Ja, das könnte der Mann gewesen sein, der den Fluchtwagen gefahren hatte. Aber wenn der Mann mit Krassow zusammenarbeitete, warum hatte er Lemberg dann nicht umgelegt? Und wieso wollte er etwas von Robert Borowski? Irgendwas passte da nicht zusammen. Es war unabdingbar, mit Robert Borowski zu sprechen. Nur er konnte den Zusammenhang erklären.

Der Junior hatte von der gesamten Aktion nichts mitbekommen. Seibernd schnarchte er auf dem Küchenboden. Lemberg telefonierte. Beim ersten Versuch bekam er keine Verbindung, beim zweiten meldete Frank sich umgehend. Er war im Hansaviertel und versprach, in einer Viertelstunde da zu sein.

20.

Um Borowski in Sicherheit zu bringen, musste Lemberg ihn mitnehmen. Das Risiko, dass das Ohrfeigengesicht mit Verstärkung zurückkommen würde, war zu groß. Also packte er ihn sich auf die Schulter und trug ihn nach unten. Im Treppenhaus begegnete ihm niemand.

Frank stand mit dem Mercedes vor dem Haus. Lemberg verfrachtete Borowski auf den Rücksitz und stieg vorne ein. Zwei Wilmersdorfer Witwen blieben auf dem Bürgersteig stehen und starrten sie an. Dann steckten sie die Köpfe zusammen und tuschelten. Vielleicht wurde man ja gerade Zeuge von etwas, das morgen in der Zeitung stand.

»Der stinkt ja wie ein Clochard«, sagte Frank. »Wer ist das?«

»Borowskis Sohn.«

Frank pfiff durch die Zähne. »Wohin mit ihm?«

»Zum ›Vagabund‹. Er muss ausnüchtern.«

Frank gab Gas. »Hoffentlich kotzt der mir nicht den Wagen voll. Was ist denn passiert? Und was hat der für gelbes Zeug im Gesicht?«

»Eierlikör. Den hat er getrunken, dann ist er umgekippt.«

»Eierlikör?«

»Ja, Eierlikör«, sagte Lemberg und berichtete vom Auftritt des Ohrfeigengesichts.

»Wollte er ihn abknallen?«, fragte Frank.

»Nein, nein, der wollte Borowski mitnehmen. Hat was von ›du wirst erwartet‹ gemurmelt.«

»Von wem?«

»Das hat er nicht gesagt. – Und was war bei dir los?«

Frank fuhr einen Umweg und kontrollierte im Rückspiegel, ob ihnen jemand folgte. »Weißt du, wo Jana Willartz wohnt? Im Eternithaus, das der Baumgarten gebaut hat.«

»Was ist das?«

»Eines der Gebäude im Hansaviertel. Mensch, kennst du das Eternithaus nicht?«

»Du wolltest mal Architekt werden, nicht ich.«

»Ist ja auch egal. Jedenfalls bewohnt sie eine dieser Maisonettewohnungen. Jede mit eigener Dachterrasse. Das könnte mir auch gefallen.«

»Könntest du mal den architektonischen Aspekt außen vor lassen?«

»Sehr wohl. Die Willartz und Meyerling sind schnurstracks

in die Altonaer Straße gefahren. Zum Eternithaus, wie gesagt. Dort sind sie ausgestiegen und haben sich auf der Straße gefetzt. Meyerling hat eine schallende Ohrfeige kassiert und wurde weggeschickt. Sie ist dann in dem Haus verschwunden. Auf dem Klingelschild steht ihr Name.«

»Altonaer Straße, stimmt.«

»Wie?«

»Sie hat mir bei meinem ersten Besuch eine Visitenkarte mit ihrer Privatanschrift gegeben.«

Der Mercedes rollte die Kantstraße entlang. An der Ecke Savignyplatz, wo früher der »Corner's Inn« gewesen war, gab es jetzt eine Bar namens »Hefner«. Sah nach einem Treff für junge Leute mit Mokassins und Kaschmirpullis aus.

»Und was war weiter?«, fragte Lemberg.

»Nichts«, sagte Frank. »Ich hab gewartet, aber sie ist nicht wieder herausgekommen.«

Frank parkte auf der schraffierten Sperrfläche vor dem »Vagabund«. Nachdem Lemberg Adam konsultiert hatte, schafften sie Robert Borowski mit dem Lastenaufzug ins Dachgeschoss, wo sie eine von zwei Abstellkammern zu einer provisorischen Krankenstation herrichteten. Lemberg erklärte Adam, dass der Mann Alkoholiker sei und vermutlich auch noch eine Gehirnerschütterung habe. Adam telefonierte, und keine halbe Stunde später war eine private Krankenschwester da. Frank zahlte ihr einen Vorschuss.

Borowski war noch immer bewusstlos, aber sein Kreislauf war stabil. Frank machte sich auf die Suche nach einem Blumengeschäft. Lemberg wollte die Wiedergutmachungsaktion nicht stören und zog sich auf sein Zimmer zurück. Er wählte Mainz an, aber zu Hause hob niemand ab. Ihm blieb nichts anderes, als ein paar nette Worte auf dem Anrufbeantworter zu hinterlassen. Kaum hatte er sich auf dem Bett ausgestreckt, klingelte das Zimmertelefon. Das Gespräch kam von außerhalb des Hauses, und Adam stellte durch.

»Herr Lemberg?« Das war Frau Henschel.

»Ja. Hat Mischke sich gemeldet?«

»Nein, aber etwas anderes ist passiert.« Sie war vor Aufregung atemlos. »Willartz ist wieder da. Ich dachte, das sollten Sie erfahren.«

Lemberg verstand nicht sofort.

»Ludwig Willartz, der Ex-Ehemann von Jana. Er ist eben hier eingezogen. Er sagte, das geschehe mit der Zustimmung seiner Frau. Ich habe nicht gewagt, ihm den Zutritt zu verweigern. Der Kerl kann gewalttätig werden.«

»Wieso denken Sie, das sei für uns von Interesse?«

»Weil der Mann ein Gangster ist. Zuhälter, Bankräuber, alles Mögliche. Bis vor einem halben Jahr hat er im Gefängnis gesessen.«

»Dann hat er seine Strafe ja verbüßt«, sagte Lemberg. Plötzlich fiel ihm etwas ein. »Sind Sie jetzt allein im Haus, Frau Henschel?«

»Ja. Niemand ist da. Warum?«

»Und wo ist Willartz?«

»Er ist ausgegangen. Frühstücken, hat er gesagt. Um diese Zeit.« Sie war die Empörung in Person.

»Wird im Institut gearbeitet? Ich meine, ist Dr. Meyerling anwesend?«

»Nein, er hat zusammen mit Jana kurz nach Ihnen die Villa verlassen und ist noch nicht zurückgekommen«, antwortete sie. »Die beiden anderen Mitarbeiter haben die nächsten Tage frei.«

»Hätten Sie etwas dagegen, wenn ich mir während Willartz' Abwesenheit gemeinsam mit meinem Kollegen das Arbeitszimmer des Professors ansehen würde?«

Sie zögerte. »Ich weiß nicht, ob das recht ist.«

»Ich denke schon. Jeder Hinweis ist wichtig für uns. Also was ist?«

Vor Aufregung kam sie ins Stottern. »Nun gut. Wenn es zur Aufklärung beiträgt. Aber beeilen Sie sich. Willartz kann jeden Augenblick zurückkommen.«

»Wir sind in einer Viertelstunde bei Ihnen. Falls er vorher zurück sein sollte, sagen Sie mir über die Gegensprechanlage, Hausieren sei bei Ihnen verboten, okay?«

»Ja, ich habe verstanden.«

Sie legten auf. Lemberg schnappte sich seine Jacke und erwischte Frank im Treppenhaus, der einen prächtigen Strauß gelber Rosen in der Hand hielt.

»Gib die Blumen Adam, damit er sie kalt stellt«, sagte Lemberg im Vorbeigehen. »Wir müssen weg.«

»Blumen stellt man nicht kalt. Was ist denn passiert?«

»Die Villa ist zur Besichtigung freigegeben. Nun mach schon.«

Adam nahm die Blumen entgegen. Als er erfuhr, dass sie für die Gräfin waren, hielt er sie, als seien sie gläserne Kunstwerke von Swarovski. Diesmal fuhr Lemberg. Zwölf Minuten später standen sie vor dem Tor in der Podbielskiallee.

Sie klingelten und wurden eingelassen. Willartz war also noch nicht zurückgekehrt. Frau Henschels Dauerwellen waren im Stadium fortgeschrittener Auflösung, und um ihren Mund zuckte es nervös.

»Ich komme mir vor, als sei ich in einen Kriminalfilm geraten«, stammelte sie.

»Bleiben Sie ganz ruhig«, sagte Lemberg. »Beobachten Sie die Einfahrt. Falls jemand kommt, sagen Sie uns bitte sofort Bescheid. Gibt es einen Hinterausgang?«

Sie nickte eifrig. »Durch den Keller.«

»Und was ist mit dem Hund?«

Sie winkte ab. »Vor dem brauchen Sie keine Angst zu haben. Das ist ein uralter, halbtauber Rottweiler. Lammfromm.«

Damit gab sie ihnen den Schlüssel zum Arbeitszimmer und ließ sie allein. Der Raum war imponierend. Unter der Decke trotzte ein schwerer Kristallleuchter der Schwerkraft. Zwei der Wände waren holzvertäfelt, die beiden anderen wurden von hölzernen Bücherregalen eingenommen. Eine Schiebeleiter ermöglichte den Zugriff auf die oberen Regalreihen. Vor dem Fenster stand ein mächtiger Rosenholzschreibtisch, daneben ein Tisch mit drei Monitoren für die Videokameras, die im Garten installiert waren. Lemberg versuchte die Anlage einzuschalten, schaffte es aber nicht. Frank nahm sich die Wände und die unteren Buchreihen vor.

Als Erstes untersuchte Lemberg den Schreibtisch. Die Schubladen waren abgeschlossen, allerdings waren die Schlösser derart primitiv, dass sie nicht einmal dem Brieföffner widerstanden. Dafür enthielten die Laden auch nichts von Bedeutung.

Unter der Schreibunterlage entdeckte er ein abgegriffenes Foto, das den Professor als jungen Mann zusammen mit einer bildschönen blonden Frau zeigte. Die Frau hatte ein Kleinkind auf dem Arm. Vermutlich seine erste Frau und der kleine Robert. »Bad Saarow, Juni 1964« stand auf der Rückseite.

Frank hatte den Safe gefunden. Er war hinter einem düsteren Ölschinken in die Vertäfelung eingelassen. Es handelte sich um ein antiquiertes, aber solides Modell. Mit bloßen Händen war da nichts zu machen. Frank murmelte etwas von Plastiksprengstoff und wandte sich den zwei Stahlschränken zu, die rechts vom Safe an der Wand standen.

Lemberg inspizierte die Unterseite des Schreibtischs. Hinter der Zierleiste am hinteren Ende war ein Wanze angebracht.

»Sieh dir das an.«

Frank kam herüber. »Der alte Knabe wurde abgehört. Wer auch immer das gemacht hat, wusste über das Bescheid, was hier gesprochen wurde. Also vermutlich auch über die Fahrt nach Bad Neuenahr.«

»Bleibt die Frage, wer hinter dem Lauschangriff steckt. Was denkst du?«

»Meyerling?« Er blickte zweifelnd. »Die Tochter? Der Sohn? Oder sonst einer aus dem Institut?«

»Wir sollten die Haushälterin fragen, ob Robert einen Schlüssel zum Haus und zum Arbeitszimmer hat.«

Wie auf Kommando stürzte Frau Henschel herein. Allerdings mit roten Flecken auf den Wangen.

»Sie kommen!«, rief sie. »Sie sind zu viert.«

»Wer alles?«, fragte Lemberg.

»Jana und ihr Ex-Mann, Dr. Meyerling und noch ein Mann. Sie müssen weg!«

Sie schafften es gerade noch durch die Eingangshalle, bevor die Haustür aufgeschlossen wurde. Absätze von Frauenschuhen klapperten auf dem Marmor. Frau Henschel zeigte ihnen die Kellertür, die von der Küche abging.

»Den Gang entlang und dann links«, flüsterte sie und schloss die Tür hinter ihnen.

Frank nahm seine Kugelschreiberlampe heraus und leuchtete die Treppe hinunter. Rechts auf den Stufen standen Putzeimer, an der Wand hingen Besen und ein Kehrblech. Vorsichtig stiegen sie hinab. Von oben, aus der Küche, drang Stimmengemurmel.

Im Kellergang fanden sie einen Lichtschalter. Auf dem Gehäuse der Deckenleuchte saß eine fette, schwarze Spinne. Am Ende des Gangs öffneten sie die Kellertür und löschten das Licht. Eine rostige Eisentreppe führte sie aus dem Souterrain an die Seite der Villa, wo drei Wagen parkten. Jana Willartz' roter Alfa, ein alter gelber Mercedes und ein aufgemöbelter weißer Golf mit einem Pitbull-Schriftzug auf dem Heckfenster. Lemberg war an dem Golf schon vorbei, als er stutzte und noch einmal zurückging. Auf der Rücksitzbank lag neben anderen Dingen ein goldglänzender Jogginganzug.

»Was ist?«, fragte Frank.

»So einen Anzug hat der Kerl getragen, der Borowski mitnehmen wollte.«

»Sicher?«

»Nein, du Dussel.«

Zügig marschierten sie zum Tor, schlüpften hindurch und stiegen in Franks Wagen.

»Und jetzt?«, fragte Frank.

Lemberg klappte sein Handy auf und wählte Brandauers Nummer. »Besetzt. Was hältst du davon, dich um Janas Wohnung zu kümmern, während ich die Villa im Auge behalte?«

»Vermutest du dort Tonbänder, die belegen, dass sie ihren Vater abgehört hat?«

»Zum Beispiel.«

»Okay, ruf mir ein Taxi.«

Zwei Minuten später hielt ein beiger Diesel neben dem Mercedes. Frank stieg um. Er war aufgedreht und machte zum Abschied das Victory-Zeichen. Erst im dritten Anlauf bekam Lemberg Brandauer an den Apparat und gab ihm das Kennzeichen des Golf durch. Kaum hatte er aufgelegt, verließ der

Wagen das Grundstück. Das Ohrfeigengesicht saß hinter dem Steuer.

Lemberg hängte sich an.

21.

Der Verkehr war so dicht, dass das Ohrfeigengesicht nicht entwischen konnte. Der Kerl wechselte mehrfach die Fahrspuren, kam dadurch aber nicht schneller voran. Lemberg blieb konstant rechts.

Die Fahrt ging die Argentinische Allee hinunter. »Timmermanns Indian Supply« existierte nicht mehr. Vielleicht war der Motorradladen umgezogen oder ihm waren die Indians ausgegangen. Irgendwann ist alles zu Ende.

Sie überquerten die Potsdamer Chaussee und fuhren nach Kleinmachnow. Der Ortseingang markierte gleichzeitig die Grenze zwischen Berlin und Brandenburg. Hier war Tempo 30 vorgeschrieben. Selbst das Ohrfeigengesicht hielt sich daran. Bald sah Lemberg, warum. Die Kollegen Fotografen hatten eine Radarfalle aufgebaut.

Lembergs Handy zwitscherte. Brandauer war am anderen Ende.

»Fleischer, Waldemar«, sagte er. »Ein Strafregister so lang wie 'ne Rolle Klopapier. Was haben Sie mit dem Kerl zu schaffen?«

»Er hat mutmaßlich den Fluchtwagen in Bad Neuenahr gefahren. Wo wohnt er?«

»Marzahn.«

»Da will er offenbar nicht hin.«

»Wo sind Sie? Wir rücken mit ein paar Streifenwagen aus und nehmen den Kerl fest.«

»Nein, ich will erst wissen, wo er hin will.«

»Seien Sie vorsichtig. In meinem Revier will ich keinen toten Eifelbullen haben.«

»Geben Sie Namen und Anschrift bitte auch an die SOKO in Dorsel weiter. Ich meld mich wieder.«

Durch einen UPS-Transporter, der wendete, wurde Lemberg kurz aufgehalten und gleichzeitig wurde ihm die Sicht genommen. Als er wieder freie Bahn hatte, war der weiße Golf verschwunden. Etwas zügiger setzte er seine Fahrt fort, in alle Einfahrten und Seitenstraßen spähend. Kurz vor dem Teltowkanal gab es eine Baustelle, die nur einspurig passiert werden konnte. Ganz vorne an der Ampel stand ein Heizöltanker, der die ganze Zeit weit vor ihnen gewesen war. Von dem Golf war nichts zu sehen. Das Ohrfeigengesicht musste irgendwo abgebogen sein. Lemberg wendete und fuhr zurück.

Eine Viertelstunde kurvte er durch den Ort. August-Bebel-Platz, Karl-Marx-Straße, OdF-Platz, hier war man den alten Namen treu geblieben. Und vielleicht nicht nur denen. Nur den Golf entdeckte Lemberg nicht. Und dann wäre er beinahe an ihm vorbeigefahren. Der Wagen parkte auf dem Grundstück eines Hauses in der Ernst-Thälmann-Straße.

Lemberg fuhr ein Stück weiter, stellte den Mercedes ab und ging zurück. Die Fahrbahn bestand aus Betonplatten, die Laternenpfähle waren aus dem gleichen Material. Das hatten sie in der DDR am besten gekonnt – betonieren und Mauern bauen.

Ein hüfthoher Jägerzaun umlief das Grundstück. Das Gebäude war ein anderthalbgeschossiges Siedlungshaus mit erheblichem Renovierungsrückstand im Vergleich zu seinen Nachbarn. Laut Briefkastenschild hieß der Besitzer Born. Frontal vorgehen wollte Lemberg nicht, also benutzte er den Fußweg, der am Grundstück vorbei zur nächsten Straße führte. Einige Büsche gruppierten sich am Zaun, danach kam ein Schuppen. Dazwischen befand sich eine Lücke, die Lemberg nutzte, um über den Zaun zu steigen. Ungesehen kam er im Schutz einer Brombeerhecke bis an die Rückfront, wo er neben dem obligatorischen Kaninchenstall in Deckung ging. Mümmler saßen keine in dem Verhau. Hinter einem der Fenster brannte bereits Licht.

Vorsichtig hob Lemberg den Kopf, bis die Nase in Höhe des Fensterbretts war. In einem Schaukelstuhl saß eine alte Frau, das graue Haar zu einem Dutt zusammengefasst. Fleischer saß auf einem Sofa an der gegenüberliegenden Wand. Er redete auf die alte Frau ein.

Lemberg nahm den Kopf wieder runter und rief Brandauer an und gab ihm die Adresse in Kleinmachnow durch. »Nur observieren. Vielleicht führt er uns zu Krassow. Ich halte hier die Stellung.«

Als Lemberg erneut in das Zimmer blickte, ging gerade die Tür auf, und eine jüngere Frau, die der alten wie aus dem Gesicht geschnitten war, kam herein. Sie unterbrach Fleischer in seinen Ausführungen. Er stand auf, und sie zeigte zur Tür. Er hob den Arm, als wollte er sie ohrfeigen, beließ es aber bei einer Drohung, wobei er ihr mit ausgestrecktem Zeigefinger vor dem Gesicht herumfuchtelte. Im nächsten Moment war er verschwunden, und der Motor des Golf heulte auf der anderen Seite des Hauses auf. Lemberg fluchte. Bis er ums Haus herum wäre, wäre der Golf dreimal verschwunden. Also rief er erneut Brandauer an und sagte ihm, dass er sein Observierungsteam zurückpfeifen und stattdessen die Villa Borowski und Fleischers Wohnung in Marzahn überwachen sollte. Brandauers Verwünschungen überhörte er geflissentlich.

Nachdem Lemberg sein Handy wieder verstaut hatte, ging er gebückt zu einer Glastür, die in einen kleinen Anbau führte, der wohl als eine Art Wintergarten gedacht war. Die Tür war unverschlossen. Eine zweite Tür brachte ihn in die Küche des Hauses. Am anderen Ende der Küche war ein zugezogener Vorhang, unter dem ein Lichtschein hindurchfiel. Jetzt konnte er auch verstehen, was gesprochen wurde.

»So ein unverschämter Kerl.« Das musste die Stimme der jüngeren Frau sein. »Uns zu drohen.«

»Jetzt ist er ja weg«, sagte die Ältere.

Ein Sofa quietschte. »Ich fürchte nur, er wird wiederkommen. Er hat mir richtig Angst gemacht.«

»Beruhige dich, Sabine. Der Mann kommt bestimmt nicht wieder. Wenn er überhaupt vom Professor geschickt worden ist. Außerdem wissen wir ja wirklich nicht, wo Robert sich aufhält. Sei so gut und mach uns einen Tee. Der wird uns gut tun.«

Zum Türmen war es zu spät. Lemberg entschied sich für Angriff, schob den Vorhang zur Seite und trat in das Zimmer. Die Tochter schlug die Hände vor den Mund und fiel zurück auf das Sofa, von dem sie gerade aufgestanden war. Ihre Mutter hörte auf zu schaukeln und kniff die Augen zusammen.

»Entschuldigen Sie mein Eindringen«, sagte Lemberg. »Aber die hintere Tür stand offen.«

Die alte Dame gewann zuerst ihre Fassung zurück. »Und das gibt Ihnen das Recht, einfach hier hereinzukommen? Unsere Besucher kommen zur Vordertür und läuten.«

»Tut mir Leid«, sagte Lemberg. »Ich wollte dem Mann nicht begegnen, der gerade bei Ihnen war. Wir sind nämlich bereits heute Mittag aneinander geraten.«

»Wer sind Sie?«

»Lemberg, Kripo.« Lemberg zeigte seinen Ausweis vor.

»Zeigen Sie das meiner Tochter«, sagte die alte Dame. »Ich habe meine Brille nicht zur Hand.«

Sabine nahm den Ausweis wie eine heiße Kartoffel. Was darauf stand, sagte ihr offensichtlich wenig, aber da das Foto mit Lembergs Gesicht übereinstimmte, nickte sie ihrer Mutter zu.

»Ich bin Frau Born, das ist meine Tochter, Sabine. Was wollen Sie von uns?«

»Es geht um Robert Borowski«, sagte Lemberg.

Der Name verursachte bei Mutter Born ein kurzes Flattern der Augenlider. »Was wollen Sie von ihm?«

Lemberg trat einen Schritt vor, was die Tochter veranlasste, sich noch weiter in die Sofaecke zurückzuziehen. »Nichts. Die Frage ist, was der Mann, der eben hier war, von ihm will.«

»Sagten Sie eben, Sie seien heute mit Herrn Fleischer aneinander geraten?«, fragte Frau Born, wobei sie eine Augenbraue hochzog.

»Ja, in Robert Borowskis Wohnung. Da hatte er eine Pistole in der Hand.« Bei Lembergs Worten zuckte die alte Dame zusammen. »Weshalb war er hier?«

»Er gab an, von Professor Borowski geschickt worden zu sein. Aber sagen Sie, ist Robert etwas zugestoßen?«

»Außer dass er immer noch im Delirium liegt, nichts. Zurzeit befindet er sich in Sicherheit.«

»Er trinkt also doch wieder.« Sie sah ihre Tochter verzweifelt an. »Dabei hatte er das doch überwunden.«

»Ich hab dir gleich gesagt, dass er das nicht auf Dauer durchsteht, Mutti.«

»Natürlich! Du wusstest es im Vorhinein.« Die alte Dame machte eine abfällige Geste und wandte sich dann wieder an Lemberg. »Erzählen Sie mir bitte alles, was passiert ist.«

»Das ist eine etwas längere Geschichte.«

»Das macht nichts. In meinem Alter hat man mehr als genug Zeit. Bitte setzen Sie sich. Dürfen wir Ihnen einen Tee anbieten?«

Lemberg verneinte und nahm den nächststehenden Stuhl. Zunächst berichtete er den Frauen, dass Professor Borowski ums Leben gekommen war, was beide mit erstaunlicher Gelassenheit aufnahmen. Was seitdem passiert war, erzählte Lemberg in einer stark bereinigten Version.

»Wie hat Robert die Nachricht vom Tode seines Vaters aufgenommen?«, fragte Frau Born, als Lemberg geendet hatte.

»Ich weiß nicht, ob er davon schon erfahren hat. Ich konnte es ihm jedenfalls bisher nicht sagen, da er die ganze Zeit ohne Bewusstsein war.«

»Der arme Junge.« Das Schicksal des Professors schien ihr weitgehend gleichgültig zu sein, aber Robert galt ihre Anteilnahme.

»In welcher Beziehung stehen Sie zu Robert, Frau Born?«

»Meine Mutter war Roberts Kindermädchen, als die Familie noch in Babelsberg wohnte«, sagte die Tochter. »Er hing sehr an ihr.«

»Das tut er noch immer«, ergänzte die Mutter. »Ich habe Robert von seiner Geburt an bis zu dem Zeitpunkt, als die Familie in den Westen ging, betreut. Vor allem in den schweren Jahren nach dem Tod seiner Mutter, da standen wir uns sehr nahe.«

»Sie meinen die erste Frau des Professors?«

»Ja, Anita. Sie war eine Seele von einem Menschen.« Ihr Blick richtete sich in die Vergangenheit. »Ihren Tod hat Robert nie verwunden.«

»Aber er muss doch sehr klein gewesen sein, als sie starb.«

»Gerade vier. Der Unfall passierte zwei Tage nach seinem vierten Geburtstag.« Auf das Wort Unfall hatte sie eine seltsame Betonung gelegt.

Lemberg fasste nach. »War an dem Unfall etwas Besonderes?«

Sie zögerte. »Der Unfall ist der Grund, warum Robert trinkt. Genauer gesagt, weil er seinem Vater die Schuld am Tod seiner leiblichen Mutter gibt.«

Aus dem Augenwinkel registrierte Lemberg, wie Sabine auf dem Sofa unruhig hin und her rutschte. Offenbar sprach die alte Dame über Dinge, die sonst nicht vor Fremden ausgebreitet wurden.

»Wieso hält er seinen Vater für schuldig?«, fragte er nach.

»Das Ganze war ein Badeunfall. Die Familie war am Scharmützelsee auf Urlaub, als es passierte. Der Professor und seine Frau waren beide weit hinausgeschwommen, und er kam allein zurück. Er sagte, seine Frau sei in einen Strudel geraten, und er habe sie nicht halten können. Robert deutete das so, als habe sein Vater seine Mutter ertränkt.«

»Hatte er denn einen Grund, so etwas anzunehmen?«

Frau Born sah Lemberg in die Augen. Ihre Tochter war kaum noch auf dem Sofa zu halten.

»Tatsache ist, dass Johanna, die zweite Frau des Professors, zur Zeit des Unfalls schon Jana unter dem Herzen trug. Robert fand das heraus, als er dreizehn war. Von da an verschlechterte sich das Verhältnis zu seinem Vater rapide.«

Lemberg schnalzte mit der Zunge. »Hat es denn keine polizeiliche Untersuchung des Unfalls gegeben?«

»Doch. Aber die Leiche von Anita hat man erst Wochen später gefunden. Da gab es keine Möglichkeit mehr, irgendetwas festzustellen.«

»Hat Robert etwas unternommen, um Beweise für seinen Verdacht zu finden?«

»Er hat herumgestöbert. Er hat mit Leuten gesprochen, die damals auf dem gleichen Zeltplatz waren wie er mit seinen Eltern. Aber er hat nie einen Beweis gefunden.«

Eine Frage war noch wichtig. »Was glauben Sie persönlich? Hat der Professor seine Frau ertränkt?«

Ihr Blick wanderte zum Fenster, und ihre Augen wurden glasig. Sie presste die Lippen zusammen und schwieg. Das war Lemberg Antwort genug.

Er stand auf. »Danke für Ihre Auskünfte, Frau Born.«

Sie fing sich wieder. »Ach was. Erzählen Sie bloß niemandem, was ich Ihnen gesagt habe. Übrigens, haben Sie schon mit Katja gesprochen?«

»Wer ist Katja?«

»Roberts Freundin. Oder ehemalige Freundin, sollte ich besser sagen. Die einzige Person außer mir, zu der er je Vertrauen gefasst hat. Sie haben sich nach seinem letzten Rückfall getrennt. Ein prächtiges Mädchen.«

»Haben Sie ihre Anschrift?«

»Sie wohnt in der Grellstraße, im Ostteil der Stadt. Haus Nummer 9. Manchmal kommt sie her und besucht mich. Vielleicht wäre es gut, Sie würden sie mit zu Robert nehmen. Ich glaube, sie liebt ihn noch immer.«

»Und wie heißt sie mit Nachnamen?«

»Troger. Katja Troger. Sagen Sie ihr einen Gruß von Magdalena.«

»Das werde ich machen. Nochmals danke.«

Sie reichte Lemberg wortlos ihre fleckige, magere Hand. Die Tochter brachte ihn zur Tür.

Während er auf der Rückfahrt im Stau stand, versuchte Lemberg, Frank zu erreichen. Der hatte sein Handy ausgeschaltet, also war er vermutlich noch in Janas Wohnung.

22.

Von Kleinmachnow bis zur Grellstraße brauchte Lemberg fast zwei Stunden. Die Straße war ruhig, auch wenn es reichlich Glasscherben und Hundescheiße auf dem Bürgersteig gab. Die Nummer 9 war in a, b und c aufgeteilt. 9a war das Haus an der

Straße. Keines der Klingelschilder lautete auf Troger. 9b und 9c erreichte man durch einen Torbogen. »Anne ick liebe dir!« hatte einer auf die Wand gesprayt, wobei er das »e« in Anne gespiegelt geschrieben hatte. Alles will geübt sein.

Die Haustür von 9b stand offen. Auf dem Podest davor saßen ein Junge und ein Mädchen im Vorschulalter und spielten mit Barbiepuppen. Der Junge guckte Barbie unter den Rock. Lemberg fragte die beiden nach Katja Troger. Sie zeigten stumm ins Treppenhaus. Eine junge Frau mit kurzen blonden Haaren und einem Kohlekasten in der Hand stand auf dem Treppenabsatz des Hochparterre, und diskutierte mit einer anderen Frau, die doppelt so alt war und Haare von einem schmutzigen Braun hatte. Lemberg stieg die paar Stufen zu ihnen hinauf.

»Wie oft soll ich Ihnen noch sagen, dass der Mann mein Bruder war?«, fragte die Jüngere.

»Dies ist ein Beamtenhaus«, keifte die Ältere. »Hier herrschen Sitte und Anstand, junge Frau.«

»Dann bin ich hier ja richtig«, sagte Lemberg und zeigte seinen Ausweis. »Ich möchte zu Katja Troger.«

Die junge Frau blickte ihn an. »Das bin ich. Worum geht es denn?«

»Aha!«, machte die andere triumphierend. »Jetzt haben wir wegen Ihnen schon die Polizei im Haus. Das wird ja immer schöner.«

»Zu Ihnen komme ich gleich anschließend«, sagte Lemberg und hielt der Keife den Zeigefinger vors Gesicht. Dann wandte er sich wieder an Katja Troger. »Können wir das vielleicht drinnen besprechen?«

Sie ging vor. Lemberg schloss die Tür, nicht ohne der verdatterten Brünetten noch einen strengen Blick zuzuwerfen.

Katja Troger schickte Lemberg geradeaus in ein kleines, gemütlich eingerichtetes Wohnzimmer, das ein Kaminofen mit braun lasierten Kacheln dominierte. Die Doppelfenster waren einfach verglast. An den Wänden hingen Aquarelle, manche nicht größer als eine Zigarettenschachtel. Immer wieder Sand, Meer und Himmel. Städters Sehnsucht. Die Möbel waren alt, aber in Schuss. Lemberg setzte sich in einen von zwei Sesseln. In der Küche rauschte Wasser.

Als Katja Troger den Raum betrat, nahm Lemberg sie in Augenschein. Sie war klein, zierlich und ausgewogen proportioniert. Ihr Gesicht war Liebreiz pur. Eine kurze, gerade Nase, volle Lippen und leicht gerötete Wangen. Die Jeans, die sie trug, saß eng. Die offene Wolljacke darüber musste nach Schnitt, Farbe und Verschleiß ein Erbstück sein. Lemberg schätzte sie auf Mitte zwanzig, sie konnte aber auch jünger sein. Ein Traum von Frau. Noch dazu roch sie nach Hautcreme, was Lemberg schon immer anziehender gefunden hatte als den Duft von Parfüm. Was sie an einem beinahe doppelt so alten Wrack wie Borowski junior fand, war ihm schleierhaft.

»Hat der neue Eigentümer mich angezeigt?«, fragte sie.

»Eigentümer von was?«

»Der Eigentümer des Hauses, wer sonst.«

»Sie meinen den Bösewicht aus dem Westen? Den mit dem dicken Scheckbuch?«

»Genau den.« In ihren Augen lag ein gefährliches Funkeln.

»Wie kommen Sie darauf?«

»Ich hab doch einen Teil der Miete einbehalten, weil im Schlafzimmer die Wand feucht ist.«

»Nein, ich bin wegen Robert hier.«

Schlagartig wich alle Farbe aus ihrem Gesicht.

»Ist er tot?«, fragte sie leise.

»Nein, nur besinnungslos. Aber sein Vater ist gestern ums Leben gekommen. Er wurde ermordet.«

»Ermordet? Roberts Vater? Professor Borowski?« Sie setzte sich auf die Lehne des anderen Sessels. Dunkle Wolken zogen über ihr hübsches Gesicht. »Wieso kommen Sie dann zu mir?«

»Ich habe Ihren Namen von Frau Born«, sagte Lemberg. »Sie deutete an, von Ihnen könnte ich eventuell einige Auskünfte über Robert erhalten. Übrigens soll ich Sie schön von ihr grüßen.«

»Danke.« Sie klemmte ihre Hände zwischen den Oberschenkeln ein. »Ich habe Robert seit Wochen nicht gesehen. Wir sind nicht mehr zusammen.«

Das hörte sich an, als täte es ihr Leid.

»Das mag sein, aber es sind Probleme aufgetreten. Jemand hat versucht, Robert zu verschleppen.«

Sie machte große Augen. »Das ist nicht Ihr Ernst.«

»Doch, leider. Ich war dabei.«

»Ist er verletzt?«

»Nein, aber er war stockbesoffen, als ich ihn gefunden habe.«

Verzweiflung überkam sie. »Also trinkt er doch wieder. Schon damals, vor sechs Wochen, kurz bevor wir uns getrennt haben, hatte er einen schweren Rückfall. Zwei Wochen später haben mir Bekannte erzählt, er sei trocken. Ich konnte es fast nicht glauben. Und jetzt trinkt er wieder. Aber egal. Es ist sowieso zu spät.«

Lemberg verstand nicht ganz. »Zu spät wofür?«

Sie ließ die Schultern hängen. »Zu spät, ihn noch einmal zu lieben. Ich hab keine Kraft mehr.«

Lemberg ließ das einfach mal so stehen. »Wissen Sie, warum er wieder zu trinken begonnen hat?«

Sie schüttelte den Kopf. »Nein, ich habe ihn ja nicht mehr gesehen. Vielleicht hängt es mit dem Tod seines Vaters zusammen.«

»Sie meinen aus Verzweiflung?«

Sie sank weiter in sich zusammen und wurde immer kleiner, wie ein Spielzeug.

»Oder anders herum«, flüsterte sie so leise, dass Lemberg sie kaum verstehen konnte.

»Wollen Sie damit andeuten, dass Robert mit dem Mord an seinem Vater zu tun haben könnte?«

Ein Ruck ging durch ihren Körper. »Das habe ich nicht gesagt. Woher soll ich überhaupt wissen, dass Sie die Wahrheit sagen?«

»Glauben Sie vielleicht, ich habe mir das ausgedacht?«, fragte Lemberg eine Spur schärfer. »Der Polizist als Märchenonkel, oder was? Ich habe Robert in Sicherheit gebracht, weil ein gewisser Waldemar Fleischer versucht hat, ihn gewaltsam mitzunehmen. Dieser Fleischer hat mutmaßlich das Fluchtfahrzeug gefahren, mit dem der Mörder Borowskis geflohen ist. Ich will mit Robert reden, weil ich hoffe, dass er mir sagen kann, wo da der Zusammenhang besteht. Unter Verdacht steht er in keiner Weise.«

»Das sagen Sie jetzt.« In ihre Augen trat etwas wie Leidenschaft. »In seinem Zustand wird er Ihnen gestehen, was Sie wollen. Sie kennen ihn nicht, wenn er getrunken hat.«

»Wie ist er denn dann?«

»Was soll ich Ihnen dazu sagen? Das hat mit seiner Vergangenheit zu tun.«

»Hat es mit dem Hass auf seinen Vater wegen des Todes seiner Mutter zu tun?«

Sie blickte ihn erstaunt an. »Das wissen Sie also auch schon. Was fragen Sie denn dann noch?«

»Das ist mein Job, Frau Troger«, sagte Lemberg. »Wollen Sie nicht mitkommen? Vielleicht kommt er schneller wieder auf die Beine, wenn er Sie sieht.«

Sie atmete kräftig durch. »Meinen Sie? In welchem Krankenhaus liegt er denn?«

»In gar keinem. Er liegt in einem Hotel in der Nähe vom Kudamm. Eine Krankenschwester ist bei ihm.«

Sie wurde misstrauisch. »Seit wann benutzt die Polizei ein Hotel, um einen Zeugen unterzubringen?«

»Weil ihn dort mit Sicherheit niemand sucht.«

»Dürfen Sie das denn überhaupt?«

»Ich tu's.«

Sie blieb misstrauisch. »Zeigen Sie mir doch noch mal Ihren Ausweis.«

Lemberg reichte ihn ihr. Sie studierte ihn ganz genau.

»Verstehe ich das richtig, dass Sie eigentlich in der Eifel arbeiten?«, fragte sie.

»So ist es.«

»Was hat Robert mit der Eifel zu tun?« Dazu machte sie ein Gesicht, als sei die Eifel die Gegend, wo regelmäßig Marsmenschen aufgegriffen wurden.

»Er nichts«, sagte Lemberg. »Aber sein Vater wurde in Bad Neuenahr erschossen, bei einem Anschlag, der vermutlich ursächlich mir galt. Somit fällt das in meine Zuständigkeit.«

147

Sie dachte nach. »Heißt das, dass die richtige Polizei noch gar nichts von Professor Borowskis Tod weiß?«

Das mit der richtigen Polizei fand Lemberg lustig. Beinahe hätte er gelacht. »Doch, wir arbeiten zusammen.«

Erleichterung machte sich auf ihrem Gesicht breit. Sie gab ihm den Ausweis zurück und stand auf. »Bringen Sie mich zu ihm.«

Aus dem Schrank nahm sie eine Umhängetasche und einen Mantel. Ihre Stiefel standen im Flur. Sie schloss sorgfältig ab. Vielleicht ging in dem Beamtenhaus der Kohlenklau um.

Zwanzig Minuten später stand Katja an Roberts Bett und hielt seine Hand. Er war zwischenzeitlich aufgewacht, aber da er getobt hatte, hatte die Krankenschwester ihn ruhig gestellt.

Als Katja erfuhr, was die Schwester Robert injiziert hatte, gab es einen erregten Streit zwischen den Frauen. Katja arbeitete in der Nachsorge der Charité, die andere war früher im Klinikum Steglitz beschäftigt gewesen und hatte zehn Dienstjahre mehr auf dem Buckel.

Lemberg ließ sie kläffen und ging in den Aufenthaltsraum, wo Frank bei einem Bier saß.

23.

Frank zerbröselte einen feuchten Bierdeckel und bemerkte Lemberg erst, als der sich setzte. Seine Augen waren seltsam leer.

»Was machst du für ein Gesicht?«, fragte Lemberg. »Hat die Gräfin dich zur Schnecke gemacht?«

»Sie hat mir verziehen. Das ist erledigt«, sagte er schleppend.

»Und was ist mit Janas Wohnung?«

Er hatte nicht zugehört. »Wie bitte?«

»Die Wohnung im Hansaviertel. Oder warst du nicht da?«

»Doch, doch«, murmelte er und starrte auf die Pappreste zwischen seinen Fingern.

148

»Was ist los, Frank? Ist was passiert?«

»Nein«, sagte er dumpf und zog den Kopf ein.

Lemberg kam sich vor, als spreche er mit einer Riesenschnecke, die dabei war, sich in ihr Haus zurückzuziehen. »Also was hast du in der Wohnung gefunden?«

Frank rieb sich mit dem Zeigefinger über den Nasenrücken. »Tonträger hab ich keine gefunden. Jedenfalls keine mit Mitschnitten aus Borowskis Arbeitszimmer. Klassik hört sie. Grieg, Smetana, Mahler.«

»Ist das alles?«

Er zupfte an der Tischdecke, woraufhin die kleine Vase mit den künstlichen Blumen umfiel. Er stellte sie wieder hin.

»Die Dame ist pleite«, begann er leise. »Sie hat bis letztes Jahr ein Juweliergeschäft am Kudamm betrieben. Jetzt steht sie bei verschiedenen Kreditinstituten mit insgesamt mehr als einer halben Million in der Kreide. Und Liebesbriefe habe ich gefunden. Rate mal, von wem.«

»Von Klaus Wowereit.«

»Du bist ein Idiot, Roger«, sagte Frank ohne Begeisterung. »Von unserem Dr. Meyerling.«

»Ernsthaft?«

»Dem Inhalt nach zu urteilen, hat sie tatsächlich mal was mit ihm gehabt. Muss ihn schwer beeindruckt haben.« Frank hing im Stuhl wie ein alter Mann. Lemberg konnte sich nicht vorstellen, dass die Entdeckung, dass Jana Willartz eine bankrotte Schmuckhändlerin war und mal mit Meyerling gepennt hatte, ihn so aus dem Gleichgewicht gebracht hatte. Eine tonnenschwere Last schien auf seiner Seele zu liegen, und er schien nicht zu wissen, wie er sich davon befreien sollte.

»Und?«, fragte Lemberg.

»Sie kokst.«

»Beweise?«

Franks Pausen nervten.

»Circa zehn Gramm.«

»Weiter.«

»Nichts weiter.« Frank griff nach seinem Bier. »Das war alles.«

Das war keineswegs alles. Ihn drückte noch ganz was anderes, das war zu spüren. Aber Lemberg drängte ihn nicht, sondern steckte sich ein Zigarillo an und ließ ihm Zeit. Frank würde schon damit rausrücken. Bei ihm dauerte alles etwas länger.

»Übrigens, Maggie hat angerufen«, sagte er plötzlich. »Kurz nachdem ich mit Evelyn gesprochen habe.«

»Was wollte sie?«, fragte Lemberg.

»Keine Ahnung. Adam hat mit ihr geredet.« Frank schniefte. »Weißt du eigentlich noch, warum du dich in Maggie verliebt hast?«

»Wegen ihrer Beine und wegen ihres Hinterns.«

»Ich rede nicht von Sex«, sagte Frank. »Ich meine die gefühlsmäßige Ebene.«

Lemberg überlegte. Dann lachte er leise. »Daran waren ein Pfeffersteak und ein Glas Chardonnay schuld.«

Frank guckte verdutzt. »Hatte sie für dich gekocht?«

»Nein, wir waren in irgendeinem Steakhaus, das es schon gar nicht mehr gibt. Das war überhaupt das erste Mal, dass wir zusammen ausgegangen sind. Ich hatte sie zwar vorher schon mal eingeladen, aber da hatte sie angeblich keine Zeit.«

»Ich versteh nur Bahnhof.«

»Warst du schon mal mit einer Frau essen?«, fragte Lemberg.

»Was soll die blöde Frage? Natürlich. Evelyn und ich gehen häufig essen. Jetzt, wo sie schwanger ist, ist das natürlich seltener geworden.«

»Was sagt sie, wenn du sie fragst, was du ihr bestellen darfst?«

Frank zuckte die Achseln. »Was weiß ich? Was sie halt essen will.«

»Stellt sie nicht zuerst eine Gegenfrage?«

»Eine Gegenfrage?«

»Ja. Fragt sie nicht: Was nimmst du denn?«

Frank blies die Backen auf und ließ die Luft langsam entweichen. »Stimmt«, sagte er. »Das fragt sie eigentlich jedes Mal.«

»Siehst du«, sagte Lemberg. »Das machen alle Frauen. Nur Maggie hat das nicht getan. Als ich sie gefragt habe, was ich ihr bestellen darf, hat sie gesagt: ›Ein Pfeffersteak und ein Glas Chardonnay.‹ Damit hatte sie mich. Auf der gefühlsmäßigen Ebene.«

»Aber Chardonnay ist Weißwein«, sagte Frank.

»Maggie trinkt nur Weißwein.«

»Weißwein zum Fleisch …«

»Du bist ein Spießer«, sagte Lemberg.

Frank trank sein Bier aus und versuchte mit dem Daumennagel den Schultheiss-Schriftzug vom Glas zu kratzen.

»Warum wolltest du das wissen?«, fragte Lemberg.

»Weil ich mich gefragt habe, warum ich mich in Evelyn verliebt habe.«

»Und? Antwort gefunden?«

Frank blickte in Richtung Fenster. Raussehen konnte man nicht, dafür war die Gardine zu dicht. Außerdem war es bereits dunkel.

»Evelyn – aber auch ihre Eltern – haben mir vom ersten Tag an ein Gefühl von familiärer Zugehörigkeit gegeben«, sagte er schließlich. »Ein Gefühl von Geborgenheit und Heimat, wie ich das zuvor nicht kannte. Als ob man nach einer mehrjährigen Expedition endlich wieder daheim ist. Oder aus Kriegsgefangenschaft zurückkommt. – Verstehst du, was ich meine?«

»Das überrascht mich jetzt«, sagte Lemberg. »Ich dachte nämlich, dir ginge dieses Eng bei Eng auf die Nerven.«

»Überhaupt nicht.«

»Wenn ich da an meine Schwiegereltern denke – Gott bewahre! Hast du dich eigentlich früher mit deinen Eltern verstanden?«

»Sicher. Aber das Verhältnis war weniger herzlich. Meine Eltern waren Kopfleute, Rationalisten. Da wirst du nicht so oft in den Arm genommen.«

»Sie sind beide tot, richtig?«

»Schon lange. Ich hab nur die beiden Tanten, die du bei der Hochzeit kennen gelernt hast.«

»Ich erinnere mich.« Lemberg zog die Brauen hoch. »Aber diese Überlegungen sind doch nicht der Grund für deinen Trübsinn?«

»Indirekt schon. Ich frage mich nämlich, ob das alles überhaupt noch einen Sinn hat.«

»Was meinst du damit?«

»Die Jagd nach Krassow. Ich habe darüber nachgedacht. Ich frage mich ernsthaft, ob es einen Sinn hat, ihn noch zu stellen. Vorausgesetzt wir erwischen ihn jemals.«

»Krassow ist ein Mörder, schon vergessen? Erst gestern hat er wieder zugeschlagen. Mutmaßlich«, schickte Lemberg nach.

Frank beugte sich vor und blickte Lemberg direkt an. »Was ist, wenn er inzwischen für den Verfassungsschutz arbeitet? Die würden ihn doch glatt decken.«

»Das würden Sie nicht, das weißt du genau. Was ist? Willst du aussteigen?«

In Franks Augen funkelte es, als hätte Lemberg ihn einen Feigling genannt. »Darum geht es nicht, Roger. Du verstehst mich nicht. Ich will mit Krassow nichts mehr zu tun haben. Ich will ihn nicht mehr jagen. Ich will nicht einmal mehr an ihn denken.«

»Das verstehe, wer will.« Lemberg drückte sein Zigarillo aus. »Krassow zur Strecke zu bringen war doch deine fixe Idee. Und auf einmal machst du schlapp.«

»Ja, ich wollte ihn umbringen«, fauchte Frank mit schmalen Augen. »Kaltblütig niederschießen wie einen tollwütigen Hund. Aber selbst wenn ich die Garantie bekäme, dafür nicht zur Rechenschaft gezogen zu werden, ich könnte es nicht. Ich hab noch nie jemanden getötet, Roger. Ich bin nicht Gott.«

Lemberg gab sich Mühe, ihn zu verstehen. Vielleicht hatte er Angst, dass das Schicksal ihm ein zweites Mal Frau und Kind rauben oder ihn sein eigenes Leben kosten würde. Aber in Lembergs Augen hieß das Schicksal Krassow, und erst wenn sie ihn erledigt hätten, würden sie Ruhe finden. Erst dann würde auch Lemberg seine Schuldgefühle, die er Frank und Christa gegenüber noch immer empfand, endgültig ad acta legen können. Er würde sich Krassow holen, zur Not auch ohne Frank.

Lemberg stand auf und nahm ein kaltes Pils aus dem Kühlschrank im Nebenraum. Den Kronkorken jagte er mit dem Feuerzeug davon. Gegen die Wand im Durchgang gelehnt, trank er aus der Flasche. Als das Bier im Magen ankam, spürte er seinen Hunger.

Frank war aufgestanden und zum Fenster gegangen. Wortlos

starrte er hinaus in die Dunkelheit. Mit dem Problem musste er allein fertig werden. Niemand konnte ihm dabei helfen. Lemberg trank aus, ging auf sein Zimmer und rief Maggie an.

»Gibt es was Besonderes?«, fragte er, als sie abhob.

»Ich wollte nur deine Stimme hören, Roger. Ich bin ein bisschen daneben.«

»Was hast du?«

»Ich hab Angst.«

»Warum? Hier ist alles in Ordnung.«

»Stimmt es, dass es Tote gegeben hat?«, fragte sie zaghaft.

»Woher weißt du das?«

»Frank hat es Evelyn gesagt.«

»Dieser Schwachkopf!«, entfuhr es Lemberg. »Ja, es hat drei Tote gegeben. Aber weder Frank noch ich waren je in Gefahr.«

Maggie entgegnete nichts, aber sie begann leise zu weinen. Lemberg war völlig irritiert. Dass Maggie weinte, war seltener als eine Mondfinsternis.

»Maggie, hör mir zu«, sagte er. »Ich weiß, dass dir die Ereignisse von Wiesbaden noch immer in den Knochen stecken. Mir geht es ja auch nicht anders.«

»Wenn Frank sich damals nicht deinen Wagen geliehen hätte, wäre ich womöglich Witwe«, schluchzte sie.

Lemberg suchte fieberhaft nach tröstenden Worten. »Maggie, du siehst gut aus. Du hättest ganz sicher wieder einen abgekriegt.«

»Du bist ein Arschloch!«, rief sie wild. »Wenn es eins gibt, was ich noch mehr hasse als deinen Beruf, dann ist es dein gottverdammter Zynismus.«

Es klickte, und die Leitung war tot. Im ersten Moment war Lemberg versucht, noch einmal anzurufen, dann aber legte er auf. Lange Zeit lag er auf dem Bett und versuchte der Turbulenzen in seinem Kopf Herr zu werden. Irgendwie gelang es. Es gab viel zu tun.

Er begann damit, dass er seine Unterwäsche auswusch.

24.

Nachdem er die Wäsche aufgehängt hatte, rief er Brandauer an.

»Sie entwickeln sich zur Plage, Lemberg«, sagte der. »Nein, falsch, Sie waren vom ersten Augenblick an eine Heimsuchung. Ich verfluche den Tag, an dem ich Sie in meine Wohnung gelassen habe.«

»Haben Sie Zeit, mich in die Charité zu begleiten? Ich brauche jemanden mit lokaler Autorität, sonst kriege ich da keine Auskunft.«

»Gegeneinladung: Um zwanzig Uhr ist Besprechung beim großen Häuptling. Der würde Sie gerne kennen lernen. Auch um Ihnen ein paar Verhaltensregeln mit auf den Weg zu geben, wie man sich in fremder Bullen Stadt zu benehmen hat.«

»Hab ich irgendwas falsch gemacht?«

»Noch nicht. Aber gerade davor will er Sie ja bewahren.«

»Vielleicht ein anderes Mal«, sagte Lemberg. »Aber Sie dürfen ihm unbekannterweise einen schönen Gruß ausrichten. Konnten Sie die Anschrift von Schulze ermitteln?«

Brandauers Atem ging schwer. Vielleicht neigte er unter Stress zu Asthma. »Mühsamstraße 65. Schulze heißt mit Vornamen übrigens Paul. Und er arbeitet nicht in der Wäscherei, sondern als Bettenschieber.«

»Welcher Stadtteil ist das?«

»Friedrichshain. Mir wäre lieber, ich wäre dabei, wenn Sie mit dem Mann sprechen.«

»Nichts dagegen. Schwänzen Sie den Termin bei Ihrem Boss.«

»Sie kennen meinen Boss nicht. Der nimmt so etwas persönlich. Die Durchsuchungsbeschlüsse für die Villa und das Bankschließfach habe ich übrigens erwirkt. War ganz schön mühselig.«

»Was halten Sie von morgen früh um acht hier vor dem Hotel?«, fragte Lemberg. »Ich überlasse Ihnen die Entscheidung, ob wir zuerst zur Charité oder zum Notar fahren.«

»Wie großzügig. Dann fahren wir zuerst zur Villa Borowski.«

»Genau den benötigen wir nicht mehr«, sagte Lemberg. »Die Villa hab ich mir bereits ohne Beschluss angesehen.«

»Verdammte Sauerei!«, brüllte Brandauer. »Glauben Sie –«

Lemberg drückte die Minustaste, kleidete sich an und ging in den Aufenthaltsraum. Frank saß wieder am Tisch und war eingeschlafen. Lemberg rüttelte ihn an der Schulter.

Frank schreckte hoch. »Was ist?«

»Was fällt dir ein, deiner Frau von den drei Toten zu erzählen? Evelyn hat prompt Maggie angerufen und rebellisch gemacht.«

»Evelyn hat gefragt, ob etwas passiert ist«, stammelte Frank. »Ich wollte sie nicht belügen.«

»Du bist ein Hornochse! Ich fahr jetzt zu Schulze. Kommst du mit?«

»Nein. Lass mich in Ruhe.«

Lemberg ging nach unten. Der unermüdliche Adam stand hinter der Rezeption und sortierte Meldekarten.

»Guten Abend, Herr Lemberg«, sagte er freundlich. »Die Gräfin hat sie heute vermisst.«

»Morgen bin ich wieder dran«, sagte Lemberg. »Heute hatte sie ja Herrn Molitor zur Gesellschaft.«

Der Verkehrsstrom war verebbt. Zusätzlich hatte Lemberg das Glück, dass fast alle Ampeln auf Grün sprangen, wenn er kam. Die Karl-Marx-Allee war hell erleuchtet, danach nahm die Laternendichte bei jedem Abbiegen ab. Die Richard-Sorge-Straße lag völlig im Dunkeln, dem Beruf des Namensgebers angemessen. Lemberg fragte sich, ob es überhaupt statthaft war, eine Straße nach einem Spion zu benennen. Aber dabei hatten sie es auch belassen. Nirgendwo gab es eine Kim-Philby-Allee oder eine Mata-Hari-Gasse. Schließlich fand er die Mühsamstraße. Hier brannten die Laternen wieder, trotzdem waren die meisten Hausnummern vom Auto aus nicht zu entziffern.

Lemberg parkte und lief die Häuserfront entlang. Es war ungemütlich kalt. Die Dunkelheit verstärkte sein Frösteln noch. Vielleicht lag es auch daran, dass er seit morgens nichts mehr gegessen hatte. Die Suche nach Krassow entwickelte sich zu einer unfreiwilligen Diät. Außer ihm war nur noch ein einsamer Kater unterwegs. Als er ihn bemerkte, verschwand er in einem Hauseingang.

Schulzes wohnten der Klingel nach unter dem Dach. Lemberg läutete, und kurz darauf summte der Türöffner. Als er im vierten Stock ankam, stand eine der Wohnungstüren einen Spalt offen. Er sah ein Auge und einen Lockenwickler.

»Ich dachte, es wäre Paul«, leierte eine enttäuschte Stimme. »Wer sind Sie?«

»Lemberg, Kripo«, sagte Lemberg. »Ich möchte mit Herrn Schulze sprechen.«

Sie drückte die Tür weiter zu.

»Was wollen Sie von ihm?«, fragte sie misstrauisch.

»Ich habe einige Fragen bezüglich eines gemeinsamen Bekannten. Sind Sie Frau Schulze?«

»Ja. Wissen Sie eigentlich, wie spät es ist?«

»Kurz vor neun«, antwortete Lemberg. »Wollten Sie schon ins Bett?«

»Ich arbeite in einer Bäckerei, da muss ich um zwei Uhr raus.«

»Tut mir Leid. Darf ich trotzdem reinkommen?«

Sie schob die Tür noch weiter zu. Selbst für einen Bierdeckel wäre es eng geworden. »Das hat keinen Zweck. Paul ist nicht da.«

»Wissen Sie, wo ich ihn finden kann?«

»Wo soll er schon sein?«, zischte sie durch den Spalt. »Bei seinen Nutten. Saufen, huren und unser Geld durchbringen.«

»Na so was. Und wo kann ich die Damen finden?«

»Damen!« Sie spuckte das Wort förmlich heraus. »Dass ich nicht lache! Vorne an der Ecke, im ›Palladium‹. Wenn Sie ihn sehen, sagen Sie ihm, er soll dahin gehen, wo der Pfeffer wächst.« Damit knallte sie die Tür zu.

Das »Palladium« war natürlich an keiner Ecke der Mühsamstraße zu finden. Ein Punkerpärchen sagte Lemberg schließlich, es liege an der Ecke Eberty-/Matternstraße. Er ging zu Fuß. Die Luft war gesättigt vom Schwefelgeruch der Braunkohleöfen.

Der Türsteher des »Palladium« war ein Schrank mit Kurzhaarfrisur und Tätowierungen auf den Unterarmen. Er grinste

schief und zeigte dabei eine Reihe falscher Zähne. Die Clubmit-
gliedschaft kostete Lemberg fünfzig Euro, ein Gratisgetränk
war darin enthalten. An der Bar bestellte er ein Bier und sah sich
um. In dunklen Nischen entdeckte er verschwommene Figuren.
Nur wenn die Flashlights der Bühnenbeleuchtung aufflammten,
konnte man die Gesichter halbwegs erkennen. Auf der Bühne
wackelte eine müde Stripperin mit ihren Brüsten und riss sich zu
einem Trommelwirbel das Höschen herunter. Die Frau war so
schlaff wie der ganze Laden.

Kurz bevor das Bier kam, entdeckte er Schulze. Frank hatte
ihm erzählt, Schulze trage eine stahlgefasste, achteckige Brille.
Die einzige entsprechende Brille gehörte zu einem runden,
blassen Gesicht mit gierigen Augen. Am Kopf klebten dunkle,
strähnige Haare. Schulzes Lippen waren voll und sahen feucht
aus. An seiner rechten Seite saß ein dralles Mädchen, das entweder einen Kopf größer war als er oder auf einem Stapel Bücher saß, und flüsterte ihm etwas ins Ohr. Anscheinend hatte
sie etwas Lustiges erzählt, denn Schulze begann meckernd zu
lachen.

Lemberg nippte an seinem Bier und überlegte, wie er an ihn
herankommen könnte, ohne größeres Aufsehen zu erregen. Aus
der Tiefe des Raums schob sich eine wohlproportionierte Blondine heran und enterte den Barhocker neben ihm.

»Zum ersten Mal hier?«, fragte sie mit betrunkenem Zungen-
schlag.

Lemberg grinste. »Auf der Durchreise.«

Sie machte einen Schmollmund. »Wie wär's mit einem Glas
Schampus, großer Mann?«

»Ich bleib beim Bier«, sagte Lemberg. »Aber bestell dir ruhig.«

Wie von selbst tauchte eine Flasche Supermarkt-Schaumwein
vor ihr auf. Der Bartender machte viel Getue ums Einschenken,
und als Lemberg erneut zu Schulzes Nische blickte, stand der
gerade auf und ging auf eine Tür neben der Bühne zu.

»Wo kann man denn hier mal?«, fragte Lemberg die Säuferin
an seiner Seite.

»Für kleine Jungs?«

»Genau.«

Sie zeigte in Richtung der Tür, hinter der Schulze gerade verschwunden war. Eine Minute später stand Lemberg am Pissoir neben ihm. Er verlor keine Zeit.

»Sind Sie Paul Schulze?«

»Wer will das wissen?«, fragte er zurück.

»Krassow«, raunte Lemberg ihm zu.

Schulze stieß einen unterdrückten Schrei aus und machte einen Satz seitwärts. Ein Schwall Urin lief ihm auf die Hosenbeine.

Mit weit aufgerissenen Augen starrte er Lemberg an und verstaute sein Geschlechtsteil in der Hose. »Was wollen Sie von mir?«

»Wo können wir uns ungestört unterhalten?«

Schulze fing sich wieder. »Ich wüsste nicht, was wir zwei zu reden haben.«

Als er zur Tür wollte, verstellte Lemberg ihm den Weg. Schulze hob einen Arm, als wollte er zuschlagen.

»Gehen Sie mir aus dem Weg!«, keifte er.

»Versuchen Sie es, und ich brech Ihnen den Arm«, sagte Lemberg und schubste Schulze zwischen Waschbecken und Handtuchhalter. Dann öffnete er die Lederjacke und ließ ihn einen kurzen Blick auf seine Pistole werfen.

»Wenn Sie nicht kooperieren, Sie Penner, ist Ihre Reise hier und jetzt zu Ende. Wir gehen zu Ihrem Tisch, und Sie schicken Ihr Mädchen weg. Sagen Sie ihr, wir hätten etwas Geschäftliches zu besprechen. Kapiert?«

Schweißperlen sammelten sich auf Schulzes Stirn. Er nickte hastig und rückte seine Brille zurecht. Lemberg packte ihn am Kragen und schob ihn zur Tür.

Seine Drohung hatte gefruchtet. Schulze hielt sich brav an die Anweisungen. Nachdem sein Mädchen gegangen war, kam Lembergs Champagnerbraut an den Tisch getorkelt. Lemberg wimmelte auch sie mit dem Hinweis auf eine geschäftliche Unterredung ab. Sie machte wieder ihren Schmollmund und spielte die Beleidigte, schob aber ab. Auf der Bühne tanzten inzwischen zwei halb nackte Asiatinnen.

»Sie haben mir richtig Angst gemacht«, sagte Schulze und

leckte seine Lippen. »Sie kommen doch nicht wirklich von Krassow?«

»Die Fragen stelle ich«, sagte Lemberg. »So, und jetzt erzählen Sie mir alles, was Sie über den Kerl wissen. Jede Einzelheit.«

Schulze nestelte am Knoten seiner Krawatte herum. »Sie sind vom Verfassungsschutz, stimmt's?«

»Die Windrichtung stimmt«, knurrte Lemberg. »Vor allem aber bin ich ungeduldig. Ich höre.«

Schulze musste noch ein nervöses Hüsteln mit einem Schluck Sekt bekämpfen, dann begann er. Er berichtete, wie er in der Abteilung XII des MfS gearbeitet hatte. Dort, in der zentralen Registratur, war er für die Mikroverfilmung von Akten zuständig gewesen, hatte somit Zugang zu allem gehabt, was in der Zentrale abgelegt worden war. Und das war einiges gewesen.

Dort hatte er auch Krassow kennen gelernt, der im MfS den Ruf eines Eliteoffiziers hatte und von dem man wusste, dass er über erstklassige Kontakte nach ganz oben verfügte. Zunächst hatte sich ihr Kontakt auf normale dienstliche Belange beschränkt. Aber irgendwann war Krassow an Schulze herangetreten und hatte von ihm verlangt, von gewissen Akten, die Krassow ihm jeweils benannte, eine zusätzliche Kopie anzufertigen, die Krassow direkt und ohne weiteren Vermerk zugehen musste. Angeblich wurden diese Kopien für ein besonderes Archiv, das der höchsten Geheimhaltungsstufe unterlag, benötigt. Das war gegen alle Vorschriften, aber Krassow war mächtig, und Schulze hatte es nicht gewagt, sich seiner Anweisung zu widersetzen.

So waren im Laufe der Jahre etliche tausend Akten der unterschiedlichsten Kategorien in Krassows Hände gelangt. In dem Maße, wie Schulze sich Krassow ergeben zeigte, wurde er auch belohnt. Mal gab es eine Kiste ausländischer Spirituosen, mal Parfüm für die Gattin, in selteneren Fällen auch schon einmal Bargeld, vorzugsweise US-Dollar. Diese Vereinbarung wurde auch dann noch beibehalten, als Krassow zum HVA gewechselt hatte. Meistens hatten sie sich zur Übergabe der Kopien am Wochenende in einer Datscha, die Krassow in der Nähe von Friedrichshagen am Großen Müggelsee besessen hatte, getroffen.

Schulze erzählte, dort hätten ständig schwere Limousinen

mit ausländischen Kennzeichen geparkt, leicht bekleidete Mädchen seien im Dutzend herumgelaufen, auf dem Rasen hätten leere Champagnerflaschen und Kaviardosen gelegen. Zu diesem Treiben war Schulze nie eingeladen worden, er hatte nur staunend und ungläubig gesehen, was dort vor sich gegangen war. Meistens war er auf einen Korn oder Wodka hereingebeten worden, hatte die Unterlagen übergeben, und nach fünf Minuten war alles vorbei gewesen.

Aber er hatte gesehen, wie man alternativ zum üblichen DDR-Mief leben konnte, und diesen für ihn erstrebenswerten Stil versuchte er nunmehr seit der Wende zu praktizieren.

Mit jedem Satz wurde er Lemberg unsympathischer. Schulze war nichts weiter als ein angeberischer, kleinkarierter und geiler Idiot, der im »Palladium« den dicken Max spielte und sich damit in die finanzielle Katastrophe manövrierte.

Schließlich kam, was kommen musste: Schulze verlangte Geld. Lemberg wollte keinen Zwergenaufstand riskieren und versprach ihm fünfzig Euro.

»Erzählen Sie mir etwas über Krassows Gewohnheiten«, forderte er Schulze auf. »Alles, was Ihnen einfällt.«

»Erst das Geld.«

Lemberg legte einen Fünfziger unter den Aschenbecher. Als Schulze danach greifen wollte, schüttelte Lemberg den Kopf. Dann kam der Ober. Beide bestellten Bier und Kognak.

»Da gibt es nicht viel, was ich weiß«, sagte Schulze. »Er hat nie über sich gesprochen, und ich habe nicht gewagt, ihn auszufragen.«

»Aber irgendetwas müssen Sie doch mitbekommen haben. Hat er viel getrunken? War er Kettenraucher? Bevorzugte er bestimmte Frauentypen? Hat er von Reisen ins westliche Ausland erzählt?«

Schulze verneinte stumm. Dann fiel ihm doch etwas ein. »Einmal musste ich zu ihm ins Büro kommen. Da stand ein Bild von einer hübschen Frau auf seinem Schreibtisch. Seine Verlobte, wie er mir erklärte. Ilse hieß sie. Genau, Ilse aus Zinnowitz. Oben an der Ostsee. Sie hatte dort eine Bar. Mit so was ließ sich vor der Wende richtig Geld machen.«

Lembergs Anspannung wuchs. Die Frau konnte eine Spur sein. »Das alles hat er Ihnen erzählt?«

»Nein, nein. Von ihm weiß ich nur, dass das seine Verlobte war.«

»Woher haben Sie die restlichen Weisheiten?«

»Das hat mir eine der Tippsen aus dem Schreibbüro gesagt. Die kannte Krassows Verlobte. War mal mit ihr auf einem Lehrgang oder so.«

»Dann war Ilse auch beim MfS beschäftigt?«

»Ich weiß es nicht. Denkbar. Gesehen habe ich sie nie.«

»Wissen Sie auch ihren Nachnamen?«

Schulze pustete vor Anstrengung. »Beim besten Willen nicht. Ich glaube, der ist nie gefallen.«

»Wann war das?«

»Wann war was?«

»In welchem Jahr haben Sie das Foto gesehen?«

»Moment mal, das muss … da hatte ich noch den 105er-Skoda … '86, spätestens '87 war das.« Er strahlte, offenbar in Erwartung eines Lobes.

Lemberg wollte ihn nicht verwöhnen. »Wissen Sie, ob die beiden irgendwann geheiratet haben?«

Schulze presste die Lippen aufeinander. »Keine Ahnung. Aber warum sollte er? Wo er doch die tollsten Frauen in der Datscha hatte.« Die Erinnerung daran verklärte seinen Blick. Außerdem merkte man ihm an, dass er schon einiges getrunken hatte.

»Wissen Sie, wie die Bar in Zinnowitz hieß?«, stieß Lemberg nach.

»Nein. Aber viele kann es da nicht gegeben haben. Zinnowitz ist ein Kaff.«

Lemberg ließ sich Krassows Ilse beschreiben. Danach durfte Schulze noch einmal erzählen, wie ihm Krassow in der Charité über den Weg gelaufen war. Seine Geschichte deckte sich mit dem, was Frank Lemberg bereits erzählt hatte. Seitdem hatte er ihn nicht mehr gesehen.

»In welcher Abteilung des Krankenhauses sind Sie ihm begegnet?«

»Im Fahrstuhl. Er hat im Fahrstuhl direkt neben mir gestanden.« Die Erinnerung daran ließ seine Stimme zittern. »Er ist in der Chirurgischen Nachsorge zugestiegen.«

»War er allein oder in Begleitung?«

»Allein.«

»Hat er sie erkannt, was meinen Sie?«

»Mag sein. Ich hab jedenfalls so getan, als ob ich ihn noch nie gesehen hätte.«

»Haben Sie nachgeforscht, was er in der Chirurgie zu tun hatte?«

»Um Gottes willen!« Er grinste wie ein verängstigtes Äffchen. »Auch wenn es die Stasi nicht mehr gibt – man weiß nie.«

Lemberg glaubte ihm. »Okay, der Fünfziger ist Ihrer. Kein Wort zu niemandem über unsere Unterredung, kapiert?«

Schulze nickte und grabschte mit seinen Wurstfingern nach dem Schein. Lemberg winkte den Ober heran, zahlte und ging grußlos. Als er an der blonden Animierdame vorbeikam, erkannte sie ihn nicht wieder.

Draußen regnete es. Lemberg fluchte, dass er den Wagen nicht mit zum »Palladium« genommen hatte. Als er in der Mühsamstraße ankam, war er nass. Er stieg in den Mercedes und fuhr hungrig und müde, aber um eine Spur reicher zurück ins Hotel. Sein letzter Gedanke, bevor er einschlief, galt Maggie.

Er träumte irgendetwas Trauriges.

✳

Amrum, Juli 1976

Die Sonne brannte auf den Kniepsand, aber dank der frischen Brise aus Südwest war die Hitze gut zu ertragen. Marga mit Kopftuch und im geblümten Sommerkleid und Tom-Tom in Blue Jeans und Jethro-Tull-T-Shirt spazierten vorneweg. Thomas, der die Hände hinter dem Rücken verschränkt hatte und mit gesenktem Kopf nach Muscheln suchte, folgte ihnen mit etwas Abstand. Spontan hakte Marga sich bei Tom-Tom unter und zog ihn eng an sich.

»Schön, dass du dich doch noch entschieden hast, mit uns in Urlaub zu fahren«, sagte sie. »Vater hat sich sehr darüber gefreut. Das tut seinem kranken Herzen gut.«

»Schon okay«, sagte Tom-Tom. »Er scheint sich hier ja ganz wohl zu fühlen.«

»Das tut er wirklich. Ich bin Ingrid und Horst ja so dankbar, dass sie uns ihre Ferienwohnung zur Verfügung gestellt haben.«

»Ja, so sind sie.«

Eine Weile schritten sie schweigend dahin. Plötzlich fragte Marga: »Was ist los mit dir?«

»Nichts.«

»Dich bedrückt doch was, das spüre ich.«

»Nein. Es ist nur …«

»Ja?«

Tom-Tom löste sich von Marga. »Wollt ihr euch nicht endlich mal eine eigene Wohnung suchen, Vater und du? Ich finde es irgendwie beschämend, dass ihr so gar nichts unternehmt, um eure Situation zu verbessern. Ihr wohnt noch immer bei Ingrid und Horst in zwei möblierten Zimmern wie am Tag eurer Ankunft.«

Marga blickte ihn erschrocken an. »Hat Ingrid etwas in dieser Hinsicht verlauten lassen?«

»Nein, überhaupt nicht. Das würde sie auch nie. Mich stört das.«

»Die sechzehn Jahre Haft sind nicht spurlos an uns vorübergegangen, Tom-Tom. Besonders nicht an deinem Vater. Und das Wenige, das er an Rente erhält …«

»Das weiß ich doch alles«, sagte Tom-Tom genervt. »War blöd von mir, davon anzufangen, Mutter. Vergiss es. – Warum hat Vater eigentlich für die Amis spioniert? Wollte er den dritten Weltkrieg verhindern?«

»Das musst du ihn schon selbst fragen.«

»Das habe ich mehrfach. Aber er weicht mir jedes Mal aus.«

»Eines Tages wird er es dir schon sagen.« Marga blickte sich um. »Wo steckt er überhaupt?«

Thomas war in einiger Entfernung stehen geblieben. Neben ihm stand eine junge blonde Frau in einem weißen Bikini, eine

Badetasche über der Schulter, und redete auf ihn ein. Was sie sagte, war nicht zu verstehen, da der Wind aus der anderen Richtung kam. Als sie merkte, dass Marga und Tom-Tom auf sie aufmerksam geworden waren, wandte sie sich ab und ging schnell davon. Tom-Tom winkte seinem Vater, zu kommen, aber der blieb wie angewurzelt stehen. Aus der Distanz sah es aus, als würde er schwanken. Marga und Tom-Tom eilten zu ihm. Thomas war weiß wie die Wand.

»Was hast du?«, rief Marga.

»Meine Tabletten«, keuchte er.

Hektisch kramte sie das Fläschchen aus ihrer Umhängetasche und schüttete einige blaue Dragees in seine Handfläche. Thomas nahm gleich zwei, während Tom-Tom ihn stützte.

»Wer war das?«, fragte Marga. »Was wollte die Frau von dir?«

»Nichts«, japste Thomas. »Eine Verwechslung. Sie glaubte mich zu kennen, aber das war ein Irrtum.«

Tom-Tom musterte seinen Vater und sah ihm an, dass das nicht stimmte. Dann blickte er der Frau nach, die auf die Dünen zustrebte.

»Geht es wieder?«, fragte er, und als Thomas nickte, sagte er: »Habt ihr was dagegen, wenn ich vorauslaufe?«

»Nein, nein«, sagte Marga. »Wir kommen schon zurecht.«

Sobald die Frau zwischen den Dünen verschwunden war, legte Tom-Tom einen Spurt ein. Am Parkplatz hatte er sie bis auf fünfzig Meter eingeholt. Erst auf dem einen, dann auf dem anderen Bein balancierend, zog sie Schuhe an, die sie aus ihrer Tasche nahm. Dann überquerte sie die Straße. Auf dem Sörsarper Strunwai waren viele Leute unterwegs, sodass Tom-Tom wagte, dichter aufzuschließen. Die Frau war mindestens einen halben Kopf kleiner als er, braun gebrannt und hatte eine sportliche Figur. Ihr Alter konnte er nur schätzen, etwa Ende zwanzig.

Im Hark Olufs Wai verschwand sie in einem der typischen friesischen Backsteinhäuser mit reetgedecktem Dach und weißen Fenstern. Im Vorbeigehen sah Tom-Tom in der Einfahrt einen hellblauen Opel Rekord und zwei Fahrräder, die an der Hauswand lehnten. Am Ende der Straße machte er kehrt und schlenderte zurück. Auf dem Grundstück war weder die Frau noch sonst jemand zu sehen. Einen Moment war er versucht zu läuten, um sie direkt auf den Vorfall am Strand anzusprechen. Dann besann er sich jedoch anders und machte sich auf den Weg zur Ferienwohnung.

*

Es dämmerte bereits, als Marga sich zu Tom-Tom vor den Kamin der im Erdgeschoss liegenden Wohnung setzte. Sie hatte nach Thomas gesehen, der gleich nach dem Abendessen zu Bett gegangen war.

»Schläft Vater?«, fragte Tom-Tom.

»Ja, die Tabletten wirken«, sagte sie, streifte die Schuhe ab und zog die Beine auf dem Sofa unter. »Junge, mach doch den Kamin an. Ich hab's so gern, wenn es knistert.«

»Mutter, das Thermometer steht bei zwanzig Grad.«

»Bitte, tu mir den Gefallen.«

Tom-Tom knüllte zwei Seiten einer alten Tageszeitung zusammen, schichtete einige Kienspäne darum und zündete das Papier an. Als die Späne glommen, legte er zwei Scheite Holz dazu. Knisternd und knackend griffen die Flammen auf die Rinde über.

»Hast du Vater noch einmal nach der Frau gefragt, die ihn am Strand angesprochen hat?«, fragte Tom-Tom über die Schulter. »Die hat ihn doch nie und nimmer mit irgendwem verwechselt. Die wusste genau, wen sie vor sich hatte. Das denkst du doch auch, oder?«

Ohne zu antworten, stand Marga auf, ging zum Fenster und starrte hinaus. Der Wind zerrte an der Hecke, die das Grundstück einfriedete.

»Ich hab dich was gefragt, Mutter.« Tom-Tom stellte sich neben sie. »Warum antwortest du nicht?«

Marga verschränkte die Arme, als fröstelte sie. »Rühr nicht daran, mein Junge.«

»Ich soll daran nicht rühren? Du bist gut. Vater hätte da draußen beinahe der Schlag getroffen. Was ist, wenn die Frau noch einmal auftaucht?«

»Wir müssen hoffen, dass das nicht geschieht.«

»Also hab ich Recht, er kennt sie. Wer ist sie? – Sie wohnt übrigens in Süddorf. Ich weiß sogar, in welchem Haus.«

Marga fuhr herum. »Bist du ihr etwa nachgegangen? Wie konntest du das nur tun?«

»Was hat es mit dieser Person auf sich?« Tom-Toms Augen waren schmal wie Münzschlitze. »Ich will das jetzt wissen.«

Marga ging zurück zum Sofa und nahm wieder Platz. Tom-Tom setzte sich ihr gegenüber in den Sessel.

»Bevor man uns in der DDR aus dem Gefängnis entlassen hat, wurden wir gezwungen, eine Erklärung zu unterschreiben«, sagte sie schleppend. »Mit unserer Unterschrift haben wir uns verpflichtet, dem Ministerium für Staatssicherheit regelmäßig Bericht zu erstatten über alles, was uns bedeutsam erscheint. Insbesondere, was wir über Horsts Tätigkeit im Verteidigungsministerium in Erfahrung bringen können.«

»Ihr spioniert Horst aus?« Tom-Tom stand die Fassungslosigkeit ins Gesicht geschrieben. »Nach allem, was er für euch getan hat?«

»Nein, das tun wir eben nicht. Deswegen hat die Frau deinem Vater aufgelauert, um ihn an seine Verpflichtung zu erinnern. Sie hat damit gedroht, Kopien unserer Erklärungen dem Bundesamt für Verfassungsschutz zuzuspielen. Ich weiß nicht, ob uns das ins Gefängnis brächte. Aber allein einen Prozess würde dein Vater gesundheitlich nicht durchstehen.«

»Was ist, wenn ihr euch den Behörden offenbart?«

»Dafür ist es jetzt zu spät. Das hätten wir gleich zu Anfang machen müssen.« Marga schossen die Tränen in die Augen. »Ich weiß wirklich nicht, wie es weitergehen soll.«

Tom-Tom wechselte auf das Sofa und nahm seine Mutter in den Arm.

»Keine Angst«, sagte er. »Vater wird nichts geschehen. Dafür werde ich sorgen.«

25.

Um halb acht wurde Lemberg vom Wecker aus den Federn gescheucht. Er stand auf, bestellte per Telefon Kaffee und Toast aufs Zimmer und sah sich auf der Straßenkarte an, wo Zinnowitz lag. Adam brachte sein frugales Frühstück höchstpersönlich zusammen mit einem Fax. Klaes hatte darauf die wichtigsten Ergebnisse des gestrigen Tages zusammengefasst. Kaffeeschlürfend versuchte Lemberg, die Handschrift des Kollegen zu entziffern.

Die Obduktion Borowskis hatte ergeben, dass er an einem Aortariss gestorben war. Ergebnisse für Boehringer und die Frau – die Beate Fahrenhorst hieß und eine ehemalige Prostituierte aus Hamburg war – lagen noch nicht vor. Die Fahndung nach Krassow, Fleischer und Mischke lief, war aber bis dato ergebnislos, sah man einmal davon ab, dass Lemberg Fleischer in Berlin begegnet war. Marie-Louise Noll hatte Pierce Enderlein vernommen. Dabei hatte Enderlein schwere Vorwürfe gegen Lemberg erhoben, weil Lemberg ihm in der Angelegenheit angeblich Vertraulichkeit zugesichert hatte. Zur Ermordung Boehringers und Fahrenhorsts konnte er keinerlei sachdienliche Aussagen machen.

Lemberg duschte, kleidete sich an und ging zu dem Zimmer, in dem Robert Borowski untergebracht war. Leise klopfte er an die Tür. Da niemand reagierte, drückte er sie ein Stück auf und linste in das Zimmer. Trotz der zugezogenen Vorhänge konnte er erkennen, dass Borowski in seinem Bett lag und gleichmäßig atmete. Katja Troger war auf dem Stuhl daneben eingenickt. Vorsichtig zog Lemberg die Tür ins Schloss und ging ins Foyer.

Brandauer saß in einem der Sessel und blätterte mit muffigem Gesicht in einer der ausliegenden Zeitschriften.

»Haben Sie sich wieder beruhigt?«, fragte Lemberg und nahm ihm gegenüber Platz.

»Nein«, sagte Brandauer gefährlich ruhig. »Ich reiße mir den Arsch auf, um die verdammten Durchsuchungsbeschlüsse zu besorgen, und dann haben Sie die Villa schon auf eigene Faust und illegal durchsucht.«

»Illegal trifft nicht zu. Die Haushälterin hat mich reingelassen und mir erlaubt, mich in Borowskis Arbeitszimmer umzusehen.«

Brandauer warf die Zeitschrift auf den Tisch. »Ist dabei wenigstens was rausgekommen?«

Lemberg berichtete von der Abhöreinrichtung.

»Und Fleischer haben Sie in der Villa getroffen?«

»Zuerst bin ich ihm in der Wohnung von Robert Borowski begegnet. Den wollte er mitnehmen, obwohl Borowski besinnungslos betrunken auf dem Boden lag. Das konnte ich verhindern.« Lemberg zog die in einem Frühstücksbeutel mit Zip-Verschluss steckende Beretta aus der Jackentasche und legte sie auf den Tisch. »Die hab ich Fleischer bei der Gelegenheit abgenommen.«

Brandauer ließ die Waffe in seiner Manteltasche verschwinden. »Wo ist der junge Borowski jetzt? Im Krankenhaus?«

»Er liegt hier im Hotel. Ich will wissen, welche Verbindung zwischen seiner Familie und Fleischer besteht.«

»Indem Sie ihn hier gefangen halten, entziehen Sie ihn den Strafverfolgungsbehörden, Lemberg.«

»Regen Sie sich ab. Borowski und seine Freundin logieren hier als ganz normale Gäste. Sobald er ansprechbar ist, sage ich Ihnen Bescheid, und dann vernehmen wir ihn gemeinsam. Okay? Jedenfalls ist er hier sicherer aufgehoben als in irgendeinem Krankenhaus.«

Brandauer schüttelte verständnislos den Kopf. »Wenn irgendetwas schief geht, dann baden Sie das allein aus, das sage ich Ihnen. Ich weiß dann von nichts.«

»Ist mir recht. Lassen Sie Fleischers Wohnung überwachen?«

»Und die Villa. Irgendwann wird er da oder dort auftauchen. Mischke ist übrigens gesehen worden. Im Hansaviertel von einer Streifenwagenbesatzung. Als die Kollegen ihn stoppen wollten, hat er sich aus dem Staub gemacht.«

»Jana Willartz hat im Hansaviertel eine Wohnung.«

»Das weiß ich. Oder dachten Sie, ich habe Besenbinder gelernt?«

»Sie sind sehr empfindlich, Brandauer.«

»Meine Freundin hat mich eben angerufen. Auf Teneriffa sind es zweiundzwanzig Grad, das Meer hat neunzehn. Der Animateur soll gebaut sein wie Ralf Möller, und sie nennt ihn bereits Schorschi. Reicht Ihnen das als Begründung?«

»Mit ein bisschen Glück können Sie ihr in ein paar Tagen nachreisen. Also vertrödeln wir keine weitere Zeit mit dem Austausch von Unhöflichkeiten, sondern kommen zurück zum Geschäft.« Lemberg berichtete ihm, was er von Schulze erfahren hatte. »Ich schlage vor, dass Sie sich um die Charité und den Notar kümmern, während ich mich auf den Weg nach Zinnowitz mache.«

Brandauer überflog noch einmal seine Notizen und seufzte. »Wie heißt die Abteilung in der Charité?«

»Schulze hat sie ›Chirurgische Nachsorge‹ genannt. Aber hören Sie sich auch woanders um, wenn Sie da nicht fündig werden.«

Der Abschied verlief wie die Begrüßung ohne Händeschütteln. Lemberg hinterließ an der Rezeption eine Nachricht für Frank, damit der seinen Wagen nicht für gestohlen hielt, und rauschte ab. Zunächst nahm er die Autobahn nach Stettin und dann weiter die funkelnagelneue A20 bis zur Ausfahrt Pasewalk-Süd. Für die relativ frühe Stunde herrschte reger Verkehr, aber hauptsächlich in der Gegenrichtung. Die Jobs gab es nun einmal in der Hauptstadt.

Auf der Landstraße, die über Pasewalk nach Anklam führte, konnte von Verkehrsfluss keine Rede mehr sein. Lastwagen, Traktoren und Baufahrzeuge machten die Fahrt zum Geduldspiel. Dazwischen tanzten alle Sorten von Personenkraftwagen über das Pflaster. Lemberg vermutete, dass es irgendwo hinter dem Horizont etwas umsonst gab, denn die allgemeine Fahrweise war bar jeden Verstandes. Es wurde gerast und überholt, ob es angebracht war oder nicht. Lemberg hielt sich da raus.

Zwischen Anklam und Usedom überquerte er das Stettiner Haff. Eine halbe Stunde später war er in Zinnowitz. Es war kurz vor Mittag, und da keine Badesaison war, lag das Nest im Dornröschenschlaf.

Den Wagen stellte er auf einem ausgewiesenen Parkplatz ab

und spazierte auf die Seebrücke hinaus. Im Gegensatz zu der ansehnlichen Ahlbecker mit ihrem hölzernen Unterbau stand die Zinnowitzer Brücke auf Betonstelzen. Ein Schild gab als Baujahr 1993 an. So wie die Brücke aussah, hätte Lemberg darauf gewettet, dass auf ihr schon Werner von Braun promeniert war.

Der Wind frischte noch stärker auf und biss Lemberg regelrecht ins Gesicht. Irgendwo da draußen, wo das Meer Schaumkronen aufwarf, hatte einst Vineta gelegen, das Atlantis der Ostsee. Reich, verkommen und gottlos. Zur Strafe waren alle Einwohner abgesoffen. Lemberg sinnierte, welche Stadt ein solches Schicksal heute verdient hätte. Die Liste war lang.

Um sich vor dem Nordostwind zu schützen, schlug Lemberg den Kragen der Lederjacke hoch und fluchte, weil er keine Mütze dabei hatte. Ab einem gewissen Alter beziehungsweise Haarausfallstadium gehört eine Mütze einfach zur Grundausrüstung. Dabei hatte er sich früher immer über die alten Herren mit den Kappen lustig gemacht. Nun war es an Jüngeren, über ihn zu spotten. Als auch noch seine Ohren zu schmerzen begannen, machte er kehrt. Rechter Hand ragte der Bau eines großen Hotels auf. Vielleicht würde er dort auf Menschen treffen. Er ging zum Wagen, stieg ein und fuhr hin.

Kurz vor dem Hotel kam ihm ein Postbote entgegen. Der Mann war der erste Mensch, den er im Ort zu sehen bekam. Lemberg hielt an und ließ das Fenster runter. Eine einfallende Bö versuchte, die Straßenkarte mitzunehmen.

Als der Bote bemerkte, dass Lemberg etwas von ihm wollte, stellte er seinen Handwagen ab und kam über die Straße. Er war ein übergewichtiger Mann mittleren Alters mit wettergegerbter Haut. Gegen die Kälte hatte er sich mit Schal und Pudelmütze gewappnet. Außerdem steckte er in einer wattierten, mit Farbklecksen übersäten Jacke, deren ursprüngliche Farbe blau gewesen sein mochte. Lemberg nahm Terpentingeruch wahr.

»Können Sie mir sagen, ob es im Ort eine Bar gibt?«

Der Briefträger packte sich mit den behandschuhten Fingern seiner Rechten an die Nase und machte ein verwundertes Gesicht. Offenbar war es das erste Mal, dass ihn jemand um diese Uhrzeit nach einer Bar fragte.

»Die hat jetzt zu«, sagte er schwerfällig.

»Das dachte ich mir. Ich will nur wissen, wo sie ist.«

Er befummelte erneut seine Nase. Lemberg zog einen Fünfer aus dem Portemonnaie und hielt ihn ihm hin. Der Bote nahm das Geld, faltete den Schein doppelt und ließ ihn in seiner Hosentasche verschwinden. »Eine ist im ›Baltic‹.«

»Und was ist das, das ›Baltic‹?«

»Da hinten. Das Hotel.« Er deutete über seine Schulter.

»Ist das die einzige Bar im Ort?«

»An der Promenade haben wir noch die ehemalige ›Ostseebar‹. Heißt jetzt ›Miami Clubbar‹.«

Das hörte sich schon wahrscheinlicher an. Lemberg probierte es. »Wissen Sie zufällig, wie der Inhaber heißt?«

»Wengler. Artur Wengler.«

»Kann es sein, dass die Bar früher einmal einer Frau gehört hat?«

Der Postler wusste es, das sah Lemberg ihm an. Aber anstatt zu antworten, kniff er die Lippen zusammen und tat, als überlegte er. Lemberg gab ihm noch einen Fünfer.

»Vor Wengler hat die ›Ostseebar‹ tatsächlich einer Frau gehört.«

»Hat die Frau auch einen Namen?«

»Sie sind ganz schön neugierig.« Er dehnte seine Worte. »Warum wollen Sie das denn wissen?«

Lemberg blieb bei seiner bewährten Lüge für die neuen Bundesländer. »Es handelt sich um eine Erbschaftsangelegenheit. Meiner Kanzlei ist auch nur der Vorname der Dame bekannt. Ilse heißt sie. Ich habe zu prüfen, inwieweit sie erbberechtigt ist.«

»Die ›Ostseebar‹ hat tatsächlich mal einer Ilse gehört. Ilse Cornichon. Aber die Ilse ist schon länger weg, seit Anfang ‘93. Ab nach Berlin. Hinein in die große, weite Welt.«

»Wissen Sie, wo ich sie da erreichen kann?«

»Sie hat da eine Kneipe übernommen. Einmal Kneipe, immer Kneipe.«

»Hat die Kneipe auch einen Namen oder besser noch eine Adresse?«

171

Wieder verfiel der Bote in Nachdenklichkeit, aber diesmal schüttelte Lemberg den Kopf. »Zehn Euro sind genug. Also?«

»»Möwe‹, Oranienburger Straße 38. Ich hab ihr ʼne Zeit lang die Post nachgeschickt.« Er legte eine Hand auf das Wagendach und beugte sich herab. Der Terpentingeruch war atemberaubend. Vermutlich soff er das Zeug. »Ilse hat immer gesagt, Möwen erinnern sie an Kalifornien. Wegen der Schallplatte, wissen Sie.«

»Schallplatte?«

Er nickte. »Von diesem Ami. Neil Diamond oder wie der heißt.« Er sprach den Nachnamen wie Diamant aus. Aber Lemberg wusste, welche Platte er meinte.

»›Jonathan Livingston Seagull‹.«

Er strahlte. »Genau die. Die hat sie den ganzen Tag gehört. Und ihre nächste Kneipe, egal wo, hat sie immer gesagt, die nennt sie ›Möwe‹.«

»Ihre Privatanschrift haben Sie nicht zufällig auch?«

»Nee«, sagte er und richtete sich wieder auf. »Jetzt muss ich aber weiter. Hab noch die halbe Runde zu drehen. Wenn Sie die Ilse treffen, bestellen Sie ihr einen schönen Gruß vom dicken Rudi. Sie weiß dann schon Bescheid.«

Lemberg versprach's und wendete den Wagen. Im Rückspiegel sah er, dass der Briefträger seine Hand an die Pudelmütze legte und schneidig wie ein Korvettenkapitän grüßte.

Als er in Wolgast über die Peenebrücke fuhr, ärgerte er sich. Dafür war er bis an die Ostsee gefahren, um seine Fragen bereits vom erstbesten, der ihm über den Weg gelaufen war, beantwortet zu bekommen. Drei Stunden Fahrt für fünf Minuten Unterhaltung. Andererseits war er froh. Er hatte die Spur nicht verloren, wusste jetzt, wie er in Berlin weiterzumachen hatte.

Das Telefon riss ihn aus seinen Überlegungen. Brandauer war am anderen Ende.

»Den Tag streich ich mir im Kalender an und schreib dick ›Scheiße!‹ daneben«, sagte er.

»Kommen Sie mir nicht wieder mit Teneriffa«, sagte Lemberg.

172

»Teneriffa!«, höhnte er. »Dr. Albertz ist heute Morgen im Rahmen einer Großrazzia verhaftet worden. Der saubere Herr Notar hat gemeinsam mit einigen Komplizen im großen Stil Raubkopien von Kinofilmen, Musik, Computerspielen und Anwendersoftware übers Internet vertrieben. Er soll für die Buchhaltung zuständig gewesen sein. Ich kam gerade rechtzeitig, um mitzuerleben, wie der Staatsanwalt die komplette Kanzlei beschlagnahmt hat. Dazu gehören selbstverständlich auch die Papiere, die Borowski bei Albertz deponiert hatte. An die kommen wir so schnell nicht dran.«

Lemberg seufzte. »Was haben Sie in der Charité rausgefunden?«

»Das lief etwas besser. Der Name Krassow sagte dort zwar niemandem was, aber eine Schwester hat ihn auf dem Foto erkannt. Er begleitet alle drei Monate eine ehemalige Patientin zu ihrer Kontrolluntersuchung. Eine gewisse Ilse Cornichon. Ich versuche gerade, die Anschrift ausfindig zu machen. In der Patientenakte war merkwürdigerweise keine verzeichnet.«

»Oranienburger Straße 38«, sagte Lemberg.

»Respekt«, sagte Brandauer. »Auch kein Besenbinder. Wann sind Sie wieder in Berlin?«

»Gegen vier.«

»Dann hol ich Sie um halb fünf am Hotel ab, und wir fahren gemeinsam zu der Dame. Bis dahin bearbeite ich noch den Staatsanwalt. Einverstanden?«

»Bestens.«

Die Rückfahrt verlief problemlos. Unterwegs aß Lemberg an einer Imbissbude eine Bratwurst, die nicht nur riesengroß war, sondern auch noch fantastisch schmeckte. Ansonsten verzichtete er auf Pausen. Als er den Wagen vor dem »Vagabund« abstellte, überkam ihn das Gefühl, als ob etwas nicht stimmte.

Es sollte ihn nicht trügen.

26.

Als Lemberg das Foyer betrat, starrte Adam ihn schuldbewusst an und sperrte den Mund auf, aber die Worte blieben ihm im Hals stecken.

»Was ist passiert?«, fragte Lemberg.

Adam sperrte den Mund wieder zu.

»Ein Unglück«, sagte er leise. Nur ein Cocker-Spaniel, der gerade erfahren hat, dass für die nächsten drei Wochen Gassigehen ausfällt, hätte betretener aussehen können.

»Was heißt das genau?«

Adam setzte an, kam aber nicht dazu. Im ersten Stock erscholl die Stimme der Gräfin. Sie schnauzte herum, was sie allerdings auf Polnisch tat, sodass Lemberg nichts verstand.

»Was ist da oben los?«, fragte er.

Adams Blick war noch immer stier. »Die Gräfin ist außer sich. Sie lässt ihre Wut am Zimmermädchen aus.«

Lemberg ging um das Empfangspult herum und öffnete die Tür zu Adams Kabuff. »Da hinein. Erzählen Sie mir, was los ist.«

Adam zog den Kopf so tief wie möglich zwischen seine schmalen Schultern und drückte sich an ihm vorbei.

Es war das erste Mal, dass Lemberg das Kabuff betrat. Der Raum war kaum größer als ein Schuhkarton, und die Wände waren gelb von Nikotin. Durch ein einflügeliges Fenster blickte man auf die Mülltonnen im Hinterhof. Die Deckenleuchte stammte aus den Fünfzigern. Die Einrichtung bestand aus einem uralten Schrank, einem Tisch mit passendem Stuhl und einem ungemachten Feldbett. Adam setzte sich aufs Bett, Lemberg hockte sich rittlings auf den Stuhl. Das Holz ächzte bedenklich unter seinem Gewicht.

»Also, ich höre.«

Adam blickte sich um, als ob er den Raum noch nie zuvor betreten hätte, dabei hatte er mehr als sein halbes Leben darin zugebracht. Plötzlich straffte er die Schultern. Offenbar hatte er vor, die Angelegenheit, so unangenehm sie auch sein mochte, mannhaft durchzustehen.

»Am besten fange ich vorne an«, sagte er mit fester Stimme. »Gegen zehn Uhr hat Herr Molitor sein Frühstück eingenommen. Dabei habe ich ihm Ihre Nachricht überreicht. Er hat sie zur Kenntnis genommen. Anschließend ist er mit dem Aufzug wieder nach oben gefahren, wie ich annahm, zu seinem Zimmer.«

Der kleine Raum war außerordentlich gut geheizt. Lemberg zog die Lederjacke aus. Adam schien die Wärme nichts auszumachen.

Er räusperte sich und fuhr dann fort. »Eine Stunde später kam er plötzlich ins Foyer getorkelt. Mit einer Platzwunde am Hinterkopf. Herr Borowski hatte ihn mit einer Mineralwasserflasche niedergeschlagen.«

»Ist Borowski abgehauen?«

»Ja. Aber ich habe es nicht bemerkt.«

»Verdammt! – Wie geht es Herrn Molitor?«

»Es geht ihm gut«, sagte Adam eilig. »Er liegt in seinem Bett. Die Gräfin hat einen Arzt kommen lassen. Der hat die Wunde genäht.«

»Wo ist die junge Frau, die bei Borowski war?«

»Sie ist unterwegs und sucht ihn.«

»Wo war sie denn zum Zeitpunkt der Attacke?«

»Sie hatte das Hotel kurz verlassen, um einige Besorgungen zu machen.«

Adam senkte den Blick. Der arme Kerl. Ihn traf mit Sicherheit am wenigsten Schuld.

Lemberg stand auf. »Lassen Sie es gut sein, Adam. Ich glaube nicht, dass man Ihnen einen Vorwurf machen kann.«

»Da hätten Sie aber die Gräfin hören sollen. Sie sieht das ganz anders. Sie sagte, ich sei inzwischen zu alt für das Geschäft.«

»Ich werde mit ihr sprechen, sobald ich mit Herrn Molitor geredet habe. Ist er wach?«

Adam blickte auf. Dass Lemberg mit der Gräfin reden wollte, hob seine Stimmung. »Ich glaube nicht. Nachdem er genäht worden ist, ist er eingeschlafen.«

Lemberg öffnete die Tür. »Ich seh trotzdem nach ihm. Bleiben Sie in der Nähe des Telefons, falls die junge Frau sich melden sollte.«

175

Adam nickte tapfer, und Lemberg nahm den Aufzug nach oben. Von der Gräfin war nichts mehr zu hören.

In Franks Zimmer roch es nach Desinfektionsmittel. Er selbst lag mit kreideweißem Gesicht im Bett und trug einen Kopfverband. Als Lemberg ans Bett trat, schlug er die Augen auf.

»Roger«, brachte er mühsam heraus. »Hast du es schon gehört?«

Lemberg zog sich einen Stuhl heran. »Adam hat mir die Geschichte gerade erzählt.«

»Meine Schuld«, sagte Frank.

»Das ist jetzt unwichtig. Wie geht es dir?«

Seine Augenlider zuckten. »So lala. Mein Schädel brummt wie ein alter Diesel.«

»Hast du eine Gehirnerschütterung?«

»Glaube ich nicht. Ich seh nicht doppelt.«

»Kannst du mir ein paar Fragen beantworten?«

»Gib mir erst einmal etwas zu trinken. Ich habe schrecklichen Durst.«

Lemberg goss Mineralwasser in einen Plastikbecher. Frank bestand darauf, den Becher selbst zu halten, und bekleckerte dabei sein Oberbett. Lemberg nahm ihm den Becher wieder ab und stellte ihn zur Seite.

»Geht's jetzt?«

Frank nickte.

»Konntest du mit Borowski sprechen?«

Frank musste husten, als er antworten wollte. Mit schmerzverzerrtem Gesicht hielt er sich den Schädel.

»Ja«, presste er heraus. »Dabei ist allerdings so gut wie nichts herausgekommen. Entweder stand der Typ noch unter Medikamenten, oder er ist plemplem. Er hat sich mehrmals mit der Faust ins Gesicht geschlagen und behauptet, er habe seinen Vater ermordet. Als ich ihn gefragt habe, wie er das angestellt hat, ist er darauf nicht eingegangen.« Die Augen fielen ihm zu.

»Wie ist es zu dem Übergriff gekommen?«

Frank schlug die Augen wieder auf. Er sah alt aus. Ungefähr so alt, wie Lemberg sich fühlte.

»Borowski bat mich, das Fenster zu öffnen. Ich hatte gerade den Riegel in der Hand, als er mir eins übergezogen hat. Ich war fast eine Stunde ohne Besinnung.«

»Schöner Schlamassel.«

»Tut mir Leid.« Schlaff hob Frank die linke Hand und ließ sie wieder fallen. »Die Troger ist hinter ihm her und sucht ihn.«

»Das hat Adam mir schon gesagt.«

»Ich versteh die Frau nicht, die bringt sich wegen dieses heruntergekommenen Typen um Kopf und Kragen. Ich hab mit angehört, wie sie mit der Klinik telefoniert hat, in der sie beschäftigt ist. Den Urlaub, um den sie gebeten hat, haben sie ihr verweigert. Daraufhin hat sie gekündigt.«

»Wo die Liebe hinfällt.«

»Wo die Liebe hinfällt«, echote Frank. Schweißperlen glitzerten auf seiner Stirn. Wieder fielen ihm die Augen zu. »Wie ist es bei dir gelaufen? Wo warst du überhaupt?«

»Später, alter Junge. Schlaf erst mal eine Runde.«

»Ich versuch's.« Dann brummte Frank noch etwas, das aber nicht zu verstehen war. Lemberg ging leise aus dem Zimmer und schloss die Tür.

Die Gräfin saß in ihrem Büro im Lehnstuhl und starrte aus dem Fenster.

»Adam ist ein Esel«, klagte sie, als Lemberg eintrat.

»An den Vorkommnissen trifft ihn keine Schuld«, sagte Lemberg.

»Ich weiß«, sagte sie. »Aber er soll sich ruhig ein bisschen grämen. Vielleicht fällt ihm dann wieder ein, wie gut er es hier hat.«

Lemberg musste an Adams Kabuff denken und fragte sich, ob das ihr Ernst war. Aber das war eine Sache, die die beiden unter sich auszumachen hatten.

»Ich habe ihm versprochen, ein gutes Wort für ihn einzulegen, also tun Sie mir bitte den Gefallen, Gräfin, und seien Sie ihm wieder gut.«

Sie schmollte. »Darüber muss ich nachdenken. Keinesfalls jedoch vor heute Abend.«

Lemberg drückte ihre Hand. »Ganz wie Sie meinen.«

Einige Minuten blieb er noch neben ihr stehen, und gemeinsam sahen sie aus dem Fenster. Dann verrieten ihre gleichmäßigen Atemzüge ihm, dass sie eingeschlafen war. Wahrscheinlich hatte sie das Theater um ihren Mittagsschlaf gebracht.

Vor dem Hotel hielt ein Taxi. Katja Troger stieg aus. Lemberg ließ die Gräfin schlafen und ging nach unten. Katja stand außer Atem an der Rezeption und schlug auf die Klingel ein. Von Adam war nichts zu sehen.

Lemberg ging zu ihr. »Haben Sie ihn gefunden?«

»Nein.«

»Wo haben Sie gesucht?«

»In allen Kneipen, in denen er sich sonst immer herumtreibt«, sagte sie. »Außerdem habe ich ein paar Bekannte angerufen. Nichts. Ich mache mir Sorgen, Herr Lemberg. Er ist in einer schlimmen Verfassung. Ich fürchte, er könnte sich etwas antun.«

»Warum sollte er das?«

Sie sah ihn sehr intensiv an. »Er glaubt, dass er seinen Vater umgebracht hat.«

»Das ist doch Blödsinn.«

»Nicht für ihn.«

»Überlegen Sie. Wo könnte er sonst hingegangen sein? In die Podbielskiallee?«

Sie schüttelte den Kopf. »Dahin mit Sicherheit nicht.«

»Gibt es irgendwelche Plätze, zu denen er eine besondere Beziehung hat? Vielleicht einen Lieblingspark? Irgendetwas aus seiner Kindheit?«

Sie schüttelte wieder den Kopf. »Ich weiß es nicht. Vielleicht …«

»Was, vielleicht?«

»Ich dachte nur, er hat das alte Haus immer so geliebt. Das Haus in Babelsberg, in dem er als Kind mit seinen Eltern gewohnt hat. Vielleicht ist er dorthin gegangen.«

»Babelsberg ist ein bisschen weit für einen Fußmarsch. Hatte er denn Geld für ein Taxi?«

Katja nickte. »Mir fehlen fünfzig Euro im Portemonnaie. Die muss er genommen haben. Ich hab das erst gemerkt, als ich bei Butter Lindner an der Kasse stand.«

Das wurde ja immer besser. Hoffentlich hatte er sich nicht auch noch Adams Schrotflinte geborgt.

»Wissen Sie, wo das Haus steht?«

»Ja, er hat mich einmal mitgenommen. Ich weiß nicht, wie die Straße heißt, aber ich würde es wieder finden.«

»Also los, kommen Sie.« Lemberg schob sie zur Tür. »Versuchen wir es.«

Sie verließen Berlin über die Glienicker Brücke, auf der man früher Spione ausgetauscht hatte. Und da war er dann doch, »Timmermanns Indian Supply«, gleich hinter der Brücke rechts. Eine Chief mit Reihenvierzylinder stand vor der Tür. Wegen so einer Maschine hatte Lemberg den Motorradführerschein gemacht, aber nie eine gefahren, geschweige denn besessen. Katja lotste ihn um den Heiligen See herum und dann in Richtung Bornstedt. Dreimal ließ sie ihn links abbiegen, damit waren sie einmal im Kreis gefahren. Lemberg stoppte.

»Es war in der Nähe der Orangerie«, sagte sie. »Gleich beim Park Sanssouci.«

Lemberg blätterte die entsprechende Seite im Stadtplan auf und hielt ihn ihr unter die Nase.

»Ich kann keine Karte lesen«, sagte sie. »Ich hab nicht einmal einen Führerschein.«

»Wunderbar«, sagte Lemberg und fuhr auf gut Glück weiter.

Katja kramte derweil in ihrer Umhängetasche und förderte schließlich einen Make-up-Spiegel zutage. Eine eingehende Begutachtung ihres Gesichtes folgte.

»Passen Sie lieber auf, ob Sie irgendetwas wiedererkennen«, sagte Lemberg.

»Da, links«, rief sie. »Das ist die Straße.«

Ein Peugeotfahrer überholte, obwohl Lemberg bereits den Blinker gesetzt hatte. Die Straße hieß Ribbeck-Straße. Jetzt wurden Straßen auch schon nach Bundestrainern benannt, noch dazu nach dem erfolglosesten von allen.

»Welches Haus?«, fragte Lemberg.

»Das da vorne. Das mit dem weißen Vorbau.«

Vor dem Haus stand ein schwarzer Mercedes mit Düsseldorfer Kennzeichen. Lemberg hielt dahinter. In dem Moment piepste sein Handy.

»Wo stecken Sie?«, fragte Brandauer. »Wir sind verabredet.«

»Ich steh im Stau«, sagte Lemberg. »Sorry, ich hätte Sie anrufen sollen.«

»Dann geh ich jetzt nach Hause. Der Tag war lang genug. Die Nummer haben Sie ja.«

»Hab ich. Danke.«

Lemberg legte auf und stieg aus.

Jedes Fenster des Hauses war hell erleuchtet, selbst die Gaubenfenster. Die reinste Stromverschwendung. Im Vorgarten war eine tiefe, ungesicherte Grube ausgehoben worden. Daneben standen ein Betonmischer und eine Schubkarre. Lemberg umging die Hindernisse. Bevor er die Haustür erreicht hatte, öffnete ein großer, dicker Mann mit jovialem Gesicht.

»Sie müssen der Mann von der Allianz sein«, sagte er mit tiefem Bass, blies Lemberg Zigarrenrauch ins Gesicht und streckte ihm seine rechte Hand entgegen.

»Schön wär's. Leider suche ich nur einen Bekannten. Einen Mann, der vor Jahren einmal in diesem Haus gewohnt hat und den es immer wieder hier hinzieht. Er ist seiner jungen Frau davongelaufen.« Lemberg zeigte auf die im Wagen sitzende Katja. Es folgte eine Beschreibung von Robert. »Haben Sie ihn zufällig gesehen?«

Die Enttäuschung, dass Lemberg nicht der erwartete Versicherungsvertreter war, hatte den Mann überwältigt. Die Kinnlade fiel ihm auf die Brust.

»Hier ist niemand gewesen«, leierte er. »Wir haben den ganzen Tag vor dem Haus gearbeitet. Ich hätte gesehen, wenn jemand versucht hätte, auf das Grundstück zu gelangen. Zumindest hätte Samson Laut gegeben.« Wie auf Stichwort erschien eine gefleckte Dogge neben ihm. »Tut mir Leid«, schob er nach.

»Mir auch«, sagte Lemberg. »Entschuldigen Sie die Störung.«

Im Wagen erzählte er Katja, was er erfahren hatte.

»Kann er von hinten auf das Grundstück gelangt sein?«, fragte er.

»Nein. Hinten ist eine hohe Mauer, die grenzt an den Friedhof.«

»Und nun?«

»Der Friedhof!«, rief sie plötzlich. »Dass ich daran nicht gleich gedacht habe.« Sie packte ihn am Arm. »Er wird am Grab seiner Mutter sein. Los, fahren Sie.«

»Welcher Friedhof? Berlin hat Dutzende.«

»Seine Mutter liegt auf dem Friedhof der Sophienkirchgemeinde direkt an der Bernauer Straße. Deswegen durfte er auch nie an ihr Grab, solange die Mauer stand. Der Friedhof war Sperrgebiet.«

Auf der Fahrt nach Ostberlin war sie wie aufgedreht. Sie war sich sicher, dass sie Robert am Grab seiner Mutter finden würden. Pausenlos erzählte sie von ihm. Wie sie ihn kennen gelernt hatte, von gemeinsamen Ausflügen, von ihren ehemaligen Zukunftsplänen, die auf einmal wieder aktuell zu sein schienen. Sie zeichnete das Bild eines psychisch labilen Mannes, den der frühe Tod seiner Mutter und ein liebloser Vater aus der Bahn geworfen hatten. Lemberg war geneigt, ihr zu glauben.

»Kennen Sie eigentlich einen gewissen Paul Schulze?«, fiel ihm spontan ein. »Der Mann arbeitet auch in der Charité. Als Bettenschieber.«

»Wissen Sie, wie viele Leute in der Charité beschäftigt sind?«

»War ja nur so eine Idee.«

»Aber Schulze kenn ich. Der ist ein Grapscher. Er hat schon zwei Abmahnungen in seiner Akte. Beim nächsten Mal fliegt er. Was haben Sie mit diesem Ekel zu schaffen?«

»Das, was Bullen mit gewissen Leuten zu schaffen haben. In welcher Abteilung arbeiten Sie?«

»Ich hab heute gekündigt. Fristlos.«

»Davon hab ich schon gehört. Also formuliere ich meine Frage anders: In welcher Abteilung haben Sie bis gestern gearbeitet?«

»Chirurgische Nachsorge. Wir sind spezialisiert auf Wirbelverletzungen. Die Patienten kommen aus der ganzen Bundesrepublik zu uns. Einige sogar aus dem Ausland.«

»Nein!«

»Wieso nein? Doch!«

Lemberg zerrte Krassows Foto, das in Tegel gemacht worden war, aus der Innentasche seiner Lederjacke und schaltete die Innenbeleuchtung ein. »Ist Ihnen der Mann schon mal über den Weg gelaufen?«

Katja studierte das Foto mit einer Gewissenhaftigkeit, die drei Querstraßen dauerte. Dann reichte sie es zurück. »Ja. Er bringt und holt Frau Cornichon, wenn sie ihre Nachuntersuchungstermine hat.«

»Wissen Sie, wie er heißt?«

»Ich denke, ebenfalls Cornichon. Oder nicht?«

»Oder nicht«, sagte Lemberg und steckte das Foto wieder ein.

Bis sie sich durch die Stadt gekämpft hatten, dauerte es fast zwei Stunden.

27.

Das Tor am Eingang Bernauer Straße bestand aus Eisenstangen mit aufgesetzten Spitzen. An ein Übersteigen war nicht zu denken. Ein Schild wies darauf hin, dass es einen zweiten Eingang an der Einmündung der Anklamer- in die Ackerstraße gab. Seit neunzehn Uhr war aber auch der geschlossen.

Die Friedhofsmauer maß zwei Meter fünfzig und bestand aus Backsteinen. Hier und da fehlte einer, sodass selbst ein mäßig talentierter Kletterer die Mauer hätte bezwingen können. Auch für Lemberg hätte das eigentlich ein Leichtes sein müssen, aber die letzten Male hatte er bei solchen Anlässen sein Übergewicht gespürt. Knappe neunzig Kilo waren eben kein Pappenstiel. Er sah sich nach einer Alternative um.

Vielleicht fünfzig Meter die Straße runter war eine Baustelle. Licht, das aus der Häuserzeile auf der anderen Straßenseite fiel, beleuchtete eine vorschriftsmäßige Absperrung. Daneben stand ein gelber mit Erde beladener Schuttcontainer. Vom Containerrand zur Mauer betrug der Abstand circa einen Meter. Die Distanz zu überbrücken traute Lemberg sich zu.

Er kletterte auf den Container und balancierte auf dem Rand entlang. Energisch sprang er ab und ging auf der Mauer in den Stütz. Erst jetzt fiel ihm ein, dass in Mauerkronen zur Abwehr von Eindringlingen gerne Glasscherben einzementiert werden. Netterweise hatte man beim Sophien-Friedhof darauf verzichtet. Lemberg schwang ein Bein über die Mauer und saß rittlings.

»Sind Sie okay?«, fragte Katja.

»Bestens.« Lemberg streckte ihr seinen linken Arm entgegen. »Kommen Sie, ich zieh Sie hoch.«

Katja hielt sich an Lembergs Arm fest.

»Alles klar?«

»Alles klar!«

Er zog an, bis er mit rechts den Kragen ihres Mantels packen konnte. Sie gab ein gurgelndes Geräusch von sich und strampelte heftig mit den Beinen.

»Zappeln Sie nicht so«, keuchte er.

Schließlich lag Katja quer über der Mauer. Sie schnaufte erbärmlich.

»Mein Gott«, quetschte sie hervor. »Sie hätten mich fast erdrosselt.«

»Das entscheidende Wörtchen ist fast.«

Sie setzte sich ihm gegenüber. Lemberg nahm die Taschenlampe aus der Jackentasche und leuchtete den Boden auf der Friedhofsseite ab. Direkt unterhalb war ein Grabstein, das dazugehörende Grab war aber nur mit Rasen bewachsen.

»Ich springe zuerst«, sagte er. »Dann leuchte ich Ihnen, und Sie kommen nach.«

Sie nickte nur. Er drehte sich zur Seite und stieß sich kräftig ab. Sanft federte das Gras seinen Sprung ab. Sie hatte beobachtet, wie er es gemacht hatte, und landete nicht weniger erfolgreich. Lemberg half ihr auf die Beine. Sie sahen sich um.

»Wo ist das Grab?«, fragte Lemberg.

»Genau weiß ich es nicht mehr. Ich meine, in der Nähe der Kapelle. Das dort drüben könnte es sein.«

In dem Moment riss eine Schicht der Wolkendecke auf, und

ein blasser Mond erhellte die Szenerie mit der Kraft einer Sieben-Watt-Ökobirne, die versucht, eine Turnhalle auszuleuchten. Aber es reichte, um die Lampenbatterien zu schonen. Nur war es das falsche Grab.

Hier waren Werner Kollo nebst Gattin Marie beigesetzt, die Großeltern von Dorthes Mann René. Lemberg war erstaunt, dass der Komponist bereits 1940 verstorben war. Er meinte nämlich, ihn als Kind in einer Peter-Alexander-Show gesehen zu haben, bis ihm einfiel, dass er Werner Kollo mit Robert Stolz verwechselte.

Wie viele Frauen hatte Katja überhaupt keinen Orientierungssinn. Völlig planlos führte sie Lemberg über den Friedhof. Schließlich wurde es ihm zu bunt.

»Wie sah das Grab denn aus?«, fragte er.

»Es war von einem schmiedeeisernen Zaun eingefasst«, sagte Katja, »der vorne ein Törchen hatte. Vielleicht so hoch.« Sie deutete Kniehöhe an.

»So ein Grab hab ich nirgendwo gesehen. Sind Sie sicher, dass wir auf dem richtigen Friedhof sind?«

Ohne Antwort zu geben, stampfte Katja wütend davon. Lemberg folgte ihr. Am nächsten Querweg rief sie: »Hier ist es!«

Lemberg schaltete die Taschenlampe ein. Das Törchen stand offen. Den größten Teil der Grabstätte nahm ein pompöser Stein ein, an dem ein roter Zettel klebte: »Unfallgefahr – Grabmal lose!« Daneben lag, die Arme ausgebreitet wie Jesus am Kreuz, Robert Borowski. Katja stieß einen halbblauten Schrei aus und stürzte zu ihm. Sie kniete sich neben ihn, und Lemberg leuchtete ihm ins Gesicht. Er lebte, hatte aber vor Kälte blaue Lippen und den Blick eines Irrsinnigen.

»Wer seid ihr?«, brabbelte er.

»Freunde«, sagte Lemberg. »Können Sie aufstehen?«

Eine Antwort blieb Robert schuldig. Gemeinsam schafften sie es, ihn auf die Beine zu stellen. Als sie ihn losließen, kippte er sofort wieder um. Lemberg konnte ihn gerade noch auffangen.

Er zog Roberts linken Arm über seine Schulter und umfasste seine Hüften. »Sie müssen ein paar Schritte laufen, Robert. Sie müssen Ihren Kreislauf wieder in Gang bringen.«

Das hatte er offenbar verstanden, denn er mühte sich. Mehr als ein müdes Stolpern brachte er jedoch nicht zustande.

Katja nahm seinen rechten Arm, und zu dritt taumelten sie in Richtung Mauer. Mit jedem Schritt ging es etwas besser. Hoffentlich hatte er sich keine Lungenentzündung geholt. Unvermittelt blieb Katja stehen.

»Sie dürfen mir jetzt nicht böse sein«, sagte sie. »Aber mir ist gerade etwas eingefallen.«

»Was denn?«

»Wir brauchen nicht noch mal zu klettern. Wir können vorne raus, an der Mauergedenkstätte. Da ist das Gelände offen.«

»Wenn das hier vorbei ist, trete ich Ihnen in den Hintern«, sagte Lemberg. »Finden Sie den Weg dahin?«

»Ja«, sagte sie kleinlaut.

Tatsächlich war das Gelände neben dem Stück Berliner Mauer, das man zur Erinnerung an achtundzwanzig Jahre betongeteilte Stadt stehen gelassen hatte, offen. Drängelgitter versperrten den Durchgang zum Bürgersteig, aber die ließen sich zur Seite rücken. Während Katja mit Robert wartete, holte Lemberg den Wagen. Das Pärchen nahm gemeinsam im Fond Platz.

Lemberg ließ die Heizung auf vollen Touren laufen, und als sie den Kudamm entlangrollten, hatte Robert sich bereits einigermaßen erholt. Er verlangte etwas zu essen, und Lemberg besorgte doppelte Cheeseburger und Pommes frites. Robert schlang gierig und kleckerte Ketchup auf die Sitzbank.

Als die Fassade des »Vagabund« im Scheinwerferlicht auftauchte, kam ihm der ganze Fraß wieder hoch.

28.

Katja stellte sich in die Küche und kochte mit Genehmigung der Gräfin eine Portion Milchreis. Angeblich bekäme der Robert besser als Junkfood.

Lemberg verfrachtete ihn derweil wieder in das provisorische Krankenzimmer. Das Erbrechen hatte Robert mitgenommen, aber seine Augen blickten jetzt klarer. Brav wusch er sich, zog sich aus und krabbelte unter die Bettdecke.

Lemberg wollte die Zeit nutzen, die Katja noch in der Küche war. Also kam er ohne Umschweife zur Sache. »Was soll das mit Ihrer Behauptung, Sie hätten Ihren Vater ermordet, Robert?«

Bei der Frage zuckte Borowski zusammen und riss die Augen auf. »Sind Sie von der Polizei?«

»So in etwa. Warum bezichtigen Sie sich selbst?«

»Weil ich ihn ermordet habe«, sagte er trübsinnig.

»Wie ist es dazu gekommen?«

Robert nahm beide Zipfel der Decke in die Hände und hielt sich daran fest, als seien sie die einzig verlässlichen Dinge auf dieser Welt. »Ich war betrunken.«

»Das scheinen Sie öfters zu sein. Erzählen Sie mir einfach, an was Sie sich als Letztes vor Beginn Ihrer Sauftour erinnern.«

Er legte die Stirn in Falten. »Was ist denn heute für ein Tag?«

»Noch Donnerstag«, sagte Lemberg.

Damit schien Borowski nicht viel anfangen zu können. Lemberg sah ihm an, dass er auf verschiedenen Gedanken herumkaute. Schließlich fiel ihm etwas ein. »Es muss letzten Samstag gewesen sein. Da habe ich diesen Augenzeugen getroffen.« Er kniff die Augen zusammen. »Ja, es war Samstag.«

»Was für einen Augenzeugen?«

»Krüger heißt der Mann. Hermann Krüger. Aus Bad Saarow. Der Mann, der gesehen hat, wie mein Vater meine Mutter …« Er stockte.

»Sie meinen einen Augenzeugen dafür, dass Ihr Vater Ihre Mutter ertränkt hat?«

Borowski machte Augen wie ein Erstklässler, der erfährt, dass er doch nicht sitzen bleibt. Überhaupt hatte er eine ziemlich kindliche Mimik. Vielleicht war es das, was ihn für Katja attraktiv machte. Frauen wurden von seltsamen Instinkten regiert.

»Sie wissen das also?«

»Ja, aber ich wusste nicht, dass es dafür einen Augenzeugen gibt. Wie haben Sie den Mann gefunden?«

Roberts Hände krallten sich fester in den Bezug. Entweder tat ihm die Erinnerung weh, oder er hatte Probleme, seine Gedanken zu sortieren.

Im Zimmer war es unangenehm warm. Da Robert gut im Bett verpackt war, wagte Lemberg es, das Fenster zu öffnen. Bevor er das tat, drehte er den Heizkörper auf null. Maggie wäre stolz auf ihn gewesen. Umweltschutz inklusive effizienter Energiewirtschaft war neben Fitness und gesundheitsbewusster Ernährung ihre neueste Leidenschaft. Den Strom bezog die Familie inzwischen von Greenpeace Energy.

Nachdem er wieder auf dem Stuhl Platz genommen hatte, wiederholte Lemberg seine Frage.

»Jana hat Krüger zu mir gebracht«, sagte Borowski. »Jana ist meine Schwester. Genau, wir haben uns in der Villa getroffen. Am letzten Samstag.«

»Wie hat Ihre Schwester den Mann nach all den Jahren ausfindig gemacht?«

»Das weiß ich nicht. Darüber wurde nicht gesprochen. Aber das war mir auch egal. Endlich war da jemand, der bezeugen konnte, dass der Tod meiner Mutter kein Unfall war.«

»Wie alt war dieser Krüger?«

»Um die sechzig, schätze ich.«

»Und er hat Ihnen genau geschildert, wie die Sache damals abgelaufen ist?«

»Bis ins kleinste Detail. Er war an jenem Tag mit einem Boot draußen auf dem See. Zum Angeln. Plötzlich hat er Schreie gehört. Daraufhin hat er den See mit dem Fernglas abgesucht und meine Eltern gesehen, wie sie in der Nähe der Badeinsel miteinander gekämpft haben. Mutter hat sich heftig gewehrt, aber Vater hat sie immer wieder unter Wasser gedrückt. Sie hatte keine Chance.« Bittere Falten legten sich um seinen Mund.

»Warum ist er damals nicht zur Polizei gegangen?«

»Das habe ich ihn auch gefragt. Er kannte meinen Vater und wusste, dass er in der Partei war. Er hatte einfach Angst, sich Scherereien einzuhandeln.«

»Hat er gesagt?«

»Ja.«

»Und daraufhin haben Sie beschlossen, Ihren Vater umzubringen?«

»Ja.« Er kniff die Augen zusammen. »Er hatte es verdient.«

»Was ist dann passiert? Ich meine, welchen Plan hatten Sie sich zurechtgelegt?«

»Gar keinen. Ich habe mir einfach die Pistole genommen, habe mich in die Küche gesetzt und auf ihn gewartet.«

»Wessen Pistole? Haben Sie eine eigene?«

»Janas Pistole. Vater hatte sie ihr gekauft, als sie sich die Wohnung in der Stadt nahm. Ich fand es sehr amüsant, dass er durch eine Waffe sterben sollte, die er selbst gekauft und anschließend verschenkt hatte.« Er lachte unfroh und blechern.

»Hat Ihre Schwester Ihnen die Waffe gegeben, oder wie sind Sie an die Pistole gekommen?«

»Ich hab sie aus ihrer Handtasche genommen. Sie trägt sie fast immer bei sich.«

»Und wenn sie die Waffe nicht dabei gehabt hätte?«

»Dann hätte ich vielleicht ein Tranchiermesser genommen, was weiß ich.«

»Als Ihr Vater kam, was ist da geschehen?«

»Das weiß ich nicht mehr. Ich weiß nur noch, dass ich in der Küche gesessen habe und die Pistole in der Hand hielt. Er kam und kam aber nicht. Ich hab mir dann eine Flasche Wein aus dem Keller geholt und angefangen zu trinken. Aber ich hatte davor seit Wochen nichts getrunken. Ich weiß noch, dass ich ziemlich schnell blau wurde und ständig auf die Uhr geschaut habe. Ich hatte Angst, voll zu sein, bevor ich ihn erwischen würde.«

Lemberg blieb am Ball. »Ihre Schwester und der Augenzeuge, dieser Krüger, blieben die bei Ihnen im Haus?«

Er schüttelte den Kopf. »Nein, sie musste ihn ja zurückfahren.«

»Das heißt, Sie waren mit Frau Henschel allein im Haus?«

»Die Henschel war auch nicht da. Kann sein, dass sie einkaufen war.«

»Wird samstags im Institut gearbeitet?«

»Nein, die Leute haben am Wochenende frei.«

»Was geschah dann? Sie sagten, Sie wurden immer betrunkener.«

»Ja. Ich muss wohl zwei oder drei Flaschen leer gesoffen haben. Dann hab ich was gehört. Ein Wagen fuhr auf den Hof. Ich kann mich aber nicht mehr daran erinnern, ob das mein Vater war.« Er schlug sich mit der geballten Faust vor die Stirn. »Ich weiß es einfach nicht mehr.«

Lemberg wollte ihn am Reden halten. »Was ist das Nächste, woran Sie sich erinnern können?«

»Das muss Montag oder so gewesen sein. Ich hatte wohl das ganze Wochenende durchgesoffen. Da hat mich Jana mit Dr. Meyerling aus dem ›Hades‹ gezerrt.«

»Das war Dienstag.«

»Kann auch sein.« Er schwitzte heftig.

»Erzählen Sie weiter.«

»Als wir im Auto saßen, hat Jana mir gesagt, dass Vater tot ist. Ich konnte es zuerst gar nicht glauben. Ich konnte mich nämlich nicht daran erinnern, wie es passiert war. Bis mir plötzlich wieder einfiel, dass ich mit der Pistole in der Küche auf ihn gewartet hatte. Da wurde mir klar, dass ich ihn umgebracht habe.«

»Hat Ihre Schwester Ihnen nicht erzählt, dass Ihr Vater in Bad Neuenahr ermordet wurde?«

Er fuhr hoch. »Was?«

»Ihr Vater wurde am vergangenen Montag in Bad Neuenahr erschossen. Wenn Sie ihn am Samstag in der Küche erschossen hätten, wäre er wohl kaum bis an die Ahr gekommen.«

Borowski starrte Lemberg mit offenem Mund an. Er litt erheblich an Parodontose. Die Zahnhälse lagen frei. »Aber dann …«

Lemberg sprach aus, was ihm im Hals stecken blieb. »Sie können nur der Mörder Ihres Vaters sein, wenn Sie am Montag in Bad Neuenahr waren. Aber die Beschreibung des Täters passt so gar nicht auf Sie. Begreifen Sie das?«

Borowski begann am ganzen Leib zu zittern. Lemberg beobachtete das mit milder Sorge. Aber der Anfall ging vorüber.

»Dann war ich es nicht«, stammelte er schließlich.

»Sieht so aus. Kennen Sie einen Mann namens Waldemar Fleischer?« Lemberg beschrieb ihm das Ohrfeigengesicht.

Borowski nickte. »Fleischer ist der Kompagnon meines Schwagers. Ehemaligen Schwagers, muss ich richtig sagen. Jana und er sind geschieden. Die beiden betreiben zusammen ein Fitnessstudio. Warum fragen Sie?«

»Nur zur Abrundung meines Eindrucks. Was anderes. Warum haben Sie Herrn Molitor niedergeschlagen und sind abgehauen?«

Glühende Röte schoss ihm ins Gesicht. »Ich hatte Angst. Und ich wollte mich umbringen.«

»Und da haben Sie sich zum Erfrieren auf das Grab Ihrer Mutter gelegt.«

Mit der Hand wischte Borowski sich übers Gesicht. »Ich kann mich ums Verrecken nicht erinnern, wie ich auf den Friedhof gekommen bin. Totaler Filmriss. Aber dass ich dem Mann, der bei mir im Zimmer war, eins übergebraten habe, das weiß ich noch.« Er sah Lemberg betrübt an. »Wie geht es ihm?«

Lemberg machte ein strenges Gesicht, das war er Frank schuldig. »Er liegt nebenan, hat Schmerzen und windet sich. Die Platzwunde an seinem Kopf musste genäht werden. Vielleicht freut er sich, wenn Sie morgen zu ihm gehen und sich entschuldigen.«

Er nickte tapfer. »Ja, das sollte ich wohl tun.«

Die Tür schwang auf, und Katja kam mit einem Teller Reis und etwas Hühnerfleisch herein. Robert bekam einen Schlabberlatz umgebunden, und sie begann ihn wortlos zu füttern. Wenn etwas an seinen Lippen hängen blieb, strich sie es mit dem Löffel ab.

Im Aufzug zwitscherte Lembergs Handy. Die Verbindung war jämmerlich. Trotzdem verstand Lemberg, was Brandauer ihm sagte.

29.

Bis auf die üblichen unverdrossenen Nachtschwärmer waren die Straßen leer, und so traf Lemberg keine fünfzehn Minuten später in der Podbielskiallee ein. Da Brandauer ihm das Kennzeichen des Kripo-Mondeo durchgegeben hatte, fand er den Wagen auf Anhieb. Lemberg parkte ein Stück weiter, ging zurück und quetschte sich auf die Rücksitzbank neben den schlaksigen Kollegen.

»Köster, Nelles«, machte Brandauer ihn mit den Männern auf den Vordersitzen bekannt.

Beide waren in den Dreißigern. Köster war kahlköpfig mit Ohrring, Nelles hatte eine Frisur wie Angela Merkel. Kaugummi kauten sie synchron. Das kommt davon, wenn man zu lange eng zusammenarbeitet. Man nickte sich zu.

»Wann sind sie rein?«, fragte Lemberg.

»Mischke vor einer Stunde«, sagte Nelles. »Fleischer vor 'ner halben.«

»Wer ist sonst noch im Haus?«

»Keine Ahnung.«

»Was soll das heißen?«

Brandauer schaltete sich ein. »Es hat bei der Übergabe eine Panne gegeben. Das Haus war 'ne knappe Stunde ohne Observierung. Möglich, dass Ihr Krassow drin ist. Oder auch nicht.«

»Dann sehen wir mal nach«, sagte Lemberg und langte nach dem Türöffner.

»Soll ich keine Verstärkung anfordern?«, fragte Brandauer.

»Wir sind doch zu viert. Zwei von vorne, zwei von hinten, das sollte reichen.«

»Wegen mir. Wer geht mit wem?«

»Sie mit mir hintenrum. Köster und Nelles klingeln auf ein Zeichen von uns an der Vordertür. Alles klar?«

»Alles klar.«

Das Grundstück lag im Dunkeln, alles war still. Nur der kalte Nachtwind machte sich an den Ästen der Bäume zu schaffen. Mond und Sterne waren wolkenverhüllt. Einzig die Straßenlaternen spendeten ein fahles Licht. Das Rolltor stand sperrangelweit offen. In der Einfahrt standen der Mercedes und der Golf. Von Jana Willartz' Cabrio war nichts zu sehen. Vielleicht parkte der Wagen in der Garage.

Während Nelles und Köster im Schutz des Mercedes warteten, liefen Lemberg und Brandauer geduckt über den Rasen zu einer Gruppe Nadelhölzer. Kein Fluter flammte auf, also konnte sie auch nicht die Überwachungskamera aufnehmen, sofern sie überhaupt eingeschaltet war. Lembergs Augen brauchten eine Weile, um sich an die Sichtverhältnisse zu gewöhnen und die Konturen der Umgebung unterscheiden zu können. In gut zwanzig Metern Entfernung ragte die Villa empor, dunkel und drohend wie Draculas Schloss. Fehlte nur der Schrei eines Käuzchens. Ihr Ziel lag hinter dem Haus; die Terrasse, die man vom Salon aus betrat.

Jeden Baum und Strauch als Deckung nutzend huschten sie in den Schutz des mächtigen treibhausartigen Anbaus. Der Rasen verschluckte jedes Geräusch. Vor ihnen zeichnete sich hell ein gepflasterter Weg ab; der Kontrast zur dunkleren Rasenfläche war deutlich. Der Weg führte sie hinter das Gebäude. Rechts von ihnen raschelte es im Gebüsch. Beide hielten inne.

»Ein Igel?«, raunte Brandauer.

Lemberg zuckte die Schultern. Waren Igel im April schon wieder aktiv? Lemberg wusste es nicht. Aber aufgrund des Klimawandels war alles möglich. Irgendwann würde der erste Löwe in der Schneifel auftauchen.

Im Schutz der Hauswand schlich Lemberg bis zur Terrasse und stieg die Stufen hoch. Brandauer blieb auf Tuchfühlung. Unvermittelt war Stimmengemurmel zu vernehmen. Licht fiel durch die Salonfenster auf die Terrasse. Beide zogen ihre Waffen und entsicherten sie. Die Stimmen klangen dumpf und entfernt. Lediglich unverständliche Wortfetzen kamen bei ihnen an. Dann klatschte es auf einmal, gefolgt von einem dumpfen Stöhnen.

»Was war das?«, flüsterte Brandauer.

»Hörte sich wie eine Ohrfeige an«, raunte Lemberg.

»Dann muss es aber eine saftige gewesen sein.«

Plötzlich fiel ein Schatten auf die beschienene Fläche. Jemand war an die Terrassentür getreten. Augenblicke später verschwand der Schatten wieder. Die linke Hand an der Hauswand tastete Lemberg sich voran. Der Putz verlor einzelne kleine Steinchen. Als Lemberg unmittelbar neben der Terrassentür stand, riskierte er einen kurzen Blick in den Salon.

Auf dem gemusterten, sandfarbenen Sofa saß Dr. Meyerling, weiß wie die Wand, die Krawatte gelockert und die linke Hand in die Armlehne verkrallt. Seinem Gesichtsausdruck nach zu urteilen, sah er sich einen Horrorfilm an. Mitten im Raum, mit dem Rücken zum Fenster, stand ein Mann in einem lachsfarbenen Hausmantel. Größe und Hinterkopf erinnerten Lemberg an den Schützen von Bad Neuenahr. War das Krassow? Vor Anspannung verkrampften sich Lembergs Bauchmuskeln.

Am anderen Ende des Raums hing Fleischer, das Ohrfeigengesicht, in einem Sessel und grinste. In der Rechten hatte er eine Pistole, mit deren Lauf er sich am Kinn kratzte.

Der Mann im Hausmantel hob den Arm und schlug mit der offenen Hand zu. Das war das Klatschen, das sie eben vernommen hatten. Wer die Schläge bezog, konnte Lemberg erst erkennen, als der Schläger zur Seite trat. Mischke war das Opfer.

Sein Gesicht war grauenhaft verunstaltet. Die Augen waren zugeschwollen, Blut lief ihm aus Mund und Nase. An Armen und Beinen war er an einen Stuhl gefesselt. Sein Kopf hing schlaff auf seiner Brust, offenbar hatte er das Bewusstsein verloren. Lemberg zog sich zwei Schritte zurück und raunte Brandauer zu, was sich im Salon abspielte. Der kontaktierte Nelles per Handy und wies ihn an, in exakt dreißig Sekunden an der Vordertür zu klingeln.

Plötzlich wurde die Terrassentür geöffnet, und der Mann in dem lachsfarbenen Hausmantel trat heraus. Genüsslich stöhnend reckte er die Arme zur Seite und sog tief Luft ein. Lemberg hätte am liebsten aufgejault vor Enttäuschung. Wer auch immer das war, das war nicht Krassow. Mit viel gutem Willen konnte man ihm eine Ähnlichkeit mit Andreas Hoppe attestieren. Das war es aber auch.

Mit einem Satz war Brandauer bei dem Mann, hielt ihm die Waffe an den Kopf und drückte ihn gegen die Hauswand, während Lemberg mit der Pistole im Anschlag den Salon betrat. Fleischer hatte seinen Sessel verlassen, stand am Sideboard an der gegenüberliegenden Wand und hatte gerade eine Karaffe mit bernsteinfarbenem Inhalt an die Lippen gesetzt. Von Lemberg wanderte sein Blick sehnsüchtig zu seiner Waffe, die auf dem Beistelltischchen neben seinem Sessel lag.

»Denken Sie nicht einmal daran«, sagte Lemberg. »Stellen Sie die Karaffe ab, Hände in den Nacken und runter auf die Knie.«

Als er kniete, sagte Lemberg: »Jetzt flach hinlegen, Beine spreizen. – Die Hände bleiben im Genick, verdammt!«

Während Fleischer in Bauchlage ging und Lemberg ihm Handschellen anlegte, führte Brandauer den Schläger herein und stieß ihn auf das Sofa neben Meyerling.

»Ist er das?«, fragte Brandauer.

»Nein«, sagte Lemberg. »Aber das dürfte der Mann sein, der in Bad Neuenahr auf mich und Borowski geschossen hat. Ich würde einen Zehner darauf wetten, dass das Ludwig Willartz ist, der ehemalige Schwiegersohn des Professors. Hab ich Recht?«

Als Antwort spuckte Willartz auf den Teppich.

Während Brandauer Willartz und Fleischer im Auge behielt, löste Lemberg Mischkes Fesseln. Der alte Mann stöhnte und kippte beinahe vom Stuhl. Lemberg goss ihm einen doppelten Scotch ein. Mischke nippte, und Leben kam in seine Züge.

»Soll ich einen Arzt rufen?«, fragte Lemberg.

Mischke verneinte stumm. Mit dem Handrücken fuhr er sich über die aufgeplatzten Lippen und zeigte dann auf Willartz.

»Da, das ist der Mörder von Professor Borowski«, sagte er pfeifend, weil ihm ein halber Schneidezahn fehlte. »Ich hab mich hier reingeschlichen, um die Wahrheit herauszufinden.«

»Wie sind Sie ihm auf die Spur gekommen?«

Mischke wollte sich vorbeugen, aber seine schmerzenden Rippen ließen es nicht zu. Mit spröder Stimme berichtete er, wie er aus dem Taxi heraus Willartz und Fleischer in dem anderen Wagen erkannt hatte. Vom Bonner Hauptbahnhof aus war er dann zurück nach Berlin gefahren. Mit Frau Henschel wollte Mischke keinen Kontakt aufnehmen, da er sie nicht in die Angelegenheit hineinziehen wollte. Zur Polizei wollte er auch nicht gehen, weil er seine Beweise für zu dürftig hielt. Aber er wusste, dass Jana sich wieder regelmäßig mit ihrem Mann traf, das hatte Professor Borowski ihm erzählt. Also beobachtete er ihre Wohnung. Dabei sah er auch Frank, den er aber nicht ansprach, weil er sich über dessen Rolle nicht im Klaren war.

Gestern Abend hatte Mischke dann Ludwig Willartz und Fleischer im Eternithaus verschwinden sehen, aus dem sie keine halbe Stunde später in Janas Begleitung wieder herauskamen. Er folgte dem Trio bis zur Villa. Da er sie belauschen wollte, drang er auf das Grundstück vor, schlug eine Scheibe des Instituts ein und schlich sich an. Dabei wurde er von Willartz überrascht.

»Welchen Grund hatte Willartz, seinen ehemaligen Schwiegervater zu ermorden?«, fragte Lemberg, nachdem Mischke geendet hatte.

Der kräuselte seine zerschundenen Lippen. »Ich bin mir sicher, dass sie ihn dazu angestiftet hat.«

»Wen meinen Sie?«

»Mich meint er«, sagte eine raue Stimme in Lembergs Rücken.

Er fuhr herum. Im Türrahmen standen Jana Willartz und Frau Henschel. Jana war hinter der Haushälterin, hatte sie an den Haaren gepackt und zog ihren Kopf nach hinten. Schlimmer war jedoch, dass sie der Frau eine vernickelte Automatik an den Hals presste.

»Lassen Sie beide Ihre Waffen fallen«, zischte Jana Willartz. »Und keine faulen Tricks.«

Lemberg und Brandauer sahen sich kurz an und ließen dann ihre Pistolen aus den Händen gleiten.

»Jetzt stoßen Sie sie mit den Füßen vor den Kamin.«

Auch das taten sie.

»Sie haben keine Chance«, sagte Lemberg. »Das Haus ist umstellt. Sie kommen hier nicht raus.«

»Halten Sie die Klappe!«, zischte Jana.

Lemberg beschloss, brav zu sein. Im Augenblick hatte sie zweifellos die besseren Argumente.

»Jana, Darling, du bist genau im richtigen Moment gekommen«, sagte Willartz und stand auf. Dann drehte er Brandauer den Rücken zu. »Schließ die Handschellen auf, Bulle.«

Da Brandauer nicht reagierte, sagte Jana: »Tun Sie, was er gesagt hat.«

In dem Moment kam Mischke taumelnd auf die Füße.

»Jana, lass meine Hillu los«, brabbelte er und machte einen staksigen Schritt in Richtung der zwei Frauen. »Lass meine Hillu los!«

»Verdammt, Mischke!«, fauchte Jana. »Setz dich wieder!«

Mischke ging unbeirrt weiter. Noch ein Schritt, und er würde zwischen Lemberg und den Frauen stehen.

»Zurück!«, kreischte Jana hysterisch. »Ich schieße!«

Lembergs Gedanken rasten. Bis zum Kamin, wo seine Waffe lag, waren es gut zwei Meter. Sollte er es wagen?

Ein Schuss nahm ihm die Entscheidung ab. Mischke zuckte, als hätte er gegen einen Elektrozaun gepinkelt, fiel aber nicht um. Lemberg hechtete in Richtung Kamin. Bevor er seine Sig-Sauer zu fassen bekam, fiel ein weiterer Schuss. Jana Willartz schrie auf und ließ ihre Waffe fallen. Gleichzeitig riss Frau Henschel sich los und stürzte zu Mischke. Lemberg sprang wieder auf und kickte Jana Willartz' Automatik außer Reichweite. Rückwärts taumelnd, die linke Hand an ihre rechte Schulter gepresst, sank sie in den nächststehenden Sessel.

Erst jetzt hatte Lemberg Gelegenheit, zur Terrassentür zu blicken, von wo aus der zweite Schuss abgefeuert worden war. In absolut vorschriftsmäßiger Haltung, mit leicht durchgedrückten Knien und lang ausgestreckten Armen, stand Nelles im Türrahmen und linste über die Kimme seiner Pistole.

»Das war aber höchste Eisenbahn«, sagte Brandauer. »Wo haben Sie denn gesteckt?«

»Die Klingel ist kaputt«, sagte Nelles und machte eine Kaugummiblase.

*

Lemberg ließ den Blick durch den Raum schweifen. Mischke lag auf dem Boden. Frau Henschel kniete neben ihm und hatte sein

Hemd aufgeknöpft. Die Kugel hatte ihn an der Schulter erwischt. Vermutlich schmerzhaft, aber nicht lebensgefährlich. Willartz saß wieder auf dem Sofa. Fleischer hatte sich auf den Rücken gedreht und starrte Lemberg grimmig an. Von der anderen Seite wurde er von Meyerling beäugt. Er war es auch, der als Erster die Stille brach.

»Ich gestehe alles«, keuchte er.

Brandauer alarmierte den Notarzt.

»Zwei Verletzte, aber ein Arzt reicht«, sagte er. »Keine inneren Verletzungen. – Woher ich das weiß? Das erzähl ich Ihnen, wenn Sie da sind. – Wie geht es Ihnen, Mischke?«

»Ich hab früher mal geboxt, ich kann was wegstecken«, lispelte er.

Lemberg ging zu Meyerling. Der saß auf der Kante des Zweisitzers.

»Sie wollten gestehen«, sagte Lemberg. »Nur zu.«

Jetzt, da es so weit war, blieben ihm die Worte im Hals stecken.

»Wissen Sie, warum Ihr Chef sterben musste?«, fragte Lemberg.

Meyerling fuhr sich mit der Zunge über die Lippen. »Wegen des Testaments.«

»Das Testament des Professors?«

Er nickte.

»Was ist damit?«

»Er wollte es ändern lassen. Er wollte alles einer Stiftung vermachen, die seinen Namen tragen sollte.«

»Und da hat Jana Willartz gedacht, sie kann das Geld besser gebrauchen. Ist ja reizend. Wann ist sie auf die Idee gekommen?«

»Seit sie weiß, dass er diese Stiftung im Sinn hat.«

»Den Professor in Bad Neuenahr zu erledigen war ein spontaner Einfall?«

»Sie hat seine Telefongespräche abgehört. Wie, weiß ich nicht. Jedenfalls wusste sie, dass er wegen Streibel nach Bad Neuenahr wollte und dass der Mann, der ihn abgeholt hatte, Zimmer im Steigenberger reserviert hatte. Das war die passende Gelegenheit. Also hat sie Willartz Bescheid gegeben, damit er die Sache organisiert. Das hat er dann getan, dieser Gangster.«

»Und Sie haben die ganze Zeit davon gewusst?«

»Ja«, hauchte er.

»Dann sind Sie auch nicht besser. Was hat Robert mit der Sache zu tun?«

Speichel troff von Meyerlings Mundwinkel. »Jana hat erst versucht, ihn zum Mord an seinem Vater anzustiften. Deswegen hatte sie einen angeblichen Zeugen besorgt, der behauptete gesehen zu haben, wie der Professor damals seine Frau ertränkt hat. Aber das ist gründlich schief gegangen.«

Lemberg ließ ihn einfach sitzen und ging zum Fenster. Bis auf die Henschel, Mischke und die Kollegen kotzten ihn alle Figuren im Raum an. Der Mord an dem Professor war aufgeklärt. Aber zufrieden war er nicht. Krassow war er keinen Zentimeter näher gekommen. Im Gegenteil, er hatte Zeit verplempert. Außerdem schmerzte die Wunde an seinem Oberarm wieder.

»Stört es Sie, wenn ich in die Oranienburger Straße fahre?«, fragte er Brandauer.

Der wirkte amüsiert. »Als ob Sie sich dadurch davon abhalten lassen würden.«

»Da ist man mal höflich«, sagte Lemberg.

30.

Haus Nummer 38 in der Oranienburger Straße beherbergte tatsächlich eine Kneipe. Nur hieß die nicht »Möwe«, sondern »Las Cucarachas«. Obwohl es fast halb fünf Uhr morgens war, war der Laden leidlich besucht. Ein Pärchen schwang sogar das Tanzbein zu südamerikanischen Rhythmen. Wie Lemberg den Gesprächsfetzen entnahm, waren einige der Gäste Nachtarbeiter, die sich hier die nötige Bettschwere antranken.

Zielstrebig steuerte er die Theke an und bestellte ein Bier. Die

Bedienung machte einen aushilfsmäßigen Eindruck, was sich bestätigte, als er nach Ilse Cornichon fragte. Sie schüttelte nur ihren igelfrisierten Kopf, vertröstete ihn aber damit, dass der Chef gleich komme. Gleich bedeutete, dass Lemberg drei Striche auf dem Deckel hatte, bis er auftauchte.

Der Wirt war klein, drahtig, mochte Mitte dreißig sein und trug eine Augenklappe. Rund um das andere Auge sah er ausgesprochen unausgeschlafen aus. Umso überraschender war, dass er freundlich lächelnd zu Lemberg herüberkam, nachdem ihm die Aushilfe gesagt hatte, dass ihn jemand sprechen wollte.

»Ich bin Holger«, berlinerte er los. »Heidi sagt, Sie suchen nach Frau Cornichon, meiner Vorgängerin im Amt.«

»So ist es.« Lemberg konzentrierte seinen Blick auf das freie Auge. »Wissen Sie, wie ich sie erreichen kann?«

»Ich will nicht neugierig sein, aber würden Sie mir verraten, warum Sie sie suchen?«

»Kein Problem.« Lemberg hielt ihm seinen Ausweis hin, den Daumen wieder über der Eifel. »Da sind ein paar Fragen, die ich ihr stellen möchte.«

»Oh, die Staatsmacht.« Sein Gesicht wurde verschlossener, ging aber nicht ganz zu. »Was hat sie denn diesmal ausgefressen?«

»Das kann ich Ihnen nicht sagen. Auf was spielen Sie an?«

»Man hat doch ihre Konzession kassiert.«

»Warum?«

Er hob den Monoblick zur Decke. »Im ersten Stock hatte sie ein paar Russinnen einquartiert. Ich glaube nicht, dass alle schon ihren sechzehnten Geburtstag gefeiert hatten.«

»Illegaler Puffbetrieb fällt nicht in meine Zuständigkeit«, sagte Lemberg. »Was ist nun, haben Sie ihre Anschrift?«

Holger verneinte. »Als ich letztes Jahr den Laden übernommen habe, wusste sie noch nicht, wohin. Ich hatte ihr angeboten, die Wohnung zu behalten, bis sie was Neues gefunden hätte, aber das wollte sie nicht. Sie sagte, sie könnte erst einmal bei Freunden untergekommen. Mich hat sie gebeten, ihr eventuell eingehende Briefe postlagernd nachzusenden.«

»Hier in Berlin?«

»Nein, Postamt Wittlich. Wittlich in der Eifel.« Lembergs überraschtes Gesicht interpretierte Holger falsch. »Die Eifel liegt in Westdeutschland. Die Maare kennen Sie doch bestimmt.«

»Jetzt, wo Sie es sagen«, murmelte Lemberg. »Postamt Wittlich. Kam denn überhaupt Post?«

»Nur am Anfang. Aber jetzt schon länger nichts mehr.« Holger griff nach Lembergs leerem Glas. »Möchten Sie noch eins?«

»Ein letztes.« Lemberg gönnte sich ein Zigarillo. »Wie alt ist Frau Cornichon überhaupt?«

»Viel wisst ihr ja nicht über sie«, sagte Holger und stellte die Tulpe vor Lemberg ab. »Geht auf Kosten des Hauses. Sechzig, schätze ich. Aber ich kann mich auch vertun. Wenn jemand ständig Schmerzen hat, sieht er womöglich älter aus, als er ist.«

»Woran leidet sie?«

»Sie ist die Treppe runtergefallen. Hier im Haus. Dabei hat sie sich zwei Wirbel angebrochen. Das ist zunächst nicht bemerkt worden. Aber eines Tages waren ihre Beine taub, und sie konnte nicht mehr laufen. Ärztepfusch. Als ich sie kennen lernte, konnte sie sich nur mit einer Gehhilfe bewegen.« Holger kippte sich ein Glas Pils-Cola in den Hals. »Sie war 'ne merkwürdige Frau, die Cornichon. Aber so etwas hat keiner verdient.«

»Inwiefern merkwürdig?«

»Sie hatte was Herrisches an sich. Wie eine Schließerin im Knast.«

»Kennen Sie sich mit Schließerinnen aus?«

»Ich guck ab und zu fern.« Er hielt sich zwei Finger vor das gesunde Auge. »Mit dem Zweiten sieht man besser.«

Der Mann hatte Humor.

»Hat sie allein gelebt?«, fragte Lemberg.

»Soweit ich weiß.«

»Keine Männer?«

Holger schüttelte seinen Kopf. »Ich hab sie für lesbisch gehalten.«

»Hat sie sich noch mal bei Ihnen gemeldet?« Lemberg trank die Neige.

»Ich hab nie wieder von ihr gehört.«

Lemberg zahlte und hatte dann doch noch eine Frage. »Wieso ›Las Cucarachas‹?«

»Man muss mit der Mode gehen«, sagte Holger. »Salsa ist momentan in. Der Laden brummt.«

Als Lemberg die Fahrertür von Franks Benz ins Schloss zog, fielen ihm beinahe die Augen zu. Trotzdem schaffte er es noch, eine SMS nach Dorsel abzusetzen und den Wagen anschließend unfallfrei zum »Vagabund« zu steuern. Im Bett überkam ihn Sehnsucht nach Maggie. Im Halbschlaf versuchte er sich an seine eigene Telefonnummer zu erinnern. Sie wollte ihm nicht einfallen.

Als er sie dann hatte, schlief er ein.

31.

Die Nacht war so kurz gewesen, dass Lemberg nicht einmal ansatzweise Zeit gehabt hatte zu träumen. Vielmehr fühlte er sich wie zerschlagen, als er um halb zehn hochschreckte. Auf dem Flur röhrte ein Staubsauger.

Er wankte unter die Dusche und ließ sich eine Viertelstunde lang abwechselnd heiß und kalt beregnen. Ein abschließender eiskalter Schauer brachte ihn halbwegs in Form. Dann versorgte er seine Wunde mit der Salbe, die ihm die Ärztin überlassen hatte, und legte einen frischen Verband an. Schließlich kleidete er sich an, packte seine Tasche und ging zum Frühstück. Zu dieser Stunde war er der einzige Gast. Nur auf dem Ecktisch standen noch zwei unbenutzte Frühstücksgedecke.

Der Kaffee war wiederum ausgezeichnet, und Lemberg trank gerade ein zweites Kännchen, als Frank hereinkam. Sein Kopfverband war ausgesprochen kleidsam.

»Wo warst du?«, fragte er, als er Lemberg gegenüber Platz nahm.

»Ich arbeite, während du im Bett liegst. Was macht dein Kopf?«

»Er brummt. Aber nur, wenn ich denke.«

»Dann lass es.«

»Noch bin ich nicht abgereist.« Frank nahm sich die Tasse des überzähligen Gedecks und bediente sich an Lembergs Kännchen. »Solange ich da bin, möchte ich, dass du mich auf dem Laufenden hältst. Schließlich ist das auch mein Fall.«

»Sprach der Rentner. Was willst du wissen?«

»Alles.« Frank pustete, bevor er einen Schluck nahm. Das machte er immer, auch bei lauwarmen Getränken. Irgendwann musste er sich mal fürchterlich den Mund verbrannt haben. Eine Marotte, die Lemberg auf die Nerven ging. Nachdem Frank ein weiteres Mal genippt hatte, lehnte er sich zurück und verschränkte die Hände im Genick.

Lemberg gab ihm eine Zusammenfassung dessen, was sich in der letzten Nacht abgespielt hatte. Frank war fassungslos.

»Dann ist Krassow uns schon wieder durch die Lappen gegangen«, sagte er.

»Wir waren nie an ihm dran. Wir haben den Falschen gejagt.«

Frank schüttelte noch immer den Kopf. »Und die Willartz hat den eigenen Vater auf dem Gewissen? Man glaubt es ja nicht. So eine attraktive Frau und gleichzeitig so ein Luder.«

»Du verguckst dich immer in die falschen Frauen«, frotzelte Lemberg. Augenblicklich wurde ihm bewusst, was er da gesagt hatte. »Sorry, das war unbedacht.«

»Geschenkt.« Frank spielte mit den Fransen des Platzdeckchens. »Vielleicht hast du sogar Recht.«

Lemberg trank seinen Kaffee aus.

»Aber Krassow betreffend gibt es eine neue Spur. Die führt in mein Revier. Es könnte sein, dass seine ehemalige Verlobte in Wittlich wohnt.«

»Woher weißt du das?«

Lemberg berichtete der Reihe nach. Von seiner Unterredung mit Schulze, der Fahrt nach Zinnowitz und letztendlich, was er im »Las Cucarachas« erfahren hatte.

»Wie heißt die Frau?«, fragte Frank.

»Ilse Cornichon. – Du guckst so. Ist dir der Name schon mal begegnet?«

»Nein, nein. Ich find ihn nur seltsam. Bedeutet Cornichon im Französischen nicht Gurke?«

»Genau. Aber laut Schulze soll sie ganz und gar nicht wie eine Gurke ausgesehen haben, zumindest vor zwanzig Jahren. Blond, hohe Wangenknochen, volle Lippen, dunkle Augen. Inzwischen muss sie um die sechzig sein und nicht bei bester Gesundheit.«

»Das heißt, du fährst als Nächstes nach Wittlich?«, fragte Frank.

»Ich seh zu, dass ich den nächsten Flieger nach Köln erwische.«

»Das Ticket bezahl ich. – Keine Widerrede. Ich werde den Flug gleich buchen.« Frank klopfte die Taschen seines Sakkos ab. »Jetzt hab ich mein Handy oben im Zimmer liegen lassen. Ich bin sofort wieder da.«

Lemberg nutzte die Zeit und telefonierte mit Dorsel.

»Die Fahndung nach Krassow ist bisher ohne Ergebnis«, sagte Klaes. »Im Fall Boehringer gibt es ebenfalls nichts Neues. Wenn wir Pech haben, zieht das BKA beide Fälle an sich. Zu Ihrer SMS von heute Morgen: Eine Ilse Cornichon ist landauf landab nirgendwo gemeldet. Ich lasse sie jetzt bundesweit suchen. Bei der Wittlicher Post konnte sich eine Angestellte erinnern, dass bis Ende vergangenen Jahres Post zur Lagerung auf diesen Namen eingegangen ist. Abgeholt wurde sie von einem Mann, dem Frau Cornichon eine Vollmacht ausgestellt hatte. Wie der Mann ausgesehen hat, wusste sie allerdings nicht mehr. Das ist alles, tut mir Leid.«

»Schon gut. Wie sieht es mit einer Gaststätte namens ›Möwe‹ aus?«

»Negativ. In der ganzen Eifel gibt es keine Kneipe, die so heißt.«

»Das wäre ja auch zu schön gewesen. Ist sonst alles in Ordnung?«

»Sie wissen doch, wenn die Katze aus dem Haus ist, tanzen die Mäuse auf dem Tisch. Wir machen den lieben langen Tag Party.«

»Ab morgen tanz ich mit«, sagte Lemberg. »Ich melde mich wieder. Tschüss.«

»Tschüss.«

Franks »sofort« hatte gute zehn Minuten gedauert.

»Du fliegst heute Nachmittag um halb vier«, sagte er. »Mit der Lufthansa. Dann bist du um fünf nach halb fünf in Köln.«

»So spät?«

»Vorher war nichts frei.«

»Dann kann ich ja noch ein Stündchen schlafen.«

»Das solltest du auch. Du siehst zum Kotzen aus.«

»Danke.«

»Du bist mir doch nicht böse, dass ich jetzt aussteige?«

»Das haben wir doch schon vorgestern besprochen, Frank. Das ›KaDeWe‹ hat eine klasse Parfümerieabteilung. Kauf Evelyn was Schönes, und dann ab mit dir. – Ach so, bei der Gelegenheit solltest du dir gleich ein Raumspray besorgen. Borowski hat nämlich deinen Wagen voll gekotzt. Ich hab die Schweinerei zwar weggemacht, aber die Kiste mieft noch immer.«

Sie gaben sich weder die Hand, noch sagten sie sich irgendein Wort zum Abschied. Frank blieb am Tisch sitzen, und Lemberg ging in Richtung Aufzug. Die Tür zum Arbeitszimmer der Gräfin stand offen. Als er vorbeiging, rief sie ihn zu sich.

Sie saß auf dem Doppelsofa, hatte ihre Lesebrille auf und besah sich ihre Hände. »Ich bin alt, Roger. Wenn ich meine Hände betrachte, sogar noch älter.«

Er gab ihr einen Kuss. »Ich will mich noch 'ne Stunde aufs Ohr legen. Um halb vier geht mein Flieger. Ich hab die letzten Tage ein bisschen wenig geschlafen.«

»Das sieht man Ihnen an.« Sie klopfte auf den Platz neben sich. »Trotzdem, setzen Sie sich einen Augenblick, mein Lieber.« Sie verstaute ihre Brille in einem Krokoetui, das auf dem Beistelltisch lag. »Erzählen Sie mir, was aus der jungen Frau und ihrem Freund geworden ist. Sie waren heute Morgen einfach verschwunden.«

Lemberg berichtete ihr, was sich in der vergangenen Nacht zugetragen hatte. Ungewöhnlich für sie, unterbrach sie ihn kein einziges Mal. Nachdem er geendet hatte, registrierte er, dass sie feuchte Augen bekommen hatte.

»Es ist nicht wegen dieser Geschichte, Roger.«

»Sondern?«

»Ich mache mir Sorgen um Sie.« Sie nahm seine Hand und hielt sie fest.

Lemberg wollte etwas Beruhigendes sagen, aber sie winkte ab.

»Gestern Abend habe ich mich lange mit Frank unterhalten. Er hat mir noch einmal von dem Attentat in Wiesbaden erzählt. Dabei erwähnte er auch, dass Sie sich zu der Zeit um Canisius' Nachfolge beworben hatten. Und plötzlich fiel mir eine Geschichte ein, die sich vor fünfzig Jahren zugetragen hat. In jenen Tagen habe ich für die Briten gearbeitet.«

»Das wusste ich gar nicht«, sagte Lemberg. »Das mit den Briten.«

»Erst für die Briten, später für die Amerikaner. Als die mich nicht mehr wollten, hab ich bei Canisius angeheuert. Das Leben hat mich gelehrt, nicht nur auf ein Pferd zu setzen.«

Lemberg musste gähnen. »Sorry.«

»Machen Sie das Fenster auf, Ihnen fehlt Sauerstoff«, sagte die Gräfin.

»Es wird schon gehen.«

»Wo war ich stehen geblieben?«

»Parallelen zwischen dem Anschlag in Wiesbaden und irgendeiner alten Geschichte.«

»Genau.« Sie richtete die Rüschen ihrer Bluse. »Bevor ich Ihnen die Geschichte erzähle, brauche ich aber einen Kognak, einen doppelten. Seien Sie so gut, Roger. Ich will nicht, dass das Personal denkt, ich wäre eine Trinkerin.«

Sie reichte ihm den Schlüsselbund, und er stand auf und ging in den Nebenraum. Aus der Anrichte nahm er die Flasche sowie einen Schwenker und schenkte die gewünschte Menge ein. Die Gräfin kippte den Inhalt in einem Zug hinunter und schüttelte sich nicht einmal. Obwohl er hundemüde war, drängte Lemberg sie nicht, sondern wartete, bis sie so weit war.

»Ich erinnere mich noch genau«, begann sie. »Es war 1953, im Spätherbst. Damals war es sehr früh kalt geworden. Viele Wohnungen waren nur provisorisch hergerichtet, unzählige Leute hausten noch in Ruinen, auch einige meiner Freunde aus dem ehemaligen Widerstand. Einigen, denen es besonders schlecht ging, hatte ich hier im Hotel Unterkunft geboten. Damals war das Haus allerdings noch zwei Stockwerke niedriger. Wir mussten alle zusammenrücken, aber es ging. Eines Tages kam ein gewisser Major Platt ins Haus und stellte sich als neuer Leiter des SIS der britischen Zone und damit als Nachfolger von Major Hearst vor, mit dem ich immer gut zurechtgekommen war.«

Sie pflückte ein imaginäres Staubkorn von ihrem Rock.

»Hearst war von einem Tag auf den anderen verschwunden«, fuhr sie fort. »Keiner wusste, wo er abgeblieben war. Es ging sogar das Gerücht um, er sei zu den Russen übergelaufen, was damals in gewissen intellektuellen Kreisen geradezu in Mode war. Stattdessen hatte ich diesen Major Platt am Hals. Er war während des Krieges hochdekoriert worden und trat entsprechend großmäulig auf. Aber ich musste mit ihm zusammenarbeiten, also arrangierte ich mich.«

Sie machte eine schamvolle Pause, und Lemberg dachte sich seinen Teil.

»Wie dem auch sei«, sagte sie. »Im Frühjahr '54 wurde die Leiche eines jungen Mannes aus dem Landwehrkanal gezogen. Man stellte fest, dass es sich um Major Hearst handelte. Er war erschossen worden, und zwar mit einer russischen Armeepistole. Außerdem hatte man ihm sämtliche Finger gebrochen. Wir alle rechneten damit, dass der Fall vor die alliierte Kontrollkommission gebracht würde. Nicht, dass das etwas gebracht hätte. Die Russen hätten sich ein armes Schwein ausgeguckt, irgendeinen einfachen Soldaten, dem man die Sache in die Schuhe geschoben hätte. Der hätte gestanden und wäre auf Nimmerwiedersehen verschwunden. Aber nichts in dieser Richtung geschah. Der Fall wurde vom SIS einfach unter den Teppich gekehrt. Es fand keinerlei Untersuchung des Vorfalls statt. Wir wurden allesamt verdonnert, keinen Ton über die Sache verlauten zu lassen. Es wurde gemunkelt, Hearst habe heimlich Geschäfte mit den Russen gemacht. Lebensmittel, Schnaps, Nylons, was weiß ich.«

Sie sah ihn an, als ob sie eine Frage erwartete. Lemberg stellte keine.

»Es dauerte eine ganze Weile, bis ich herausfand, dass für den damals um etliche Vollmachten erweiterten Posten des SIS-Leiters der britischen Zone zwei Männer im Gespräch gewesen waren. Hearst und Platt. Platt war geradezu krankhaft ehrgeizig, ihm saß ein erfolgreicher Vater im Nacken, ein Elitegeneral aus dem Ersten Weltkrieg. Hearst war ein lieber Junge, hatte keine besonderen Ambitionen, war aber der weitaus Talentiertere der beiden.«

Sie räusperte sich.

»Eines Tages nun kam ein alter Pole zu mir, ein zerlumpter Kerl, der angeblich während des Krieges im Untergrund gewesen war. Er hatte keine Papiere, keine Belege, nichts. Seine Geschichte war mehr als dünn. Ich hielt ihn für einen dieser Schmarotzer, die versuchten, auf diese Art und Weise an die eine oder andere warme Mahlzeit heranzukommen. Jedenfalls hab ich den Alten, Oblowski hieß er, bei einer Bekannten untergebracht. Dann wurde er plötzlich krank. Eine verschleppte Lungenentzündung. Wir pflegten ihn eine Weile, aber da war nichts mehr zu machen. Er lag im Sterben. Kurz bevor es mit ihm zu Ende ging, bestand er darauf, die Beichte abzulegen. Ich erbot mich, ihm einen Priester zu besorgen, aber das lehnte er ab. Er sei zeitlebens Atheist gewesen und wolle nur jemandem beichten, der auch nicht an Gott glaube. Ungewöhnlich, aber so war es. Den einzigen Atheisten, den ich im Handumdrehen auftreiben konnte, war Adam. Also nahm Adam ihm die Beichte ab, oder wie auch immer man das bezeichnen soll, kurzum, er hörte sich Oblowskis Lebensgeschichte an. Der brachte sie gerade noch zu Ende, dann starb er. Adam hat mir zunächst nicht erzählt, was ihm der Alte gebeichtet hatte, und ich habe ihn auch nicht danach gefragt. Einige Wochen später hatte Adam Geburtstag, und ich richtete ihm eine kleine Feier aus. Als tief in der Nacht alle Gäste gegangen waren, haben wir noch eine Weile beieinander gesessen, und da hat er es mir dann gesagt.«

Sie wartete, und Lemberg fragte wunschgemäß. »Und zwar?«

Obwohl niemand in der Nähe war, beugte sie sich zu ihm rüber. »Oblowski hatte Hearst erschossen. Er hatte ihn eines

Abends angesprochen und ihm irgendeine Räuberpistole erzählt. Wie gesagt, Hearst war ein lieber Junge und hat sich angehört, was der Alte zu erzählen hatte. Auf einem Trümmergrundstück in Alt-Treptow hat Oblowski ihn abgeknallt. Anschließend hat er ihm die Finger gebrochen, damit es aussah, als sei Hearst gefoltert worden. Dann hat er die Leiche mit Steinen beschwert und im Landwehrkanal versenkt. Für den Mord hat er vierzig Pfund kassiert, das war damals ein Vermögen.«

»Hat er Adam auch erzählt, wer ihm die vierzig Pfund gegeben hat?«, fragte Lemberg, obwohl er die Antwort bereits kannte.

»Ja. Ein Engländer, der seinen Namen nicht genannt hatte.« Sie lehnte sich zurück, und in ihren Augen loderte ein wildes Feuer, als durchlebte sie die Zeit noch einmal. »Zufällig hat Oblowski ihn hier vor dem Hotel wieder gesehen. Es war Platt.«

»Weswegen hat Platt Hearst umbringen lassen?«

»Aus Ehrgeiz. Um zu verhindern, dass Hearst den Job bekam. Die Gerüchte um Hearsts angebliche Schwarzmarktgeschäfte hat er anschließend gestreut, um eine falsche Spur zu legen.«

In der Tat konnte man, wenn man wollte, Parallelen entdecken. Obwohl das Zimmer gut geheizt war, trat Lemberg kalter Schweiß auf die Stirn.

»Was ist aus Platt geworden?«

»Was schon? Wer hätte mir denn geglaubt, wenn ich mit dem Geständnis eines Toten in die Zentrale gelaufen wäre und Platt, den integren Platt mit all seinen Beziehungen und Kontakten, angeschwärzt hätte?«

Sie hatte vermutlich Recht.

»Lebt er noch?«

»Er starb im gleichen Jahr«, sagte die Gräfin. »An einer mysteriösen Vergiftung.«

Lemberg hätte sich nicht gewundert, wenn diese mysteriöse Vergiftung nach dem Genuss eines Pilzgerichtes, gekocht nach altem pommerischen Rezept, aufgetreten wäre. Er blickte der Gräfin in die Augen, entdeckte dort aber nichts als Unschuld.

Jetzt wusste er, wie die Frau all die Jahre überlebt hatte. Er saß einer erstklassigen Schauspielerin gegenüber. Sein stummes Kompliment verhallte ungehört.

Dann kehrten seine Gedanken wieder zu den Gemeinsamkeiten zurück, die die Gräfin mit ihrer Geschichte aufgezeigt hatte. Er musste es fragen.

»Ich nehme an, diese Geschichte erzählen Sie nicht allzu oft«, sagte er.

»Nie.«

»Haben Sie irgendwelche Anhaltspunkte, Indizien oder Beweise, dass sich diese Geschichte wiederholt haben könnte?«

»Beweise!«, schnaubte sie. »Ich hatte damals keine Beweise, und ich habe heute keine. Aber ich habe ein Gespür dafür, wenn etwas faul ist. Außerdem …«

»Ja?«

Die Gräfin schloss die Augen, um sich zu konzentrieren. »1985 war es. Genau. Da kam Canisius eines Tages volltrunken hier an. Ich wollte ihn gleich ins Bett stecken, aber er bestand darauf, noch eine Flasche mit mir zu köpfen. Ich tat ihm den Gefallen, und dabei hat er mir sein Herz ausgeschüttet. Er hatte damals den Verdacht, dass einer seiner Boys, wie er euch immer nannte, falsch spielte.«

»Hat er einen Namen genannt?« Lemberg kam seine eigene Stimme fremd vor.

»Nein.«

»Hat er dieses Thema noch einmal angeschnitten?«

»Nie wieder.«

Lemberg atmete tief durch.

Die Gräfin hob ihren Zeigefinger. »Achten Sie auf alle Schatten, Roger. Misstrauen Sie Ihnen. Vor allem den vertrauten. Die Wölfe sind unter uns.«

Schwachkopf, schalt Lemberg sich reflexartig. Sieh es realistisch. Das sind nichts weiter als die Intuitionen einer alten Frau.

Er stand auf und ärgerte sich, weil er trotzdem verunsichert war. Vielleicht hatte sie aber auch nur das vorgehabt. Ihn zu verunsichern und so zu sensibilisieren.

Der Abschied verlief ungewohnt wortkarg. Dafür brannte

sich ihm der letzte Blick, den sie ihm zuwarf, als er bereits an der Tür war, unauslöschlich ins Gedächtnis ein.

*

Lemberg war gerade eingeschlafen, als das Haustelefon schrillte. Im Liegen und mit geschlossenen Augen hob er ab.

»Hier steht ein Kommissar Brandauer«, sagte Adam. »Er möchte Sie sprechen. Soll ich ihn raufschicken?«

»Nein, bieten Sie ihm einen Kaffee an. Ich bin in fünf Minuten unten.«

Brandauer saß im Foyer und grinste Lemberg selbstzufrieden an, als er aus dem Aufzug trat. Auf dem Tisch lag ein Aktenordner, daneben stand eine leere Tasse Kaffee.

»Möchten Sie noch einen?«, fragte Lemberg und nahm ihm gegenüber Platz.

»Nein, danke«, sagte Brandauer. »Ich will früh ins Bett. Mein Flieger geht bereits um sieben Uhr dreißig.«

»Teneriffa?«

»Teneriffa.« Er klopfte auf den Aktenordner. »Mein Abschiedsgeschenk. Das sind die Unterlagen, die Professor Borowski über Streibel alias Krassow gesammelt hat.«

Lemberg zog den Ordner zu sich heran und klappte ihn auf. Gesprächsprotokolle mit den unterschiedlichsten Zeugen, die behaupteten, Streibel gesehen zu haben. Darunter Gespräche mit Nachbarn seiner Eltern in Frankfurt/Oder und Datschenbesitzern aus Friedrichshagen. Jede Menge Mutmaßungen, wenig Konkretes. Dann kamen Dutzende von Todesanzeigen, die eine Gemeinsamkeit hatten: Alle Verstorbenen waren am 15. März 1949 geboren, mutmaßlich das Geburtsdatum Krassows.

»Den Fall Boehringer haben Sie übrigens weiter am Hals«, sagte Brandauer. »Willartz hat nur den Mord an Borowski gestanden.«

»Nichts anderes habe ich erwartet. Willartz kommt für den Doppelmord nicht in Frage.«

»Krassow?«

»Wir werden sehen.«

»Haben Sie das Foto gesehen?« Brandauer wies auf den Ordner. »Ziemlich hinten, vorvorletzte Klarsichthülle glaube ich.«

»Nein.«

Lemberg schlug die entsprechende Stelle auf und nahm das Foto heraus. Die Aufnahme war durch ein Fenster gemacht worden und zeigte zwei Männer an einem Wirtshaustisch in ein Gespräch vertieft. Auf der Rückseite stand »Prag, Mai 1988« und »Ist das Streibel?«. Aus der Perspektive war das tatsächlich unmöglich zu entscheiden. Zum einen war die Aufnahme von miserabler Qualität, zum anderen präsentierte der vermeintliche Streibel sich im Profil, den Kopf auf den linken Arm gestützt, wobei die Hand das halbe Gesicht verdeckte. Lemberg wollte das Foto schon wieder zurückstecken, als er plötzlich stutzte. Das Gesicht des anderen kam ihm bekannt vor. Der Mann war frontal aufgenommen worden. Er hatte ein längliches Gesicht, eng stehende Augen und volles, dunkles Haar.

»Sie haben nicht zufällig eine Lupe bei sich?«, fragte Lemberg über den Tisch.

»Seh ich aus wie Sherlock Holmes?«

Adam förderte schließlich eine aus seiner Schublade für Krimskrams hinter der Rezeption zu Tage. Lemberg putzte das Glas mit dem Taschentuch und studierte das Bild noch einmal genau. Nach wenigen Augenblicken war er sich sicher. Es war so, wie er vermutet hatte.

»Was ist?«, fragte Brandauer. »Kennen Sie den zweiten Mann?«

»Ja«, sagte Lemberg gedehnt. »Ein weitläufiger Bekannter.«

*

Amrum, Juli 1976

Noch am selben Abend fuhr Tom-Tom mit dem Fahrrad zu dem Reetdachhaus im Hark Olufs Wai, in dem die blonde Frau vom Strand wohnte. Er lehnte das Rad an die Hauswand und klingelte. Gerade als er erneut klingeln wollte, öffnete sie die Tür. Sie trug einen rosafarbenen Frotteebademantel und war barfuß. Zum ersten Mal sah Tom-Tom sie von vorne. Sie hatte ein rundliches Gesicht mit hohen Wangenknochen. Auf eine etwas gewöhnliche Art war sie attraktiv.

»Ja, bitte?«, fragte sie.

»Wir sind uns heute Nachmittag am Strand begegnet«, sagte Tom-Tom. »Sie hatten dort einen Disput mit meinem Vater. Erinnern Sie sich?«

Die Frau machte ein amüsiertes Gesicht. »Ach, du warst das. Du bist mir anschließend gefolgt. Ich hab dich gesehen, als du am Haus vorbeigegangen bist.«

»Das haben Sie bemerkt?« Tom-Tom ärgerte es, dass sie ihn duzte wie einen Jungen.

»Du hast dich nicht sehr geschickt angestellt. Was willst du?«

»Mit Ihnen sprechen. Darf ich reinkommen?«

Zunächst sah es aus, als wollte sie ihn abweisen, dann aber trat sie wortlos zur Seite. Als Tom-Tom an ihr vorüberging, kroch ihm der Duft eines aufdringlichen Parfüms in die Nase.

Das Wohnzimmer war modern eingerichtet, was nicht zu der niedrigen Decke mit den freiliegenden Balken und den kleinen Fenstern mit den Butzenscheiben passte. Der Fernseher war ein Metz mit weißem Schleiflackgehäuse und für den Raum viel zu groß. Dahinter führte eine Holztreppe ins Obergeschoss. Die Frau bot Tom-Tom einen der Sessel an und setzte sich in das Gegenstück. Als sie die Beine übereinander schlug, klaffte der Bademantel auf und gab den Blick auf ihren rechten Oberschenkel frei.

»Ich weiß, weswegen Sie meinen Vater angesprochen haben«, sagte Tom-Tom und bemühte sich, nicht auf ihre Beine zu sehen. »Ich möchte Sie bitten, ihn in Zukunft in Ruhe zu lassen. Er ist schwer herzkrank und muss jede Aufregung meiden.«

Einen Moment lang starrte die Frau ihn verblüfft an, dann warf sie den Kopf in den Nacken und lachte glockenhell auf. Genauso plötzlich verstummte sie aber auch wieder und machte ein biestiges Gesicht.

»Was bildet dein Vater sich eigentlich ein?«, zischte sie. »Er hat aus freien Stücken einen Vertrag unterschrieben, an den er sich plötzlich nicht mehr gebunden fühlen will. So geht das nicht. Und dann auch noch seinen Sohn vorschicken. Damit verstößt er schon wieder gegen die Vereinbarung. Er hätte dir überhaupt nichts davon erzählen dürfen.«

Tom-Tom hatte Mühe, sich zu beherrschen. »Das hat er auch nicht. Er weiß überhaupt nicht, dass ich hier bin. So krank, wie er ist, ist er Ihnen doch zu nichts nütze. Selbst wenn er wollte, könnte er Ihnen keine brauchbaren Informationen liefern. – Ist das Ihr Haus? Ich verstehe gar nicht, dass Sie sich im Westen so ungeniert bewegen können.«

»Ich arbeite für eine Stabsabteilung des Außenhandelsministeriums. Ich bin in der BRD ein gern gesehener Gast.«

»Was machen Sie genau?«

»Ich handele mit Fleisch im großen Stil. Aber kommen wir zurück zu deinem Vater. Ich hätte dir unter Umständen einen Vorschlag zu machen.«

»Und der wäre?«

»Du hast Recht, als Quelle ist dein Vater unergiebig. Wie wäre es, wenn du seinen Posten einnehmen würdest?«

»Sie wollen, dass ich meinen Ziehvater ausspioniere? Das werde ich niemals tun.«

»Wer redet denn von deinem Ziehvater?«

»Ich wüsste nicht, was ich Ihnen sonst berichten könnte«, sagte Tom-Tom einigermaßen verwirrt.

»Wir sehen so etwas langfristig«, sagte die Frau. »Was hast du denn für berufliche Pläne?«

»Vielleicht studiere ich Soziologie oder Kunstgeschichte. Ich weiß noch nicht.«

»Soziologie oder Kunstgeschichte! Da hätte ich eine bessere Idee. Wie wäre es, wenn du die höhere Beamtenlaufbahn bei der Kriminalpolizei einschlagen würdest? Du bräuchtest dann auch nicht deinen Wehrdienst abzuleisten.«

»Polizei? Ich weiß nicht recht. Das kommt jetzt sehr überraschend. – Und Sie würden meinen Vater dann in Ruhe lassen?«

Die Frau stand auf, ging zu Tom-Tom und beugte sich zu ihm hinab. Er sah, dass sie keinen Büstenhalter trüg.

»Wenn du dich verpflichten würdest, noch heute.«

»Und wenn ich mich später nicht daran halten würde?«

»Wir würden dich daran erinnern, glaub es mir.« Sie zog ihn an den Händen hoch und drängte sich an ihn.

»Na gut«, sagte Tom-Tom zögernd. »Einverstanden. Was soll ich unterschreiben?«

Die Frau schob seine Hand zwischen ihre Schenkel. Auch dort war sie nackt.

»Später. Jetzt wollen wir erst einmal sehen, über welche Qualitäten du noch verfügst.«

»Ich weiß nicht einmal, wie Sie heißen.«

»Sag Ilse zu mir«, sagte die Frau und küsste ihn.

Während sie auf dem Flokati miteinander schliefen, schickte Ilse immer wieder Blicke die Treppe hinauf. Auf der obersten Stufe, im Halbdunkel, stand ein Mann und sah den beiden amüsiert zu. Dabei hielt er in seiner rechten Hand ein Glas Whisky, den kleinen Finger in manierierter Weise abgespreizt.

32.

Kaum hatte Lemberg das Parkhaus am Kölner Flughafen verlassen, piepste sein Handy.

»Die Sache mit dem Kneipennamen bin ich noch einmal anders herum angegangen«, sagte Klaes. »Ich hab überprüft, welche Lokalitäten im in Frage kommenden Zeitraum den Inhaber gewechselt haben beziehungsweise welche neu eröffnet wurden.«

Mit einem Räuspern reinigte er seine Stimmbänder. Durch das Telefon klang das wie entferntes Donnergrollen.

»Fünf Gaststätten und Restaurants waren es insgesamt. Davon kommen aber nur vier in Betracht, bei der fünften handelt es sich um die Filiale einer Fastfood-Kette. Von den vier werden zwei unter dem gleichen Namen weitergeführt. Die eine Gaststätte ging vom Vater auf den Sohn über, die andere übernahm eine Frau von ihrem verstorbenen Mann. Das einzige Restaurant in dem Reigen ist ein chinesisches. Statt ›Mandarin‹ heißt es nunmehr ›Dong-Fong‹. Der Inhaber hat ebenfalls gewechselt, stammt jedoch aus der gleichen Großfamilie. Womit wir bei der letzten Gaststätte wären, und die könnte es sein. Beim ehemaligen Brunnenstübchen in Wittlich-Wengerohr, Werkstraße, haben sowohl Name als auch Inhaber gewechselt. Der Laden heißt jetzt ›California‹.«

»California«, sagte Lemberg. »Da hätte ich auch drauf kommen können. Was wissen Sie über den Inhaber?«

»Es handelt sich um eine Frau, nur heißt sie leider nicht Ilse Cornichon, sondern Margit Fender, geborene Theroux.«

»Wie bitte?« Lemberg dachte, er hätte sich verhört. »Wie war der Mädchenname der Frau?«

»Theroux.« Klaes buchstabierte. »T-H-E-R-O-U-X. So heißt übrigens auch der Bürgermeister.«

»Ich weiß. Finden Sie mal raus, ob die beiden Therouxs miteinander verwandt sind, ja? Und vielen Dank.«

»Sie brauchen sich bei mir nicht zu bedanken, Chef«, sagte Klaes. »Das ist mein Job.«

Lemberg wechselte auf den rechten Fahrstreifen und reduzierte die Geschwindigkeit. Die wildesten Überlegungen schossen ihm durch den Kopf. Noch war nichts bewiesen, aber an einen Zufall mochte er bei der Anhäufung von Indizien nicht glauben. Sollte sich bewahrheiten, was sich andeutete, dann wäre das nicht nur ungeheuerlich und überstiege seine schlimmsten Befürchtungen, sondern dann hätte die Gräfin mit ihren Ahnungen vollkommen richtig gelegen. Dabei war er sich während des Flugs zunehmend sicherer geworden, dass da nichts dran war. Und nun das. Lemberg schüttelte den Kopf. Vergeblich – den Gedanken wurde er nicht mehr los.

Im übertragenen Sinn hielt er mehrere Fäden in der Hand. Jetzt fehlte ihm nur noch jemand, der sie zusammenknüpfte. Und dafür kam lediglich einer in Frage.

*

»Verschwinden Sie, Lemberg!«, schnarrte Pierce durch die Gegensprechanlage. »Ich habe mit Ihnen nichts mehr zu schaffen. Sie haben mir die Polizei ins Haus geschickt.«

»Ich bin die Polizei, Pierce«, sagte Lemberg. »Also machen Sie gefälligst auf. Oder soll ich die Tür eintreten?«

»Das können Sie ja versuchen. Die Tür hat die höchste Sicherheitseinstufung. Außerdem werde ich jetzt die Alarmanlage scharf stellen.«

»Wenn Sie nicht sofort öffnen, lass ich Ihre Bude von einem Sondereinsatzkommando stürmen, das schwöre ich Ihnen. Und ich werde dafür sorgen, dass Ihre Visage morgen die Titelseite der Bild-Zeitung ziert.«

Einen Moment herrschte unheilvolle Stille. Dann meldete Pierce sich erneut.

»Bei Gott, Sie Bastard, das würden Sie tun«, sagte er und betätigte den Öffner. Welche der beiden Drohungen ihn mehr eingeschüchtert hatte, blieb unklar.

Lemberg nahm immer zwei Stufen auf einmal. Die Tür zum Salon, in dem er beim letzten Mal gewartet hatte, war geschlossen. Dafür stand die gegenüberliegende zum Wohnzimmer auf.

Pierce saß mit dem Rücken zu ihm in einem Sessel und blickte auf die Loggia hinaus. Die bodenlangen Gardinen waren zur Seite geschoben. Auf dem Tisch vor ihm standen eine Karaffe, ein Schwenker und ein Schälchen mit Gebäck. Die Deckenbeleuchtung war ausgeschaltet, nur die Stehlampe an Pierce' Seite brannte. Lemberg umrundete das Ensemble und nahm im Sessel vor dem Panoramafenster Platz.

»Sie verstellen mir die Aussicht«, sagte Pierce und musterte Lemberg geradezu hasserfüllt. Dazu pulste seine Wangenmuskulatur. »Wissen Sie, wie Ihre Kollegen, allen voran diese Kommissarin mit dem Doppelnamen, sich hier aufgeführt haben? Gerade so, als sei ich ein steckbrieflich gesuchter Verbrecher. Wie kommen Sie überhaupt dazu, überall herumzuerzählen, ich hätte Ihnen den Tipp mit Boehringer gegeben? Wir hatten Stillschweigen vereinbart.«

»Erstens: Wie ich die Kollegin kenne, wird sie sich absolut

korrekt verhalten haben. Zweitens: Wir hatten einen Scheiß-
dreck vereinbart. Und selbst wenn ich Ihnen Stillschweigen zugesagt hätte – Sie erwarten doch nicht ernsthaft, dass ich einen
Doppelmord unter den Teppich kehre, oder?«

Pierce reckte das Kinn, entgegnete aber nichts.

»Wollen Sie gar nicht wissen, warum ich diesmal hier bin?«

»Das interessiert mich nicht.«

»Ich sage es Ihnen trotzdem.« Lemberg streckte die Beine
aus. Im Flugzeug hatte er unbequem gesessen. »Ich habe einen
bunten Strauß von Fragen, und Sie sind derjenige, der sie mir beantworten wird. Zunächst einmal möchte ich wissen, wo Goran
ist.«

»Pah!«, machte Pierce und presste seine Lippen aufeinander,
bis sie farblos wurden. Er war der Trotz in Person.

»Interpretiere ich Ihre Miene richtig, dass Sie nicht kooperieren wollen?«

Pierce goss maßvoll Brandy in sein Glas, schwenkte es und
schnupperte am Inhalt. Lemberg schenkte er so viel Beachtung
wie einer toten Fliege.

»Treiben Sie es nicht zu weit, Pierce. Meine Geduld ist be-
grenzt.«

»Was haben Sie vor?«, höhnte Pierce. »Wollen Sie mich fol-
tern? Sie wissen doch, was aus dem stellvertretenden Polizeiprä-
sidenten von Frankfurt geworden ist.«

Lemberg langte in das Regal neben sich, packte eine Vase, die
chinesisch aussah, und schleuderte sie quer durch den Raum. Sie
schlug auf einem Stück Marmor zwischen zwei Teppichen auf.
Der Knall, als sie in tausend Stücke zersprang, ließ sogar ihn zu-
sammenzucken.

Pierce riss die Augen auf, dass Lemberg befürchtete, er erlei-
de eine Herzattacke.

»Wo ist Goran?«, wiederholte Lemberg und schnappte sich
eine Glasfigur, die ein Fach tiefer seinen Blick auf sich gezogen
hatte.

»Großer Gott, Sie Barbar«, zischte Pierce. »Das werden Sie
mir büßen!«

»Wo ist Goran?«, wiederholte Lemberg stoisch und würgte

die Figur ein wenig. Es handelte sich um ein kleines blaues Pferd, das eigentlich ganz niedlich aussah.

»Er besucht seine Mutter«, spuckte Pierce heraus.

»Ich wusste gar nicht, dass Goran eine Mutter hat.« Lemberg schüttelte den Kopf. »Die arme Frau. Wo wohnt sie? In Serbien?«

»In Duisburg.«

»Wann erwarten Sie ihn zurück?«

»Morgen. Er übernachtet bei ihr.«

»Dann haben wir ja Zeit zu reden.« Lemberg zündete sich ein Zigarillo an.

»Der Aschenbecher steht in der Küche«, mahnte Pierce vorsorglich.

»Machen Sie sich keine Umstände. Der Fußboden tut es auch.«

Ekel kroch über Pierce' Gesicht wie eine handtellergroße Spinne.

»Reden wir übers Geschäft, Pierce. Mir fehlen ein paar Informationen, um eine gewisse Geschichte rund zu bekommen. Und Sie sind der Mann, der die Lücken füllen kann.«

»Ich weiß nicht, wovon Sie reden.«

»Sie werden es gleich begreifen. Wann haben Sie Krassow kennen gelernt?«

»Was reden Sie da? Den Namen habe ich zum ersten Mal aus Ihrem Mund gehört. Ich kenne den Mann nicht, geschweige denn habe ich je mit ihm zu tun gehabt.«

»Er benutzt gelegentlich andere Namen, zum Beispiel Andrej Müller, Roland Streibel, Frédéric René Martens. Wie steht's damit?«

Pierce verzog den Mund und schüttelte den Kopf. »Nein, nie gehört.«

Lemberg warf Pierce das Foto aus dem Aktenordner in den Schoß. »Hilft Ihnen das auf die Sprünge?«

Pierce hielt die Aufnahme auf Armlänge von sich. Lemberg sah, dass er regelrecht erschrak.

»Wo haben Sie das her?«, stotterte Pierce.

»Ich stell hier die Fragen. Ist das Krassow, mit dem Sie da am Tisch sitzen?«

»Der Mann hat sich mir als Vadim Hamburger vorgestellt.«

»Wann und wo haben Sie Modell für die Aufnahme gesessen?«

»Das muss Mitte der Achtziger gewesen sein. In Prag.«

»1988 steht hinten drauf.«

»Genau«, beeilte Pierce sich zu sagen. »Zwanzig Jahre nach dem Prager Frühling. Den Jahrestag hab ich zum Anlass genommen, eine Story zu machen.«

Lemberg zeigte ihm die Uraltaufnahme von Krassow in Uniform. »Ist das der Mann?«

Wieder reckte Pierce die Arme so weit er konnte. »Ich glaube ja.«

»Haben Sie keine Lesebrille?«

»Doch.« Er nickte zu dem Tischchen neben dem Sessel hin. »Im Schubfach.«

»Dann setzen Sie sie auf.«

Pierce hantierte mit fliegenden Fingern. Die Sache mit der Vase musste ihm sehr nahe gegangen sein. Vielleicht ein Erbstück. Als die Brille endlich auf seiner Nase saß, nickte er umgehend. »Ja, das ist Hamburger.«

»Wie haben Sie ihn kennen gelernt?«

»Er hat mich angesprochen.«

»Einfach so?«

»In der Bar meines Hotels. Er hat mich zu einem Bier eingeladen. Das haben wir dann in diesem Wirtshaus getrunken, wo die Aufnahme gemacht wurde.«

»Was wollte er von Ihnen? Doch nicht mit Ihnen anbändeln?«

»Sagen Sie das nicht so herablassend«, giftete er. »Damals war ich noch sehr knackig.«

Lemberg warf das blaue Pferd in die Luft und fing es wieder auf. Pierce schluckte schwer.

»Sie sollen beim Thema bleiben«, sagte Lemberg. »Also los!«

»Er hat mich gefragt, ob ich Interesse hätte, ihm gelegentlich als Kurier zu dienen.«

»Ach, Krassow wollte also nicht, dass Sie für ihn einen Kontakt anbahnen?«

»Nein, ich sollte nur den Boten machen. Ob der Kontakt bereits bestand oder anderweitig hergestellt wurde, weiß ich nicht. Jedenfalls habe ich sein Angebot zunächst abgelehnt, ich bin doch kein Laufbursche. Aber die finanzielle Offerte, die er mir dann unterbreitet hat, war derart, dass ich nicht nein sagen konnte. Mein Lebensstil ist aufwendig und …«

»Und was?«

Pierce hob den Kopf und sagte mit zitternder Stimme, aber großer Würde: »Wenn man als Homosexueller in die Jahre kommt, aber weiterhin Frischfleisch im Bett haben will, muss man dafür entsprechende Rücklagen bilden.«

»Denken Sie, das geht einem Hetero anders?«, fragte Lemberg. »Dass ihr Schwulen immer denkt, ihr hättet alle Probleme dieser Welt für euch gepachtet.«

Noch nie hatte Lemberg einen beleidigteren Menschen gesehen. Am liebsten hätte er ein Foto gemacht.

»Woher kannte Krassow Sie überhaupt? – Pierce, Sie sollen reden, sonst schneid ich den Miró aus dem Rahmen und steck ihn in die Mikrowelle.«

»Er hatte mich im Fernsehen gesehen«, sagte Pierce hastig. »Im ›Internationalen Frühschoppen‹, hat er gesagt.«

»Dann war die Sendung ja doch zu was gut. Was hat Krassow denn gesagt, wer er ist?«

»Er hat sich als ein Mitarbeiter eines Außenhandelsunternehmens der DDR vorgestellt.«

»Hat es Sie nicht stutzig gemacht, dass er einen Fremden anheuern wollte, statt auf Leute von der Staatssicherheit zurückzugreifen?«

»Zunächst ja. Aber ich gewann schnell den Eindruck, dass er nicht in offiziellem Auftrag, sondern auf eigene Faust handelte.«

»Aha. Was war denn nun Ihre Aufgabe?«

»Ich habe zwei tote Briefkästen bedient.«

»Die befanden sich wo?«

»Einer auf dem Friedhof Melaten in Köln. Der andere auf dem Koblenzer Hauptfriedhof, in der Nähe des Ehrenmals.«

Lemberg drückte das Zigarillo zwischen den Keksen aus. »Wann sind Sie zum ersten Mal tätig geworden?«

»Keinen Monat nach meiner Rückkehr aus Prag«, sagte Pierce und machte ein angewidertes Gesicht.

»Haben nur Sie die Briefkästen bedient oder auch Goran?«

»Nur ich. Das war Hamburgers Bedingung. Keine Mitwisser.«

»Wie haben Sie erfahren, wann eine Sendung eingetroffen war?«

»Entweder kam mit der Post ein Brief, auf dessen Kuvert mein Nachname falsch geschrieben war, oder eine Ansichtskarte mit ›Susanne‹ unterzeichnet.«

»Was kam von Hamburgers Seite?«

»Die Postkarte.«

»Wer war der andere?«

»Das weiß ich nicht.«

Lemberg jonglierte erneut mit dem Pferdchen.

»Das müssen Sie mir glauben, Lemberg. Ich habe nie erfahren, wer der andere war. Es könnte jeder gewesen sein.«

»Schon gut. – Wie oft mussten Sie ausrücken?«

Pierce zuckte die Achseln. »Im Schnitt einmal im Monat.«

»Gab es Zeiten, in denen der Briefverkehr ausblieb? Oder Zeiten mit erhöhter Frequenz?«

Pierce nestelte an seinem Halstuch herum. »Sowohl als auch.«

»Hätten Sie das ein bisschen präziser?«, knurrte Lemberg.

Es dauerte. Pierce massierte seine Schläfen. Offenbar half das. »Anfang 1989 nahm der Briefverkehr stark zu. Und dann noch einmal, im Sommer ʼ90.«

Lemberg hatte es geahnt. Einerseits war es ein Schock, andererseits triumphierte er innerlich.

»Kurz darauf wurde der Verkehr eingestellt.« Pierce stieß einen albernen Lacher aus. »Bis ich kurz vor Weihnachten plötzlich wieder eine Nachricht erhalten habe.«

»Weihnachten letzten Jahres? – Von welcher Seite?«

»Von ›Susanne‹.«

»Wer hat Boehringer und die Frau umgebracht?«

»Goran«, plapperte Pierce, ohne zu zögern. Dann begriff er, was er gesagt hatte, und riss die Hand vor den Mund.

Lemberg musterte ihn lange und ruhig. Schließlich stand er auf und ging zum Schrank. Erst hinter der dritten Tür fand er einen Schwenker. Anders als Pierce gönnte er sich einen Doppelten, den er im Stehen trank. Der Brandy war eine Wucht, konnte aber nichts an Lembergs innerer Kälte ändern.

»Wie heißt Goran mit Nachnamen?«

»Milosevic.«

»Wo wohnt die Mutter?«

»In einem Altenheim. Sie hat dort ein Apartment.«

»Name und Anschrift des Heims?«

»Keine Ahnung. Ich weiß lediglich, dass es in Duisburg liegt. In der Nähe des Zoos. Sie kann die Löwen brüllen hören, wenn der Wind richtig steht.«

Ohne Pierce aus den Augen zu lassen, telefonierte Lemberg mit Dorsel und gab alle notwendigen Daten zur Fahndung nach Goran durch. Falls Klaes von der Lösung des Falls überrascht war, ließ er es sich jedenfalls nicht anmerken.

»Schommer ist in Wittlich und versucht, Näheres über die Inhaberin des ›California‹ herauszufinden«, sagte er. »Wenn er was hat, meldet er sich direkt bei Ihnen.«

»Bestens.« Lemberg klappte das Handy zu. »Und Sie erzählen mir jetzt, wie es dazu gekommen ist, Pierce.«

Vor lauter Nervosität bekam Pierce einen Schluckauf. Seine elegante Fassade bröckelte vor sich hin.

»Großer Gott«, sagte er. Offen blieb, ob er damit seinen Fauxpas oder den Hickser meinte. »Sie können Ihr Geld wiederhaben Lemberg, kein Problem. Ich leg auch noch was drauf.«

Lemberg wischte den Vorschlag mit einer wilden Handbewegung aus der Luft. »Warum hat Goran das getan?«

»Es war ein Versehen.«

»Ein Versehen nennen Sie das? Die Leute wurden gefoltert, Pierce. Mit Zigaretten. Was sollte das? War das Ihre Idee?«

»Natürlich nicht«, sagte er mit einem erneuten Schluckauf und machte Anstalten aufzustehen. »Ich muss mir ein Glas Wasser holen.«

»Sie bleiben sitzen!«, fuhr Lemberg ihn an. »Warum?«

»Warum, warum?« Pierce machte eine hilflose Geste. »Nachdem ich Ihnen Boehringer angeboten hatte, hab ich kalte Füße bekommen. Ich hielt es im Nachhinein doch für keine gute Idee, dass Sie sich mit ihm beschäftigen. Also hab ich Goran zu ihm geschickt, damit Boehringer seine Koffer packt und verschwindet. Aber der blöde Kerl hat sich geweigert und seine Hunde auf Goran gehetzt. So etwas lässt Goran sich natürlich nicht bieten. Er ist manchmal entsetzlich gewalttätig.«

Sie wurden von Lembergs Handy unterbrochen.

»Schommer hier.« Der Kollege klang atemlos, dabei war er eine Sportskanone, die so schnell nicht aus der Puste kam. »Klaes sagte, ich soll mich direkt mit Ihnen in Verbindung setzen. Margit Fender, die Inhaberin des ›California‹, ist die Schwester des Bürgermeisters. Und sie hat eine Angestellte namens Ilse Cornichon. Die wohnt über der Kneipe.« Schommer zog scharf Luft ein. »In der Wohnung bin ich jetzt. Die Cornichon ist erschossen worden. Das muss eben erst passiert sein. Der Leichnam ist noch warm.«

Die Nachricht traf Lemberg wie ein Uppercut. Er hatte Mühe, seine Gedanken auf die Schnelle zu sortieren. Aber dann siegte die Routine.

»Ich mach mich sofort auf den Weg«, sagte er und warf einen Blick auf seine Armbanduhr. »In einer knappen Stunde bin ich da.«

»Okay, wir fangen schon mal an.«

Während Lemberg sein Handy verstaute, sagte er zu Pierce: »Ziehen Sie sich einen Mantel über, Sie werden mich begleiten.«

»Wohin?«

»In den Vorhof zur Hölle«, sagte Lemberg. »Kann sein, dass Sie dort einen alten Bekannten wiedertreffen.«

33.

Das »California« firmierte unter der unvermeidlichen Bitburger-Leuchtwerbetafel als Schnellgaststätte mit durchgehend warmer und kalter Küche und belegten Brötchen ab Viertel vor sechs. Schöller-Eiscreme rundete das kulinarische Angebot ab.

Lemberg stoppte hinter zwei Golf, die seinem zum Verwechseln ähnlich sahen, und bat den uniformierten Kollegen, der die Absperrung sicherte, ein Auge auf Pierce zu haben. Der einstige Starjournalist saß mit käseweißem Gesicht auf dem Beifahrersitz und fächelte sich mit der Parkscheibe Luft zu. Lembergs Fahrstil war ihm nicht bekommen.

»Das ging aber flott«, sagte Klaes, als Lemberg die Wohnung im Obergeschoss betrat. »Ich selbst bin erst vor fünf Minuten eingetroffen.«

»Dabei hab ich mich noch verfahren und bin zuerst bei Dr. Oetker gelandet.«

»Sie auch?« Händeschütteln fiel aus, da beide Einmalhandschuhe trugen. »Schommer ist in der Küche bei der Leiche.«

Lemberg musste sich damit begnügen, den Tatort von der Tür aus in Augenschein zu nehmen, da die Spurensicherung den Boden abklebte. Streifen für Streifen sicherten zwei Männer jeden Krümel und jede Faser; heutzutage wurden mehr Täter im Labor überführt als durch Kopfarbeit.

»Hallo«, sagte Lemberg zu Schommer, der am Türrahmen lehnte.

»Hallo, Chef.«

Die Tote saß in einem Rollstuhl und war vollständig bekleidet. Mit schwarzem Samtkostüm nebst Brosche für daheim reichlich overdressed; entweder wollte sie ausgehen oder zur Arbeit. Sie hatte dauergewelltes, blond gefärbtes Haar, war deftig geschminkt und entsprach im Großen und Ganzen der Beschreibung, die Schulze von Ilse Cornichon gegeben hatte. Plus die zwanzig Jahre, die seitdem vergangen waren. Gestorben war sie an einem Schuss, der sie mitten in die Stirn getroffen hatte.

»Erzählen Sie mal, wie Sie sie gefunden haben«, sagte Lemberg.

»Ich war unten in der Gaststätte und hab das Personal befragt«, sagte Schommer. »Die Mannschaft wunderte sich schon, wo sie blieb, weil sie sonst immer gegen achtzehn Uhr kam. Aber keiner hat sich getraut, nach ihr zu sehen. Die Cornichon konnte wohl ziemlich ungemütlich werden. Da bin ich dann rauf.«

»Stand die Wohnungstür offen?«

»Nein, ich musste das Schloss knacken.«

»Keine Einbruchsspuren?«

»Nichts dergleichen. Entweder hat sie dem Täter geöffnet, oder er besaß einen Schlüssel.« Schommers Kopf ruckte in Richtung der Toten. »Wie sie da sitzt, hab ich sie gefunden. Das Kissen, das auf dem Tisch liegt, muss er ihr aufs Gesicht gedrückt haben.«

»Sie wurde durch ein Kissen erschossen?«

»Deswegen hat auch niemand was gehört. Außerdem läuft unten volle Pulle ein Radio. Gesehen hat auch keiner was. Die Wohnung hat einen separaten Eingang. Man muss nicht durch die Kneipe.«

»Hat sie sich gewehrt?«

»Allem Anschein nach nicht. Vorbehaltlich, dass das Labor etwas unter ihren Fingernägeln findet.«

Lemberg kratzte sich am Nasenrücken. »Haben Sie Margit Fender vernommen?«

»Ich hab mit ihr telefoniert. Sie hat zugesagt, unverzüglich herzukommen. Das war vor 'ner Dreiviertelstunde.«

»Wohnt sie in Wittlich?«

Schommer nickte.

»Schicken Sie einen Streifenwagen hin. Die sollen sie sofort herbringen. Zur Not in Handschellen.«

Schommer gab das im Treppenhaus an zwei Uniformierte weiter, von denen der eine dem anderen gerade lautstark erklärte, wie teuer der dort eingebaute Treppenlift war, weil er das gleiche Modell beinahe für seine Schwiegermutter angeschafft hätte. Glücklicherweise war sie rechtzeitig vorher gestorben.

»Die haben vielleicht Humor, die beiden«, sagte Schommer, als er wieder neben Lemberg stand.

»Wir haben die Schwiegermutter nicht gekannt. – Sind die Räume durchwühlt worden?«

»Nein. Aber es könnte sein, dass der Täter sich im Bad die Hände gewaschen hat. Der Wasserkran war nicht richtig zugedreht.«

Das Bad entsprach dem deutschen Durchschnitt, sah man mal von nachträglich installierten Haltegriffen zur behindertengerechten Ausstattung ab. Außerdem hatte die Wanne eine Tür. Die Wasserkräne waren vierflügelig und aus Porzellan und machten auf Nostalgie. Gekennzeichnet waren sie mit »warm« und »cold«, und für den, der nicht lesen oder Englisch oder beides konnte, zusätzlich mit einem roten beziehungsweise blauen Kreis versehen.

»Riechen Sie das?«, fragte Lemberg.

Schommer schnupperte. »Überreifes Obst?«

»Sehen Sie hier Obst?«

»Vielleicht die Seife?« Schommer beugte sich zu dem bläulichen Stück hinab, das mit einem Kronkorken im Kreuz an einem Magneten hing.

»Lavendel«, sagte er. »In der Luft hängt tatsächlich ein anderer Geruch. Für einen Zigarrenraucher haben Sie eine gute Nase. Hätte ich nicht bemerkt.«

»Vielleicht liegt es daran, dass ich in den vergangenen Tagen nur Zigarillos geraucht habe. – Das Fenster war zu?«

»Natürlich. Hier ist alles unverändert.«

Klaes erschien auf der Schwelle, in der Hand eine Klarsichttüte mit einer Pistole. »Die steckte zusammen mit einem Handtuch im Schmutzwäschekorb im Schlafzimmer. Eine Makarow. Könnte die Tatwaffe sein. Jedenfalls ist unlängst mit ihr geschossen worden. Das Handtuch hatte er sich vermutlich um den Unterarm gewickelt.«

»Was ist mit Dokumenten?«, fragte Lemberg.

»Was wir gefunden haben, liegt auf dem Wohnzimmertisch.«

Führerschein, Personalausweis, Reisepass, eine Krankenversicherungskarte der AOK und ein Plus-Mitglied-Kärtchen des ADAC lagen verstreut auf einer Häkeldecke. Alle ausgefertigt auf Ilse Cornichon, kein Mädchenname, geboren am 01. Februar 1947 in Frankfurt/Oder. Als Adresse war jeweils die Oranienburger Straße in Berlin angegeben.

»Sie ist trotz ihrer Behinderung Auto gefahren«, sagte Schommer. »In der Garage steht ein umgebauter Kia Carnival mit Auffahrrampe für den Rollstuhl.«

Lemberg ließ seinen Blick durch den Raum schweifen. »Nirgendwo hängt ein Foto. Nicht einmal von einem Haustier. Wie sieht es im Schlafzimmer aus?«

»Nur kahle Wände«, sagte Schommer.

»Haben Sie wenigstens ein Album gefunden?«

»Bisher Fehlanzeige. Aber wir waren noch nicht im Keller und auf dem Dachboden. Vielleicht hat sie da Sachen untergestellt.«

»Kontoauszüge?«

»Nein, aber circa zwanzigtausend Euro in bar in einem Schuhkarton im Schlafzimmerschrank. Vielleicht hatte sie mit Banken schlechte Erfahrungen gemacht.«

»Oder die mit ihr.«

Lemberg öffnete die Balkontür, trat hinaus und stützte sich auf die Brüstung. Überschlägig fünfzig Schaulustige zählte er auf der Straße. Laute Gespräche wurden zu unterdrücktem Gemurmel, und von überall wiesen ausgestreckte Arme auf ihn, als sei er der lang erwartete Redner. Mitten aus der Menge flammte ein Blitzlicht auf.

»Follmann, Trierischer Volksfreund«, rief der Fotograf. »Können Sie mir ein paar Fragen beantworten?«

»Nein«, rief Lemberg. »Und hören Sie auf, mich zu fotografieren. Ich denke nach.«

Ehrfürchtiges Schweigen legte sich über die Menschenmenge. Es bot sich die Gelegenheit, einem leibhaftigen Polizisten beim Denken zuzusehen. Das passierte nicht nur in Wengerohr nicht alle Tage.

Ein Streifenwagen, der sich hupend durch die Menge schob, machte der Aufführung ein Ende.

Die Uniformierten führten eine Frau und einen Mann hinter die Absperrung, während die Schaulustigen wieder zu tuscheln begannen.

Lemberg verließ den Balkon, fing das Paar im Treppenhaus ab und ging mit ihnen in die Gaststube. Vermutlich aus Pietät hatte man die Lautstärke des Radios runtergeregelt. Am Tresen polierte eine Frau mit einer Kurzhaarfrisur Gläser. Auffällig waren ihre außergewöhnlich großen Ohren. Nur Sabine Christiansen konnte da mithalten. Lemberg wählte einen Tisch am Fenster. Da die Gaffer sich an der Scheibe die Nasen platt drückten, ließ er den Rollladen runter.

Die Fenders mochten Anfang vierzig sein, waren peinlich sorgfältig gekleidet und frisiert und trugen modische Brillen mit Fensterglas. Im »California« wirkten sie so fehl am Platz wie ein Springreiter im roten Wams auf einem Bulldozer.

»Ich protestiere gegen diese Behandlung«, sagte Fender und legte eine Visitenkarte auf den Tisch. Lemberg warf einen Blick darauf. Der Mann hieß mit Vornamen Claus und war Optiker. »Die Beamten haben uns abgeführt, obwohl das Geschäft voller Kunden war.«

»Dann hätten Sie sich umgehend in Bewegung setzen müssen, wie Sie es meinem Kollegen zugesagt hatten«, sagte Lemberg kühl. »Kommen wir zum Thema: Sie betreiben diese Gaststätte, Frau Fender?«

Erst nickte sie, dann sagte er: »Ja.«

»Warum?«

Die Fenders sahen sich an, als habe endlich mal jemand die Frage gestellt, die ihnen schon lange auf der Zunge lag. Dann begann Claus Fender an den Manschetten seines blütenweißen Hemdes zu zupfen und sagte: »Aus Abschreibungsgründen.«

»Aha. Wie viel Umsatz macht der Laden denn im Monat?«

»Ich glaube nicht, dass ich Ihnen diese Frage beantworten muss.«

»Stimmt, das müssen Sie nicht. Aber Sie sollten aufhören, mir die Jacke voll zu lügen.« Lemberg knickte einen Bierdeckel und hielt ihn Fender vor die Nase. »Ihre Frau hat hier den Strohmann für Frau Cornichon gemacht, die niemals mehr eine Lizenz bekommen hätte, weil sie ein illegales Bordell mit Minderjährigen betrieben hat. Ich will wissen, warum sich Ihre Frau dafür hergegeben hat. Sie können mir die Frage natürlich auch selbst beantworten, Frau Fender. Volljährig sind Sie ja.«

»Ich glaube nicht, dass mir Ihr Ton gefällt«, sagte Fender. »Vielleicht wissen Sie nicht, mit wem Sie es zu tun haben. Meine Frau ist die Schwester des Bürgermeisters.«

»Vergessen Sie Ihren Schwager, Fender, der kann Ihnen nicht mehr helfen. Oskar ist mutmaßlich tiefer in den Fall verstrickt, als Sie es sich vorstellen können. Es war doch seine Idee, dass die Kneipe auf den Namen Ihrer Frau läuft, oder nicht?«

Wieder tauschte das Ehepaar Blicke aus. Schließlich zuckte sie mit den Achseln und überließ ihm die Verantwortung. Er straffte die Schultern und rückte seine Brille zurecht.

»Selbst wenn es so wäre, wäre das nicht strafbar«, sagte er mit einer Stimme, deren Zittrigkeit im Kontrast zu seiner aufgesetzten Miene stand. »Wir haben im Rahmen der bestehenden Gesetze und Vorschriften gehandelt. Das hat mein Schwager uns zumindest versichert.«

»Warum haben Sie sich überhaupt auf die Sache eingelassen?«

»Weil Oskar mich darum gebeten hat«, sagte sie.

»Mit welcher Begründung?«

»Er sei einer alten Freundin einen Gefallen schuldig, hat er gesagt.«

»Alte Freundin ist gut. Frau Cornichon war die Verlobte jenes Auftragskillers der Stasi, der im Verdacht steht, Lutz Eigendorf und weitere DDR-Dissidenten ermordet zu haben.« Lemberg beugte sich vor. »Über dieses Thema würde ich gerne mit Ihrem Bruder persönlich sprechen. Wo kann ich ihn momentan erreichen? Sie haben doch sicher eben mit ihm telefoniert.«

»Wir haben es pausenlos versucht«, jammerte sie. »Aber er meldet sich nicht.«

»Seine Frau muss doch wissen, wo er steckt.«

»Cordula ist seit Mittwoch zur Kur in Bad Kissingen.« Beide glotzten Lemberg an wie die Kaninchen. »Was sollen wir denn jetzt machen?«

»Ein Kollege wird Sie nach Hause bringen und bei Ihnen bleiben, damit Sie keinen Unfug anrichten können. Sobald ich mit Oskar gesprochen habe, hören Sie von mir.«

Während Schommer den Abtransport der Fenders organisierte, kehrte Lemberg in die Wohnung im Obergeschoss zurück. Weder die Spurensicherung noch Klaes hatten grundlegend Neues mitzuteilen. Noch einmal steckte Lemberg den

Kopf ins Bad und schnupperte. Der seltsame Geruch war beinahe vollständig verflogen. Lemberg kramte in seinem Gedächtnis, aber es wollte ihm ums Verrecken nicht einfallen, woher er ihn kannte.

Als er sich dann doch erinnerte, musste er sich am Waschbecken festhalten, um nicht zu stürzen.

34.

Lemberg nahm Klaes und Schommer zur Seite und berichtete ihnen, wie er weiter vorzugehen beabsichtigte. Zum ersten Mal, seit sie sich kannten, meinte er dabei beiden eine gewisse Nervosität anzumerken. Vielleicht war es aber auch nur seine eigene Anspannung, die sie reflektierten.

»Wollen Sie wirklich kein SEK anfordern?«, fragte Klaes, nachdem Lemberg geendet hatte.

»Ich will jede Schießerei vermeiden. Deshalb werde ich auch allein hineingehen. Ihnen beiden stelle ich frei, ob Sie hier bleiben oder mich begleiten. Besprechen Sie das in Ruhe. Ich warte bei den Fahrzeugen.«

Klaes und Schommer sahen sich kurz an.

»Nicht nötig«, sagte Klaes. »Wir sind dabei – wenn Sie eine Weste anziehen.«

»Das ist Erpressung. Die verdammten Dinger sind schwer und unbequem.«

»Ich hab eine von den neuen. Die ist bequemer als eine Strickjacke.«

»Gut«, sagte Lemberg. »Wenn das Ihr Preis ist. Abfahrt in zehn Minuten.«

»Was ist mit Enderlein? Wollen Sie ihn mitnehmen?«

»Er ist der Einzige von uns, der Krassow je gesehen hat. Nur er könnte ihn zweifelsfrei identifizieren.«

In dem Moment ertönte der Sirenenton eines französischen

Polizeiwagens aus Klaes' Sakko. Er nahm sein Handy heraus und meldete sich. Nachdem er dreimal bejahend gegrunzt hatte, war das Telefonat beendet.

»Die Kollegen in Duisburg haben Goran Milosevic festgenommen«, sagte er.

»Hat er Widerstand geleistet?«, fragte Lemberg.

»Nein, nur seine einundneunzigjährige Mutter. Aber mit der sind sie fertig geworden.«

»Der Abend fängt doch gut an. Auf geht's, meine Herren.«

*

Die letzten hundert Meter rollte die Golf-Karawane mit ausgeschalteten Scheinwerfern. Kurz vor Ende des Waldes hielten die drei Fahrzeuge hintereinander an.

»Ich muss meine Tabletten nehmen«, sagte Pierce Enderlein, der neben Lemberg im ersten Fahrzeug saß. Dass Goran verhaftet worden war, hatten sie ihm bisher verschwiegen.

»Nur zu«, sagte Lemberg. »Ich hab nichts dagegen.«

»Dazu brauch ich aber ein Glas Wasser.«

»Fragen Sie Klaes, der hat immer eine Flasche im Auto. Und zeigen Sie ihm vorher, was Sie da schlucken wollen. Nicht dass Sie mir hier Selbstmord begehen. Sie werden unter Umständen noch gebraucht.«

Während Klaes sich um Enderlein kümmerte, war Schommer Lemberg beim Verkabeln des Senders und anschließenden Überziehen der Schutzweste behilflich. Das Ganze spielte sich im Schein von zwei kleinen Taschenlampen ab.

»Bequem?«, fragte Schommer.

»Wie eine Schwimmweste, die zu stramm aufgepustet ist. Ich krieg kaum Luft.«

Klaes trat dazu, nachdem er Enderlein wieder in Lembergs Wagen verfrachtet hatte. »Sie gewöhnen sich schon dran. Ich zieh sie ab und zu beim Rasenmähen an. Da trainiert sich das. Außerdem – Kriminaloberrat Canisius würde mir nie verzeihen, wenn ich Sie ohne das Ding laufen ließe.«

»Sie sind wie ein Vater zu mir«, sagte Lemberg.

»*In the natural order of things, fathers don't bury their sons*«, sagte Schommer. »Das ist nicht von mir, das ist von Paul Auster.«

Als Letztes zog Lemberg eine schwarze Sturmhaube über.

»Jetzt sehen Sie aus wie ein Bankräuber«, sagte Klaes. »Strecken Sie mal die Hände vor.«

»Auster hat eine hübsche Frau«, sagte Lemberg. »Wie heißt sie gleich? Schreibt auch.«

»Siri Hustvedt«, sagte Schommer, während Klaes Lembergs Handrücken mit Erde einrieb. »Haben Sie schon mal was von ihr gelesen? ›Die unsichtbare Frau‹ oder ›Die Verzauberung der Lilly Dahl‹? Das Neueste kenn ich noch nicht.«

»Ich hab zwei Kinder und einen Hund. Da bleibt kein Geld für Bücher.«

»Ich leih Ihnen mal eins, wenn Sie wollen. Lesen Sie in Englisch?«

»Nur die Werke von Helmut Newton«, sagte Lemberg. »Sollten Sie irgendwann länger als eine Viertelstunde nichts von mir hören, verfahren Sie nach eigenem Gutdünken.«

Beide nickten.

Lemberg trat zwischen den Bäumen hervor und lief die Zufahrt hinauf. Der Himmel war bewölkt, aber es war keine geschlossene Decke, sodass hier und da Sterne durchblitzten und sich hin und wieder auch der Mond zeigte. Er versuchte es erst gar nicht am Haupttor, sondern schlug sich links in die Büsche und folgte dem Zaun, der das Grundstück auf dieser Seite einfasste. Allerlei niederes Gestrüpp erschwerte sein Vorankommen, aber nachdem der Zaun einen Knick nach Norden gemacht hatte, wurde der Bewuchs lichter. In der Ferne kläffte ein Hund.

Nach knapp hundert Schritten endete der Zaun und wurde von einer schulterhohen Steinmauer abgelöst, auf deren Krone sich Stacheldraht zwischen unterarmlangen Eisenpfosten spannte.

»Dies ist ein Test«, sagte Lemberg. »Bin ich gut zu verstehen?«

»Bestens«, ertönte Klaes' Stimme verzerrfrei aus dem Knopf in Lembergs rechtem Ohr. »Sind Sie auf dem Grundstück?«

»Noch nicht, aber gleich.«

Das war leichter behauptet als verwirklicht, aber wenige Meter weiter stieß Lemberg auf einen Baum, der einen Ast weit über die Mauer bis auf das Grundstück streckte. Mit der Geschicklichkeit eines übergewichtigen Mittvierzigers, der in einer Zwangsjacke steckt, stieg er so weit in den Baum, dass er den Ast mit den Händen packen und sich an ihm entlanghangeln konnte. Dabei rutschte die Weste hoch und schnürte ihm die Luft ab. Würgend und mit dem letzten Quäntchen Sauerstoff erreichte Lemberg die Mauer. Sich am Ast festhaltend trampelte er den Stacheldraht nieder und schnaufte erst einmal durch.

»Alles in Ordnung mit Ihnen?«, fragte Klaes.

»Bestens«, sagte Lemberg und sprang auf der anderen Seite hinunter.

Der hintere Teil des Anwesens war als Streuobstwiese angelegt. In der Ferne zeichneten sich die schwarzen Silhouetten des großen und des kleinen Blockhauses ab. Auf halbem Weg, gefangen in einem Rechteck aus Obstbäumen, befand sich ein weiteres Gebäude, in dessen Schutz Lemberg sich begab. Es entpuppte sich als ein mit einer Plane abgedeckter Wohnanhänger.

Keines der Fenster war erleuchtet. Nur von vor dem Haus meinte Lemberg einen schwachen Lichtschein wahrzunehmen. Ein kurzer, aber energischer Spurt brachte ihn an die Rückfront des kleinen Blockhauses. Das Gebäude hatte Fensterläden, die geschlossen waren. Vorsichtig lugte Lemberg um die Ecke. Tatsächlich brannte die Außenleuchte neben der Tür des Haupthauses. Weder von Therouxs WIL-OTem Passat noch einem anderen Fahrzeug war etwas zu sehen.

Lemberg umging das Blockhaus bis zum Wintergarten auf der Rückseite. Neben dem verglasten Alugerippe befand sich eine unbewachsene Sprossenwand. Kein Wunder, die Wand wie auch der Wintergarten wiesen nach Norden. Was für eine Schnapsidee. Sollte die Überdachung der Wittlicher Fußgängerzone ebenso gründlich geplant werden, konnten die Leute sich ja auf einiges gefasst machen.

Lembergs Ziel war das Fenster im Giebel oberhalb des Wintergartens. Er testete, ob die Sprossen sein Gewicht halten würden. Es sah so aus. Er war noch keinen Meter aufgestiegen, als der Mann in seinem Ohr sich meldete.

»Soeben biegt ein dunkler VW Passat in die Grundstückszufahrt ein«, war Klaes gedämpft zu vernehmen. »Besetzt mit zwei Personen. Sollen wir versuchen, sie festzunehmen?«

»Nein, nicht eingreifen. Ich melde mich wieder.«

Lemberg kletterte beschleunigt weiter. Als er von der Sprossenwand auf den waagerecht verlaufenden Träger des Wintergartens umstieg, hörte er den Wagen vorfahren. Der Motor erstarb, Türen wurden geschlagen, und Schritte näherten sich der Vorderseite des Hauses. Den Rücken zur Hauswand schob Lemberg sich auf den bestenfalls fünfzehn Zentimeter breiten Träger. Noch drei Schritte, noch zwei, noch einer – jetzt konnte er mit der rechten Hand die Laibung des Giebelfensters erreichen und sich festhalten. Mit der anderen suchte er Halt an der Wand, fand aber keinen.

Im Wohnzimmer, an das der Wintergarten angebaut war, wurde Licht eingeschaltet. Der Schein beleuchtete Lembergs Schuhe, die über den Träger hinausragten. Unter sich im Wintergarten konnte er eine Pflanze mit riesigen fleischigen Blättern ausmachen.

Plötzlich ertönten Stimmen. Irgendwo da unten hob ein heftiges Wortgefecht an. Dann klang es, als brüllte jemand Befehle. Lemberg bemühte sich, verstand aber kein Wort. Schließlich machte ein eindeutiges »Schnauze!« dem Gezeter ein Ende.

»Sind Sie sicher, dass nur zwei Personen in dem Wagen saßen?«, flüsterte Lemberg.

»Definitiv zwei, es sei denn, eine dritte Person hätte auf der Rückbank gelegen.«

Weitere Lichtquellen wurden eingeschaltet. Die gesamte Flora zu Lembergs Füßen wurde angestrahlt. Kakteen, Farne, Palmen, allerlei Topfpflanzen und das fleischige Ungeheuer. Ein menschlicher Schatten gesellte sich dazu. Wieder wurde herumgeschnauzt. Dann wurden die Konturen des Schattens schärfer, der Mensch trat weiter in den Wintergarten hinaus. Jetzt musste er genau unter Lemberg stehen. Vor Anspannung wurde sein Rücken steif.

Der Mann trat noch einen Schritt vor beziehungsweise zurück, denn er ging rückwärts, und jetzt erkannte Lemberg ihn auch. Oskar Theroux im Försterlook. Er streckte die Unterarme vor, und zwei Hände, die zu einem Körper außerhalb von Lembergs Blickfeld gehörten, wickelten ihm ziemlich rüde Klebeband um die Handgelenke. Dann wurde die Rolle an Theroux übergeben, und er umwickelte umständlich die Hände des anderen. Lemberg schüttelte den Kopf. Was trieben die da für Spielchen?

Er beugte sich leicht vor, um zwischen seinen Beinen hindurch einen Blick in den vorderen Teil des Wintergartens werfen zu können. Er sah Spitzen von Herrenschuhen, weiter kam er nicht. Das Risiko, vornüber zu kippen, war zu groß. Dann verschwanden die Schuhe, und Lemberg war wieder mit Theroux allein.

Ganz ungefährlich war Lembergs Standort nicht. Sollte Theroux den Kopf heben, würde er ihn zweifellos entdecken. Bisher war er nicht auf die Idee gekommen, nach oben zu sehen, aber was nicht war, konnte ja noch werden.

Inzwischen waren sicher zehn Minuten vergangen, seit Lemberg den Träger betreten hatte. Auf seine Uhr wagte er nicht zu sehen, weil er fürchtete, das Gleichgewicht zu verlieren, sobald er den linken Arm nach vorne nähme. Zunehmend verkrampfte sein Körper. Ewig würde er sich so nicht halten können.

Endlich machte Theroux einen Schritt nach vorn. Fast im gleichen Augenblick fuhr Lemberg ein infernalischer Schmerz in die Wade. Die Wadenmuskulatur seines rechten Beins verkrampfte. Verzweifelt versuchte er die Zehen hochzubiegen, aber das führte nur dazu, dass der Krampf auf den Oberschenkel übergriff. Unbedacht ließ er die Laibung los, griff sich ans Bein und bekam Übergewicht.

Im letzten Moment riss Lemberg die Unterarme vors Gesicht, um seine Augen zu schützen. Mit einem ohrenbetäubenden Knall durchschlug er das Dach des Wintergartens. Für Sekundenbruchteile hatte er das Gefühl, in der Luft zu schweben, dann rauschte er wie ein Racheengel aus dem Kosmos auf Theroux hinab.

Mit der Schulter rammte er Therouxs Schädel. Theroux wurde zur Seite geschleudert, und Lemberg schlug übel auf dem Steinboden auf. Scherben regneten auf ihn herab. Ein stechender Schmerz durchzuckte sein linkes Bein. Aber das war nicht der Krampf. Halb taub vom Bersten des Glasdaches registrierte Lemberg, dass eine riesige Glasscherbe aus seinem Oberschenkel ragte. Als er sie herauszog, trennte er sich beinahe den Daumen ab. Dann riss er sich die Sturmhaube vom Kopf und blickte sich um.

Theroux war durch den Aufprall außer Gefecht gesetzt worden und lag mit seltsam verdrehten Beinen neben ihm, gerade so, als sei er beim Twisten ohnmächtig geworden. Neben seinem Kopf lag seine Brille. In einem der Korbsessel, flankiert von zwei Palmen, saß ein Mann, der aussah wie Krassow auf dem Foto, das in Tegel gemacht worden war. Er war der andere, dessen Hände gefesselt waren. Am Rahmen der Schiebetür, die vom Wohnzimmer in den Wintergarten führte, lehnte ein dritter Mann. Mit dem Lauf des Revolvers, den er in der Rechten hielt, tippte er zum Gruß an seine Schläfe, nickte und grinste.

»Hallo, Frank«, sagte Lemberg.

35.

Lemberg hatte sich zu dem zweiten Korbsessel geschleppt und blutete die hellen Auflagen voll.

»Klaes, Schommer«, sagte er ins Mikro. »Sie können jetzt reinkommen. Und bringen Sie einen Verbandskasten mit.«

»Stopp!«, rief Frank. »Sag Ihnen, Sie sollen draußen bleiben. Ich will hier niemand außer dir sehen.«

»Was soll das? Spinnst du?«

Frank schlug mit dem Lauf seines Revolvers in seine offene Handfläche. »Tu einfach, was ich gesagt habe, okay? Und schalt den Sender aus.«

»Klaes, einen Moment! Hier gibt es Unstimmigkeiten. Ich kappe jetzt die Verbindung und melde mich später wieder, okay?«

»Alles in Ordnung bei Ihnen?«, fragte Klaes.

»Alles in Ordnung.«

»Wirklich?«

»Wenn ich es Ihnen sage.«

Lemberg entledigte sich der Schutzweste und dann der Verkabelung. Zuletzt schaltete er den Sender auf »OFF«.

»Zufrieden?«, fragte er.

»Wer ist außer den beiden noch da draußen?«, fragte Frank.

»Nur Enderlein.«

»Was will der denn hier?«

»Er ist der Einzige von uns, der Krassow je gesehen hat. Er kann ihn identifizieren.«

Frank machte ein amüsiertes Gesicht. »Hast du etwa Zweifel an seiner Identität? Hey, Mann, wach auf, das ist er. Er gehört uns. Wir können mit ihm machen, was wir wollen. Wir können ihn sogar in Stücke schneiden.« Frank schlug Krassow die Waffe auf die Schulter, dass der das Gesicht verzog. »Und Theroux hängen wir das an.«

»Lass das!«, schnauzte Lemberg. »Du hast ja auf der Rückfahrt von Berlin eine seltsame Rechtsauffassung entwickelt. Was machst du überhaupt hier? Ich wähnte dich händchenhaltend mit deiner Frau auf dem heimischen Sofa.«

»Ich hab es mir eben anders überlegt.«

»Wie kommt's?«

»Ich konnte nicht umhin, mit anzuhören, was die Gräfin dir heute Vormittag erzählt hat. Die Tür stand offen. Theroux hat dich damals an Krassow verpfiffen, um dich im Rennen um die Nachfolge von Canisius auszuschalten.«

»Das ist noch nicht bewiesen.«

»Genau das ist der Punkt!« In Franks Augen tobte ein Wetterleuchten wie bei einem religiösen Eiferer. »Endlich hast du es kapiert. Das wird sich vielleicht auch nie beweisen lassen. Deswegen müssen wir die Sache selbst in die Hand nehmen.«

Lemberg winkte genervt ab. »Das haben wir alles schon einmal durchgekaut, und ich dachte, wir wären übereingekommen, dass das so nicht läuft. Verdammt noch mal, Frank, du wirst zu Hause erwartet. Und ich brauch Verbandszeug, sonst verblute ich noch.«

»Im Bad hängt ein Schränkchen.«

»Wärst du dann so gut und würdest mir was holen?«

Frank hob beschwichtigend die Hand. »Ich bin ja schon unterwegs. Pass auf, Krassow ist nur an den Händen gefesselt. Laufen kann er noch.«

Während Frank im vorderen Teil des Hauses verschwand, musterte Lemberg Mielkes mutmaßlichen Todesengel. Krassow war kleiner, als er erwartet hatte. Außerdem war der Kerl unglaublich dünn. Mit stoischer Ruhe saß er da und blickte Lemberg an. Aber nicht nur Gelassenheit sprach aus seinen Zügen. Lemberg meinte, ihm die klammheimliche Freude anzusehen, etwas zu wissen, was sonst niemand wusste.

Frank kam mit voll gestopften Hosen- und Jackentaschen zurück.

»Warum hast du nicht gleich den Schrank von der Wand gerissen?«, fragte Lemberg.

»Brauchst du Hilfe?«

»Nein.«

Lemberg versorgte zuerst seinen Daumen. Dann schnitt er sein linkes Hosenbein mit Hilfe der Verbandsschere bis oben hin auf und trennte es ab. Der Schnitt, den die Scherbe ihm beigebracht hatte, war ekelhaft tief und würde später geklammert oder genäht werden müssen. Fürs Erste taten es eine Wundreinigung und eine stramm angelegte Bandage.

»Sieht übel aus«, sagte Frank. »Wird Maggie gar nicht gefallen.«

»Wie bist du überhaupt hier reingekommen?«, fragte Lemberg.

»Du kennst doch mein Talent als Schränker. Diesmal musste ich allerdings Gewalt anwenden. Die Haustür war einfach nicht zu knacken.«

»Wo bist du rein?«

»Ich hab das Küchenfenster aufgehebelt. – Misstraust du mir, oder was ist los? Du kannst ja nachsehen.«

»Schon gut.« Lemberg verpasste der Bandage einen letzten Streifen Leukoplast und wandte sich dann an Krassow. »Was machen Sie hier? Urlaub auf dem Land?«

Krassow reagierte wie ein Kühlschrank, den man fragt, wie spät es ist. Zur Strafe verpasste Frank ihm einen Hieb auf den Schädel.

»Hör sofort auf damit!«, schnauzte Lemberg. »Und steck endlich diesen verdammten Revolver weg.«

Frank schob die Waffe in den Hosenbund, aber nicht sehr tief. Sein Sakko ließ er aufgeknöpft. Theroux zuckte mit den Beinen und grunzte wie ein Frischling. Dann schlug er die Augen auf und blickte sich um. Als er Lemberg entdeckte, setzte er sich auf. Dabei machte er dicke Backen, als müsste er sich jeden Moment übergeben. Die Beule über seinem Ohr konnte Lemberg aus zwei Metern Entfernung erkennen.

»Roger«, sagte Theroux mit einem keuchenden Hüsteln, das ihm Pein zu bereiten schien. »Gut, dass du da bist. Molitor, dieser Verrückte, hat uns hier aufgelauert. Komm, bind mich los.«

»Den Teufel werde ich tun«, sagte Lemberg. »Erst will ich wissen, wieso du Krassow Unterschlupf bietest.«

»Unterschlupf! Was redest du nur? Krassow ist auf der Durchreise. Wärst du morgen gekommen, hättest du ihn nicht mehr angetroffen.«

»Seit wann wohnt er hier? Seit Weihnachten?«

»Seit Januar«, sagte Theroux genervt und blickte sich blinzelnd um. »Wo ist meine Brille? – Ach da.« Die Brille saß schief. »Mach mir das verdammte Klebeband ab, Roger. Ich hab 'ne Allergie gegen das Zeug.«

»Es wird deiner Reputation als Politiker und Bürgermeister mächtig zuträglich sein, wenn herauskommt, welcher Art von Durchreisenden du hier Quartier gewährst.«

»Genau das ist doch der Punkt«, jammerte Theroux. »Ich konnte ihn nicht abweisen. Der Kerl erpresst mich. Er hat eine Akte über mich angelegt, als hätte ich für das MfS gearbeitet.

Reine Fiktion. Alles erstunken und erlogen. Aber stell dir vor, die Akte würde publik. Mit viel Aufwand könnte ich sicher meine Unschuld beweisen, aber irgendwas bleibt immer hängen.«

»Hat Krassow dir die Akte zum Kauf angeboten?«

Theroux nickte. »Für viel Geld. Mehr, als ich habe. Er will damit ins Ausland.«

»Warum kommt er erst jetzt damit, nach all den Jahren?«

»Krassow war jahrelang untergetaucht, hat irgendwo in Mecklenburg-Vorpommern einen Campingplatz betrieben. Als einer der Camper ihn erkannt hatte, musste er verschwinden. Außerdem brauchte er eine neue Identität. Das kostet. Und ihm läuft die Zeit davon. Er ist krank, er hat nicht mehr lange zu leben. Leukämie.«

Beim letzten Wort huschte ein Lächeln über Krassows Gesicht. Das also war sein Geheimnis gewesen. Egal, was man ihm antun würde, lange hätte er das ohnehin nicht zu ertragen.

»Warum hat er ausgerechnet über dich eine Akte angelegt?«

»Er hat auf denjenigen mit dem größten Karrierepotenzial gesetzt«, sagte Theroux selbstbewusst. »Und wie man sieht, hat er damit richtig gelegen.«

Du eitles Arschloch, dachte Lemberg. Laut sagte er: »Und seine Verlobte hat er gleich mitgebracht.«

»Sie war arbeitslos. Ich war ihr behilflich, eine Gastwirtschaft zu übernehmen. Den Umbau der Wohnung hab ich auch vorfinanziert. Was glaubst du, was mich das alles gekostet hat?« Völlig unerwartet lachte er meckernd auf. »Aber was heißt hier seine Verlobte? Wohl eher seine Schwester. Mit Nachnamen heißt er übrigens auch Cornichon. Die Gurke.«

Krassow, Streibel, Müller, Hamburger, Cornichon. Jetzt war das Quintett an Namen komplett.

»Woher hast du deine Weisheit, Oskar?«, fragte Frank.

»Ich hab sie abgehört, wenn sie sich hier im Haus getroffen haben. Dachte, so kriege ich vielleicht was in die Hand, um ihn loszuwerden.«

Lemberg streckte sein Bein aus. Der Verband saß verdammt stramm.

»So weit die Märchenstunde«, sagte er. »Jetzt kommen wir mal zur Wahrheit. Draußen in meinem Wagen sitzt der Mann, der den Postillon zwischen Krassow und dir gemacht hat. Pierce Enderlein. Er hat mit bestätigt, dass der Kontakt zwischen euch seit '88 besteht. Mal mehr, mal weniger intensiv. Besonders intensiv jedoch vor dem Attentat von Wiesbaden und vor Krassows inszeniertem Tod in Amsterdam. Was das bedeutet, weißt du.«

»Pierce Enderlein?« Theroux guckte so unschuldig wie Maradona nach dem Tor, das er mit Hilfe der »Hand Gottes« erzielt hatte. »Ich weiß, dass der Mann Journalist ist. Ich bin ihm aber nie begegnet.«

»Das glaube ich dir sogar. Was mich interessiert, ist Folgendes: Wie habt ihr euch kennen gelernt, Cornichon und du? Hast du mal Urlaub am Balaton oder am Schwarzen Meer gemacht? Und vor allem, wer hat wen angesprochen?«

»Wenn du hier mit Unterstellungen arbeitest, sage ich kein Wort mehr.« Trotz seiner misslichen Lage wurde er schon wieder frech. »Zunächst einmal verlange ich, mit meinem Anwalt zu sprechen. Dr. Käfer.« Theroux leierte eine sechsstellige Telefonnummer nebst Wittlicher Vorwahl herunter. »Das ist mein gutes Recht. Ruf ihn an.«

»Du hast alle Rechte verwirkt, Oskar. Du bist wegen deiner Scheißkarriere über Leichen gegangen. Nur warst du wie die meisten Leute deines Schlags zu feige, die Sache selbst in die Hand zu nehmen. Daher hast du dich an Cornichon gewandt, damit er die Drecksarbeit für dich macht.«

»Pah! Nichts als Hirngespinste.«

»Ich werde das beweisen, Oskar. Niemand geht über lange Zeit regelmäßig auf einen Friedhof, ohne irgendwelche Spuren zu hinterlassen. Irgendwer wird dich dort gesehen haben, und denjenigen werde ich ausfindig machen. Ich werde jeden Friedhofsbesuch minutiös rekonstruieren und mit deinen offiziellen Terminen abgleichen lassen. Dich kriege ich, das schwöre ich dir.« Lemberg wandte sich an Cornichon. »Wie wäre es, wenn Sie etwas zur Aufklärung der Angelegenheit beitragen würden? Jetzt, wo wir Sie geschnappt haben und Ihre Schwester tot ist, können Sie Ihre Lage durch ein Geständnis nur verbessern.«

Cornichon zuckte zusammen, als hätte er einen Stromstoß erhalten, hatte sich aber umgehend wieder im Griff. »Sie bluffen, Lemberg.«

»Ilse Cornichon ist tot?«, fragte Theroux ungläubig.

»Stimmt das, Roger?«, fragte Frank.

»Sie wurde heute gegen achtzehn Uhr in ihrer Wohnung erschossen. Mit einer Makarow, die wahrscheinlich ihr selbst gehört hat. Und sie muss den Täter gekannt haben. Wir haben nämlich keine Anzeichen für ein gewaltsames Eindringen feststellen können.«

»Du Schwein!«, schrie Cornichon, sprang auf und schleuderte den Korbtisch, hinter dem er saß, zur Seite.

Als er an Lemberg vorbeiwollte, um sich auf Theroux zu stürzen, stellte Lemberg ihm ein Bein. Cornichon schlug der Länge nach hin. Lemberg drückte ihm das Knie ins Kreuz. Cornichon wehrte sich heftig, aber es fehlte ihm an Kraft.

»Frank! Das Klebeband.«

Lemberg fing die Rolle auf und schnürte Cornichons Fußgelenke zusammen. Dann drehte er ihn um, stellte ihn auf die Füße und schleppte ihn zurück zu seinem Sessel.

»Bist du verrückt?«, rief Theroux. »Ich hab deine Schwester nicht umgebracht.«

»Jetzt seid ihr schon beim ›Du‹«, sagte Lemberg. »Wie schön.«

»Wo warst du um achtzehn Uhr?«, zischte Cornichon.

»Da hab ich im Auto gesessen und telefoniert. Ich hab versucht, das verdammte Geld aufzutreiben.«

»Deine Partei hat doch illegale Spenden ohne Ende kassiert«, sagte Lemberg. »Da gibt es doch bestimmt einen Sondertopf für gefallene Parteimitglieder.«

»Sehr spaßig, Roger. Wirklich.«

»Wo waren Sie zur Tatzeit, Cornichon?«, fragte Lemberg.

»Beim Arzt. Ich brauchte Medikamente. Er hat mich hingefahren und angeblich im Auto gewartet.« Er blickte zu Lemberg hoch. »Wie oft wurde auf Ilse geschossen?«

»Einmal. Mitten in die Stirn.«

»Dann war sie sofort tot.«

»Ja«, sagte Lemberg. »Was ist mit Ihnen? Kooperieren Sie?«

Cornichon schluckte. »Was würde dabei für mich rausspringen?«

»Kann ich Ihnen so nicht sagen. Aber es hat schon Fälle gegeben, da wurde gegen Leute wie Sie wegen ihres Gesundheitszustands gar nicht erst der Prozess eröffnet. Versprechen kann ich Ihnen aber nichts. Das müssen Sie mit dem Staatsanwalt aushandeln.«

»Wenigstens sind Sie ehrlich.«

»Eine Kostprobe möchte ich aber jetzt schon. Hat Theroux Sie kontaktiert, oder haben Sie ihn angesprochen?«

»Ich ihn. Am Frankfurter Flughafen. Ich hatte aus zuverlässiger Quelle erfahren, dass seine Chancen, den Posten des Abteilungsleiters zu übernehmen, bestenfalls fifty-fifty waren. Also hab ich ihm meine Hilfe angeboten. Für mich bedeutete das, drei Fliegen mit einer Klappe zu schlagen. Sie aus dem Weg geräumt zu haben, einen Erpressbaren auf dem Stuhl des Abteilungsleiters zu wissen und mir eine Rückversicherung für die Zeit nach dem Ende der DDR zu verschaffen.«

»1988 stand für Sie bereits fest, dass es mit Ihrem Staat zu Ende gehen würde?«

»Für Sie etwa nicht?«

Lemberg wandte sich an Frank. »Hast du noch immer was dagegen, Klaes und Schommer reinzulassen?«

Frank kaute auf seiner Unterlippe, schüttelte aber den Kopf. Lemberg ging zur Haustür, öffnete sie und pfiff laut. Klaes' und Schommers Köpfe tauchten hinter dem Passat auf.

»Sie können die Halunken mitnehmen«, sagte Lemberg. »Enderlein soll aber sicherheitshalber noch einen Blick auf Krassow werfen.«

»Er hat mir eben erzählt, Krassows kleiner Finger an der rechten Hand sei steif«, sagte Klaes beim Eintreten.

Lemberg verließ kurz das Haus und warf auch noch einen Blick in die Küche. Dann kehrte er zurück in den Wintergarten.

Die Sache mit dem steifen Finger erwies sich als zutreffend. Theroux widersetzte sich zunächst der Festnahme, gab aber Ruhe, als man ihm versprach, er dürfte von der Polizeidirektion aus seinen Anwalt benachrichtigen.

Als die beiden abgeführt waren, sagte Frank: »›*Mission finished*‹ würde Canisius jetzt sagen. Dann kann ich ja endlich nach Hause fahren.«

»Das glaube ich nicht«, sagte Lemberg. »Warum hast du Ilse Cornichon erschossen?«

»Wie?«

»Du hast mich sehr wohl verstanden«, sagte Lemberg mit Nachdruck. »Warum, Frank?«

»Spinnst du jetzt? Ich weiß nicht einmal, wo die Frau wohnt.«

»Dass du das rausgekriegt hast, bewundere ich. Mir ist das nur mit Klaes' Hilfe gelungen.« Lemberg hinkte zurück zu seinem Korbsessel. Die Schmerzen in seinem lädierten Oberschenkel waren beträchtlich. »Woher kanntet ihr euch, Ilse Cornichon und du?«

Frank schüttelte den Kopf, als erlebte er ein Déjà-vu. »Jetzt mal im Ernst, Roger. Glaubst du wirklich, was du da sagst?«

»Dir ist in Berlin nichts Besseres eingefallen, als das gleiche beschissene Raumspray zu kaufen, das ihr zu Hause benutzt. Dasjenige, das nach billigem Kaugummi mit Himbeergeschmack riecht. Damit hast du deinen Wagen eingenebelt und dann sechs Stunden in dem Mief gesessen, während du von Berlin nach Wittlich gerast bist. – Leugnen ist zwecklos, Frank, du stinkst noch immer nach dem Zeug. Ich riech das bis hier. Den gleichen Gestank hab ich im Bad der Cornichon wahrgenommen.«

»Als Beweis taugt das rein gar nichts«, sagte Frank. »Das weißt du. Das Spray kann man überall kaufen.«

»In Ilse Cornichons Sortiment an Putz- und Reinigungsmitteln haben wir es aber nicht gefunden. Außerdem hab ich auf dem Weg nach hier mit Tegel telefoniert. Auf der Lufthansa um zwölf Uhr dreißig und der DBA um dreizehn Uhr fünf waren jede Menge Plätze frei. Du hast mich absichtlich auf die Maschine um halb vier gebucht, um vor mir hier sein zu können.«

»Vielleicht ein Computerfehler. Oder die Frau, die mir das Ticket verkauft hat, hat mich falsch verstanden.«

»Was würden wir finden, wenn ich dich von Klaes und Schommer einer Leibesvisitation unterziehen lassen würde? Aus einer deiner Taschen würde der Schlüssel zu diesem Blockhaus herausfallen. Der Schlüssel, den Theroux Ilse Cornichon überlassen hat, damit sie sich hier jederzeit mit ihrem Bruder treffen konnte.« Lemberg stoppte Franks Ansatz zu einem Einwand mit den Händen. »Du hast das Küchenfenster zwar aufgebrochen, bist aber nicht durch das Fenster eingestiegen. Unter dem Fenster befindet sich ein Beet. Den Dreck müsste man auf der Spüle und dem Küchenboden finden. Stattdessen liegt er im Flur. – Warum, Frank? Warum hast du die Frau umgebracht?«

»Roger, bitte! Hör auf damit.«

»Trotz des Handtuchs werden wir Schmauch an deinen Klamotten finden. Du ahnst ja gar nicht, welche Mikromengen inzwischen reichen. Vielleicht finden wir auch noch einen halben oder viertel Fingerabdruck. Du hast dir immerhin die Hände gewaschen. Und du hast sie abgetrocknet. Bei deiner schuppigen Haut ist es gut möglich, dass Spuren am Handtuch nachzuweisen sind. Drüben in Wengerohr läuft gerade das ganz große Programm ab. Du hast keine Chance, Frank. Sag mir, warum du sie erschossen hast. Ich verstehe das nicht.«

»Ich dachte, wir sind Freunde.«

»Das sind wir auch. Trotzdem bist du ein Mörder. Und ich bin einer, der von Berufs wegen Mörder zur Strecke bringt.«

Frank zog den Revolver aus dem Hosenbund. Grimmige Entschlossenheit spiegelte sich in seinen Zügen.

»Was soll das, Frank? Willst du mich erschießen? Das mag dir gelingen, aber an Klaes und Schommer kommst du nicht vorbei. Die beiden wissen Bescheid.«

»Du hast es Ihnen gesagt?«

»Das war ich ihnen zu ihrer eigenen Sicherheit schuldig.«

Frank lachte auf. Blechern und so heiter wie ein Mann, der seinen Hund zum Einschläfern bringt. »Was für eine Scheiße! Mein Freund Roger haut mich wegen einer dreckigen gewissenlosen Stasischlampe in die Pfanne. Das darf doch alles nicht wahr sein!«

»Was hattest du mit der Frau zu schaffen, Frank? Hast du für das MfS gearbeitet? War sie deine Führungsoffizierin?«

Frank ließ sich in den Sessel fallen, in dem zuvor Krassow gesessen hatte. Den Revolver legte er auf seinem Oberschenkel ab, behielt den Finger aber am Abzug.

»Du würdest es nicht glauben, Roger. Du würdest es nicht glauben.«

»Versuch's.«

»Hast du ein Zigarillo für mich?«

»Immer.«

Lemberg warf ihm nacheinander Blechdose und Feuerzeug zu. Frank schickte beides auf gleichem Weg zurück. Nachdem auch Lemberg sich bedient hatte, pafften sie eine Weile schweigend. Kalt pfiff der Wind durch das zerborstene Glasdach des Wintergartens. Die kleinen Zigarren erzeugten eine Illusion von Wärme. So wie ihr Beieinandersitzen und Rauchen eine Illusion von Freundschaft und Zukunft beschwor, die es so nie mehr geben würde.

»Das Einzige, was an mir echt ist, ist mein Vorname«, sagte Frank. »Obwohl mich alle immer Tom-Tom genannt haben, nach dem Kosenamen meines Vaters. Mit Nachnamen heiße ich eigentlich Engelbrecht. Mein Vater war ein hochrangiger NVA-Offizier, der für die Amis spioniert hat. Ich war gerade mal ein halbes Jahr alt, als meine Mutter mich nach Westberlin gebracht hat, weil meine Eltern ihre Flucht vorbereiteten. Dazu ist es aber nicht gekommen. An dem Tag, als sie über die Grenze wollten, hat die Stasi sie verhaftet.«

Nach und nach breitete Frank sein wahres Leben vor Lemberg aus. Seine Kindheit und Jugend bei den Freunden der Eltern in Bad Godesberg, die ihn an Kindes statt angenommen hatten. Seine frühen Zweifel, ob er ihr leibliches Kind war. Der Schock, als sie ihm eröffneten, wer er wirklich war und dass seine Eltern in der DDR im Gefängnis saßen. Der Freikauf seiner Eltern und die Begegnung mit zwei völlig fremden Menschen, mit denen ihn nichts verband außer der biologischen Abstammung. Die Krankheit seines Vaters, die den Familienalltag beherrschte. Der schreckliche Moment, als er herausfand, dass der lange Arm der Stasi seinen Vater auch im Westen nicht losließ. Und letztendlich der verzweifelte Schritt, sich selbst, um seinen Vater zu schützen, als Spion anzudienen.

»Und immer wieder Ilse Cornichon. Diese Frau ist seit beinahe dreißig Jahren mein Alptraum. Sie ist nicht nur verantwortlich für den frühen Tod meines leiblichen Vaters, nein, sie hat mein ganzes Leben bestimmt. Und sie hat es auf dem Gewissen. Ich wollte nie wieder von ihr hören. Ich hab mir so sehr gewünscht, dass sie sich irgendwo unter falschem Namen in einem Loch verkrochen hat, am besten in Nordkorea, oder besser noch auf dem Friedhof liegt. Und dann muss ich erfahren, dass sie die Verlobte, oder wie wir jetzt wissen, die Schwester von Krassow, diesem Schwein, ist, und dreist und putzmunter in unserer nächsten Umgebung lebt. Das war zu viel.«

»Hat sie dich erkannt?«

»Natürlich. Aber sie hat nicht einen Moment damit gerechnet, dass ich sie umbringen könnte. Im Gegenteil, sie hat mir gegenüber den gleichen herrischen Tonfall angeschlagen wie früher. Nicht zu glauben. Einfach nicht zu glauben.«

»Was hast du verraten?«

»Bis zum Tod meines Vaters 1985 so ziemlich alles. Danach immer weniger. Ich bin dann zunehmend dazu übergegangen, Informationen zu erfinden. Einfach um meine Ruhe zu haben.«

»Stammte auch die Information von dir, dass Oskar und ich Konkurrenten um Canisius' Nachfolge waren?«

»Ja, nicht ahnend, welches Elend ich damit heraufbeschwor.«

»Die beiden Tanten, die ich auf deiner Hochzeit kennen gelernt habe, sind deine leibliche Mutter und die Frau, die dich großgezogen hat, stimmt's?«

»Ich sag nur noch Tanten zu ihnen. Zwei Mütter verkrafte ich nicht.«

»Rein interessehalber: Wie hast du rausgekriegt, wo die Cornichon wohnt?«

»Übers Internet. Ich mach doch den ganzen Tag nichts anderes als surfen. Auf der Website der Moseleifel-Touristik ist eine

Kneipe namens ›California‹ verzeichnet. Und da du gesagt hattest, Kalifornien sei ihr Traum, hab ich's dort versucht.« Frank war den Tränen nahe. Das sah Lemberg, das hörte er aber auch seiner Stimme an. »Weißt du, warum mein Alter damals für die Amis spioniert hat, Roger? Rate mal.«

»Keine Ahnung, Frank.«

»Nicht aus politischer Überzeugung, nicht weil er Antikommunist oder ein überzeugter Demokrat war, nein, er wollte – das muss man sich mal vorstellen –, sein Beweggrund war allen Ernstes, die Kinder im Osten sollten auch Bananen und Südfrüchte essen können. Das war sein Motiv. Kannst du das begreifen? Solch ein Naivling war er. Ein NVA-Offizier dient sich dem Westen als Spion an, damit die verdammten Bälger in der Ostzone Bananen fressen können. Das war zu einer Zeit, da war ich noch nicht einmal geboren. Es ging ihm um wildfremde Kinder. Damit hat er unsere ganze Familie zerstört und mich letztendlich zum Verräter und Mörder gemacht. Oh, wie ich diesen Mann hasse!«

»Lass es gut sein, Frank. Er ist tot, und die Sache ist nun ausgestanden.«

»Was ist ausgestanden?«, rief er wild. »Für dich vielleicht. Wieder einen Fall gelöst. Klasse! Für mich ist gar nichts ausgestanden. Für mich fängt es jetzt erst an.«

Frank nahm den Revolver hoch und setzte den Lauf an seine Schläfe. Sein Gesicht war verzerrt vor Wut, aber auch vor Angst.

»Frank«, sagte Lemberg, so ruhig es ihm möglich war. »Du hast eine Familie, die dich liebt. Tu ihr das nicht an.«

Frank schloss die Augen.

»Frank, hast du mich gehört? Du wirst geliebt. Tu es nicht!«

Dann schrie Frank. Noch nie in seinem Leben hatte Lemberg jemanden so schreien gehört. Hass, Verlorenheit, Verzweiflung von Jahrzehnten und vielleicht auch Scham brachen sich ihre Bahn. Ein Schrei, der so abgründig war, dass er kein Entrinnen zuließ.

»Frank!«, brüllte Lemberg und sprang auf. »Frank!«

Frank verstummte mit aufgerissenem Mund, öffnete noch einmal die Augen – und drückte ab.

Der Knall war fürchterlich, und was die Kugel mit Franks Kopf anrichtete, war grauenvoll. Aber Lemberg wandte sich nicht ab.

Die Erinnerung an dieses Bild würde er noch brauchen.

36.

Es war zwei Uhr nachts, als Lemberg zu Hause anrief. Maggie hob nach dem ersten Klingeln ab.

»Ich bin's«, sagte Lemberg. »Es ist vorbei.«

»Gott sei Dank. Habt ihr ihn geschnappt?«

»Krassow ist verhaftet. Oskar Theroux ebenfalls. Er war es, der damals Krassow meinen Fahrzeugtyp und mein Kennzeichen verraten hat.«

»Oskar, der Saubermann?«

»Genau der.«

»Geht es dir gut?«

»Bis auf ein paar Schrammen.«

»Und Frank?«

»Frank hat es nicht geschafft, Maggie. Für ihn war hier Endstation.«

Es dauerte eine Weile, bis sie wieder etwas sagte.

»War das nicht zu verhindern?«

»Er hat Selbstmord begangen.« Lemberg deutete ihr kurz die Gründe an. »Ich will es Evelyn persönlich sagen. Begleitest du mich?«

»Natürlich. Wo bist du jetzt?«

»In der Nähe von Bad Bertrich. Ich hab noch was zu erledigen. Ich denke, gegen acht könnte ich zu Hause sein. Dann hätte ich gerne ein Schinkenbrot, einen starken Kaffee und eine heiße Dusche.«

»Tut mir Leid, Roger, es ist kein Schinken im Haus.«

»Wenn du mich liebst, klingelst du irgendeinen Metzger aus

dem Bett. Ich hab in der letzten Woche bestimmt drei Kilo abgenommen.«

»Ein Schinkenbrot als Liebesbeweis?«

»Beschwer dich nicht, anderen wird mehr abverlangt.«

Die zweite Frau war ebenfalls sofort am Apparat. Man muss nur zur richtigen Zeit anrufen.

»Ja?«

»Hallo, Katja. Hier ist Lemberg. Wie geht es Ihnen?«

»Gut.« Sie klang amüsiert. »Sie wissen, wie spät es ist?«

»Ich hab Sie doch nicht aus dem Bett geholt?«

»Nein, ich sitze im Wohnzimmer und lese. Ich kann nicht schlafen.«

»Was macht Robert?«

»Er liegt nebenan im Bett.«

»Ist er okay?«

»Bestens. Aber das ist doch nicht der Grund für Ihren Anruf, oder?«

Lemberg sagte ihr, um was es ging, und sie beantwortete seine Fragen. Es verhielt sich tatsächlich so, wie er vermutet hatte.

»Vielen Dank, Katja. Und grüßen Sie Robert.«

»Mach ich. Wenn Sie mal wieder in Berlin sind, dann …«

»Natürlich«, sagte Lemberg.

*

Lembergs Armbanduhr zeigte kurz vor vier an, als er den Klingelknopf unter dem Messingschild mit der schwungvollen Gravur »Canisius« betätigte. Er beließ es bei dem einmaligen Läuten, obwohl er lange warten musste. Edda würde ihn gehört haben, aber die Wege im Haus waren weit. Schließlich flammte die Außenbeleuchtung auf, und Lemberg wusste, dass er in Augenschein genommen wurde. Unmittelbar danach wurde die Tür aufgeschlossen.

»Roger!«, sagte Edda. »Meine Güte, wie siehst du aus? Deine Hose hat nur ein Bein. Und der Verband. Hattest du einen Unfall?«

»So etwas Ähnliches.«

»Komm erst einmal rein.«

Edda trug einen Morgenmantel und Filzpantoffel. Ihre Frisur saß perfekt wie immer. Bestimmt schlief sie im Sitzen.

»Geh durch und setz dich«, sagte sie. »Möchtest du einen Kaffee? Oder etwas Stärkeres?«

»Kaffee, später. Ich muss zunächst mit Albrecht sprechen.«

»Albrecht schläft.« Edda schaltete die Deckenbeleuchtung ein und dimmte sie auf eine erträgliche Luxzahl. »Er hatte einen schlechten Tag. Er hat bei der Gymnastik mal wieder übertrieben.«

»Trotzdem. Weck ihn bitte.«

Edda sah ihm in die Augen und erkannte, dass es ihm ernst war. »Nimm Platz. Ich bin gleich wieder da.«

Für einen Moment war Lemberg versucht, sich zu setzen, aber er fürchtete, dann einzuschlafen. Also stellte er sich an das Panoramafenster und sah Münstereifel in seiner Tiefschlafphase zu. Nur die Bäcker waren schon bei der Arbeit. Als Nächste würden die Zeitungsboten aus den Federn kriechen. Dann waren die Busfahrer an der Reihe und irgendwelche Frühschichtler. Eine Kleinstadt kurz vor dem Aufwachen. Lemberg gähnte. Hinter ihm quietschten Gummireifen auf dem Marmor. Edda schob Albrecht im Rollstuhl herein.

»Hallo, *old boy*«, trompetete Albrecht jovial. »Wenn du um diese Zeit auftauchst, muss es wichtig sein. Setz dich doch.«

»Mit dem lädierten Bein steht es sich besser«, sagte Lemberg.

»Ich mach uns Kaffee«, sagte Edda und ließ sie allein.

»Wie du meinst«, sagte Canisius. »Hattest du einen Verkehrsunfall?«

»Mehr einen Absturz. Und ich leide an Schlafentzug.«

»Wenn du dich ausruhen willst, kein Problem, Roger. Edda richtet dir das Gästezimmer her.«

»Das geht nicht. Ich muss einer guten Bekannten gleich mitteilen, dass sie Witwe geworden ist.«

Canisius' Augen wurden schmal. »Sag nicht, Frank.«

»Doch. Frank.«

»Verdammt! Das tut mir Leid.«

»Das hättest du dir überlegen sollen, bevor du ihn als Schweißhund missbraucht hast.«

»Ich fürchte, ich verstehe nicht.«

»Du verstehst mich sehr gut, Albrecht.«

»Nein, das tue ich nicht.«

Edda trug ein Tablett mir drei Bechern herein. Aus einem hing der Faden eines Teebeutels. Der war für sie. Albrecht bekam den mit viel Milch, Lemberg den ungesüßten Schwarzen. Lemberg nippte. Löskaffee. Er hatte es geahnt. Alle Reichen trinken Löskaffee. Nur die Armen filtern.

»Soll ich euch allein lassen?«, fragte Edda.

»Bleib ruhig hier«, sagte Canisius. »Du erfährst es sowieso. Frank ist tot.«

»Um Gottes willen! Wie ist das passiert, Roger? Ist seine Frau nicht in anderen Umständen?«

»Er hat sich vor dreißig Jahren mit dem Teufel eingelassen, und der hat ihn nun geholt. Nein, ganz so simpel ist es nicht. Frank hat sich erschossen.«

»Das ist ja entsetzlich!«

Canisius benutzte seinen Becher als Handwärmer. »Roger macht mir deswegen Vorwürfe.« Er sah Lemberg direkt in die Augen. »Glaubst du ernsthaft, ich hätte ihn aufhalten können? Er war ja nicht einmal hier.«

»Du hattest am vergangenen Donnerstag einen Termin für eine Nachuntersuchung in der Charité«, sagte Lemberg. »Krassow war am gleichen Tag dort. Auf der gleichen Station. Er hat seine Schwester dorthin begleitet, die ein ähnliches Problem hatte wie du. Bei der Gelegenheit seid ihr euch begegnet, und du hast ihn erkannt. Das hätte ich dir gar nicht zugetraut, Albrecht. Mein Kompliment.«

Canisius blickte hilfesuchend zu seiner Frau, aber Edda hob nur kurz die Brauen.

»Du hast Recht, Roger«, sagte Canisius mit einem Seufzer. »Krassow ist mir in der Charité über den Weg gelaufen. Ich hab ihn sofort erkannt, obwohl wir nur dieses lausige Foto von ihm hatten. Niemanden haben wir so lange und so erfolglos gejagt wie ihn.«

»Was dann? Bist du ihm gefolgt?«

»Das konnte ich nicht. Ich saß doch in diesem verfluchten

Stuhl. Also hab ich Edda gebeten, ihm nachzugehen. Sie ist ihm bis auf den Parkplatz gefolgt und hat sich das Kennzeichen seines Wagens notiert.«

»Jetzt verstehe ich.« Lemberg lehnte sich mit dem Gesäß gegen die Anrichte. Sitzen ging nicht, Stehen ging nicht, bald würde gar nichts mehr gehen. »Das Kennzeichen gehörte zu einem Wagen, der am Flughafen Tegel gemietet worden war. Das haben deine alten Freunde im Handumdrehen herausgefunden. Woraufhin du deine Beziehungen hast spielen lassen und das Berliner Büro auf diese angebliche Falschgeldbande angesetzt hast. Du warst es auch, der dafür gesorgt hat, dass Bastgereit die Fotos auf den Tisch bekam, weil du dir sicher warst, er würde Krassow ebenfalls erkennen und Frank umgehend informieren. Und wie Frank darauf reagieren würde, war vorhersehbar. Er würde nicht eher ruhen, bis er Krassow und den Informanten aus den Reihen der ›Old Boys‹ zur Strecke gebracht hätte. Ihm und mir hast du zwar gesagt, du würdest für jeden von uns die Hand ins Feuer legen, aber die Gräfin hat mir erzählt, dass du ihr gegenüber in den Achtzigern den Verdacht geäußert hattest, einer deiner Boys spiele falsch. Du hast Frank benutzt, und du hast mich benutzt, weil du wusstest, dass ich ihn nicht im Stich lassen würde.«

»Das war die einzige Möglichkeit«, sagte Canisius. »Krassow stand nicht mehr auf der Fahndungsliste.«

»Nein, du hättest Frank und mir gegenüber mit offenen Karten spielen können. Aber du hattest Angst, Albrecht. Angst, dass einer von uns beiden der Verräter sein könnte. Stimmt's?«

Canisius sagte nichts, presste nur die Lippen zusammen.

»Wen hattest du denn im Verdacht?«, hakte Lemberg nach.

Canisius atmete schwer. Edda nahm ihm seinen Becher ab. Er rieb sich mit Daumen und Zeigefinger die Stirn.

»Sei mir nicht böse, Roger – dich.«

»Du schmeichelst mir, Albrecht.«

»Verdammt noch mal, es ist ein Klassiker, einem Verdächtigen Glaubwürdigkeit zu verleihen, indem man einen Anschlag auf ihn verübt, den er scheinbar nur durch einen Zufall überlebt«, polterte er. »Das weißt du doch selbst.«

»Dann weiß ich auch endlich, warum du mich seinerzeit als deinen Nachfolger hast fallen lassen.«

»Das musst du verstehen, Roger«, sagte er und machte eine schlaffe Geste. »Das Risiko war zu groß.«

»Warum hast du mich dann zur SOKO geholt?«

»Das eine hat mit dem anderen nichts zu tun. Die Zeiten haben sich geändert, Roger. Es gibt keine Stasi mehr. Selbst wenn du früher für die Bande gearbeitet hättest, wäre das heute bedeutungslos. Außerdem bist du ein erstklassiger Polizist. Aber da du jetzt hier stehst, muss ich mich wohl geirrt haben.«

Edda räusperte sich. »Wer war denn nun der Verräter? Frank? Hat er sich deswegen das Leben genommen?«

»Albrecht hat zwei Nattern an seiner Brust genährt«, sagte Lemberg. »Frank und Oskar Theroux.«

Canisius war erschüttert, das war ihm anzusehen, und Edda warf ihm einen Blick zu, als hätte sie herausgefunden, dass er fremdgeht.

»Oskar auch?«, stotterte Canisius. »Den hatte ich nicht auf der Rechnung. Ist er geständig?«

»Noch nicht, aber das wird.«

»Und Frank«, murmelte er. »Für ihn ist es vielleicht wirklich das Beste, dass er sich gerichtet hat.«

Lemberg stellte seinen Becher mit so viel Schmackes auf der Anrichte ab, dass der Inhalt überschwappte. Zorn loderte in seinen Augen.

»Spar dir deine Altersweisheiten, Albrecht! Aufgrund deiner Selbstherrlichkeit sind vier Menschen völlig unnötig ums Leben gekommen. Das hast du zu verantworten.«

»Das ist entsetzlich, ja. Damit werde ich leben müssen.« Canisius sprach so leise, dass er kaum zu verstehen war. »Aber nun ist es vorbei. Ich hoffe, du verzeihst mir.«

»Nein, das tue ich nicht«, sagte Lemberg mit Nachdruck und zeigte mit dem Finger auf Canisius. »Albrecht – du bist ein Schwein!« Den Satz war er Evelyn schuldig. »Und wage es nicht, auf Franks Beerdigung zu erscheinen. Sonst setze ich dich eigenhändig an die Luft.«

»Aber wir arbeiten doch zusammen, Roger!«

»Das eine hat mit dem anderen nichts zu tun. – Bemüh dich nicht, Edda, ich finde allein hinaus.«

Als Lemberg aus dem Haus trat, war die Nacht noch genauso schwarz wie bei seiner Ankunft. Nicht ganz. Genau über ihm war ein Stück der Wolkendecke aufgerissen und hatte einen Stern freigegeben. Einen Winzling, aber immerhin. Es bestand also doch noch Hoffnung.

Zwei Stunden später war er zu Hause. Auf dem Tisch stand ein Schinkenbrot.

EDGAR NOSKE

Edgar Noske
DIE EIFEL IST KÄLTER ALS DER TOD
Broschur, 256 Seiten
ISBN 3-89705-305-5

»*Ein Krimi, der Klasse hat.*
Rhein-Zeitung

»*Der erste Fall mit Lemberg sollte nicht der letzte bleiben.*«
General-Anzeiger

www.emons-verlag.de